1200 Examples and Phrases
for Effective Business E-mail in English

# 英文ビジネスEメール
# 実例・表現1200

**改訂版** Ｚ会編集部 編

Ｚ会

# はじめに

ビジネスのグローバル化が進むにつれ，仕事の中で英語を使う機会がますます増加しています。それに伴い，打合せや交渉，会議など，英語を書く・話すといったアウトプットの力が求められる場面は急速に広がっています。ある日突然，海外の取引先とメールで連絡をとりあうことになって困った経験のあるビジネスパーソンは少なくないでしょう。

Ｚ会にも，慣れない英語のメールのやりとりを求められてとまどう方や，思うようにメールを書くことができずに悩む方からの声がよく寄せられます。

「そもそも英文メールの書式やマナーがわからない」
「学生時代の知識でどうにか英文は書けるものの，内容にまったく自信がもてない」
「インターネット検索で表現は見つけたけれど，本当にこの文脈で使えるかわからない」
「英文メールの経験はあるが応用がきかず，いつも同じ表現を使い回してしまう」

本書は，こういった悩みを解決し，忙しいビジネスパーソンの強力な味方になれる書籍を提供できないかと検討を重ね，編集された英文メール例文集です。2009年に発刊した初版の内容を見直し，新たにＺ会通信講座における指導実績を活かしたコンテンツを追加して，さらなる実用度アップを図りました。収録されている場面は約100，例文数は1200以上あり，ビジネスのあらゆる場面で活用することができます。

英文メールを書く必要があるけれども英語に自信のない方，メールの書き方自体がわからない方は，まず巻頭の「英文ビジネスＥメールの書き方」や「書く前にチェック！的確に書く技術」を読んで基本を確認した上で，メール文例集を参照することをお勧めします。メールを書くことに慣れている方は，仕事に役立つ定型表現をさらに身につけるため，文例集を読み進めながら，ビジネスシーンごとに使える表現を覚えていきましょう。なお，本書に掲載されている例文は，特設サイトにてデータを閲覧・検索することができますので，必要な表現をすばやく探すことができます。書籍とあわせてご活用いただくとさらに便利です。

本書を手にとってくださった皆さんが，今後世界を舞台に活躍の幅を広げ，未来に向けて飛躍されることを願ってやみません。

2015年3月　Ｚ会編集部

# 目次

はじめに……………………………………………………………………………… 3
目次………………………………………………………………………………… 4
本書の利用法……………………………………………………………………… 8
英文ビジネスEメールの書き方………………………………………………… 12

## 1　問い合わせ ⇨ 見積もり

✉書く前にチェック！ 的確に書く技術「商品の資料を請求する」……………… 28
① 問い合わせ　　　　　　商品の資料を請求する ……………………………… 30
② 問い合わせへの返信　　ⅰ. 資料請求に応じる ……………………………… 32
　　　　　　　　　　　　ⅱ. 資料送付を断る ………………………………… 34
③ 再度の問い合わせ　　　追加資料を請求する ……………………………… 36
④ 見積もり依頼　　　　　見積もりを依頼する ……………………………… 38
⑤ 見積もり依頼への返信　ⅰ. 見積もりを提示する …………………………… 40
　　　　　　　　　　　　ⅱ. 見積もり依頼を断る …………………………… 42
⑥ 見積もり交渉　　　　　金額の交渉を申し出る …………………………… 44
⑦ 見積もり交渉への返信　ⅰ. 交渉の申し出に応じる ………………………… 46
　　　　　　　　　　　　ⅱ. 交渉の申し出を断る …………………………… 48
*Column* 1　業種名・部署名・役職名の英語表記 ……………………………… 50

## 2　注文 ⇨ 受領

✉書く前にチェック！ 的確に書く技術「商品を注文する」…………………… 52
① 注文　　　　　　　　　商品を注文する …………………………………… 54
② 注文への返信　　　　　ⅰ. 注文に応じる ………………………………… 56
　　　　　　　　　　　　ⅱ. 注文を断る …………………………………… 58
③ 注文の変更・取り消し　注文内容を変更する ……………………………… 60
④ 出荷・発送　　　　　　出荷・発送について知らせる …………………… 62
⑤ 受領　　　　　　　　　商品の受領について知らせる …………………… 64
*Column* 2　数字に関する表現 …………………………………………………… 66

## 3　支払い

✉書く前にチェック！ 的確に書く技術「代金支払い完了を伝える」…………… 68
① 代金の請求　　　　　　納品物の代金を請求する …………………………… 70
② 代金の請求への返信　　支払い完了を伝える …………………………… 72
③ 入金の確認　　　　　　ⅰ. 入金確認完了を知らせる ……………………… 74
　　　　　　　　　　　　ⅱ. 代金の支払いを督促する …………………… 76
④ 督促通知への返信　　　支払いの猶予を願い出る …………………………… 78
⑤ 支払い猶予願いへの対応　ⅰ. 猶予を与える ……………………………… 80
　　　　　　　　　　　　ⅱ. 猶予の申し出を断る ……………………… 82
*Column* 3　メールやインターネットに関する表現 …………………………… 84

## 4　契約

- ✉ 書く前にチェック！的確に書く技術「契約書を送付する」 …………… 86
- ① 提携の申し出　　　　　　業務提携を申し出る ………………………… 88
- ② 提携の申し出への返信　　ⅰ. 申し出に応じる ………………………… 90
  - ⅱ. 申し出を断る ………………………… 92
- ③ 契約書草案の送付　　　　草案を送付する …………………………… 94
- ④ 契約書草案の返送　　　　草案を返送する …………………………… 96
- ⑤ 契約書の送付　　　　　　正式な契約書を送付する ………………… 98
- ⑥ 契約書の返送　　　　　　正式な契約書を返送する ……………… 100
- *Column* 4　うっかり使いがちな和製英語 ……………………………… 102

## 5　依頼・申請

- ✉ 書く前にチェック！的確に書く技術「資料作成を依頼する」 ………… 104
- A ① 依頼　　　　　　　　　仕事を依頼する ………………………… 106
  - ② 依頼への返信　　　　ⅰ. 依頼に応じる ………………………… 108
    - ⅱ. 依頼を断る ………………………… 110
  - ③ お礼　　　　　　　　依頼への対応にお礼を述べる ………… 112
- B ① 申請　　　　　　　　　許可を申請する ………………………… 114
  - ② 申請への返信　　　　ⅰ. 申請に応じる ………………………… 116
    - ⅱ. 申請を断る ………………………… 118
  - ③ お礼　　　　　　　　申請への対応にお礼を述べる ………… 120
- *Column* 5　省略語 ……………………………………………………… 122

## 6　会議・イベント

- ✉ 書く前にチェック！的確に書く技術「会議の開催を知らせる」 ……… 124
- A ① 会議開催の通知　　　　会議の開催を知らせる ………………… 126
  - ② 会議への出欠の連絡　ⅰ. 会議に出席する ……………………… 128
    - ⅱ. 会議を欠席する ……………………… 130
  - ③ 会議の予定変更の通知　予定変更を知らせる ………………… 132
  - ④ 議事録の送付　　　　議事録を送る …………………………… 134
- B ① イベント開催の通知　　イベントに招待する ………………… 136
  - ② イベントへの出欠の連絡　ⅰ. イベントに出席する ……………… 138
    - ⅱ. イベントを欠席する ……………… 140
  - ③ お礼　　　　　　　　イベント出席のお礼を述べる ………… 142
- *Column* 6　パンクチュエーションの基本ルール ……………………… 144

## 7　アポイントメント

- ✉ 書く前にチェック！的確に書く技術「面会を申し込む」 …………………… 146
- ① アポイントメントをとる　　　　面会を打診する ………………………… 148
- ② 面会申し込みへの返信　　　　ⅰ. 面会に応じる ……………………… 150
- 　　　　　　　　　　　　　　　　ⅱ. 面会を断る ………………………… 152
- ③ アポイントメントの確認・変更　ⅰ. 約束を確認する …………………… 154
- 　　　　　　　　　　　　　　　　ⅱ. 約束を変更する …………………… 156
- ④ お礼　　　　　　　　　　　　　面会に対するお礼を述べる ………… 158
- *Column* 7　英語における Politeness についての考え方 …………………… 160

## 8　出張

- ✉ 書く前にチェック！的確に書く技術「宿泊先の手配を頼む」 ……………… 162
- ① 出張関連の手配の依頼　　　　　手配を依頼する …………………… 164
- ② 手配の依頼への返信　　　　　　ⅰ. 手配完了を伝える ……………… 166
- 　　　　　　　　　　　　　　　　ⅱ. 手配できない旨を伝える ………… 168
- ③ 出張手配の変更・取り消し　　　手配内容を取り消す ……………… 170
- ④ お礼　　　　　　　　　　　　　手配に対するお礼を述べる ………… 172
- *Column* 8　日本的儀礼は不要 ………………………………………………… 174

## 9　クレーム

- ✉ 書く前にチェック！的確に書く技術「クレームに対応する」 ……………… 176
- A ① 納期に関するクレーム ………………………………………………… 178
- 　② 納期に関するクレームへの返信 ……………………………………… 180
- B ① 誤発送・不良品などに関するクレーム ……………………………… 182
- 　② 誤発送・不良品などに関するクレームへの返信 …………………… 184
- C ① 請求に関するクレーム ………………………………………………… 186
- 　② 請求に関するクレームへの返信 ……………………………………… 188
- D ① サービスに関するクレーム …………………………………………… 190
- 　② サービスに関するクレームへの返信 ………………………………… 192
- *Column* 9　主語の選択 ………………………………………………………… 194

## 10　案内・通知

- ✉ 書く前にチェック！的確に書く技術「休業日を知らせる」 ………………… 196
- A 社内へのお知らせ
  - a. 募集のお知らせ ………………………………………………………… 198
  - b. 組織改編などのお知らせ ……………………………………………… 200
  - c. 探し物などのお知らせ ………………………………………………… 202
  - d. 実施のお知らせ ………………………………………………………… 204

B 社外へのお知らせ
　　a. 新設・移転のお知らせ ……………………………………… 206
　　b. 連絡先変更などのお知らせ ………………………………… 208
　　c. 休業日のお知らせ …………………………………………… 210
　　d. 不在のお知らせ ……………………………………………… 212
　　e. 会社情報に関するお知らせ ………………………………… 214
　　f. 会社へのアクセスのお知らせ ……………………………… 216
　　g. 商品・サービスの変更に関するお知らせ ………………… 218
　　h. 選考結果のお知らせ ………………………………………… 220
　*Column* 10　日本人が間違えやすい英語① ……………………… 222

## 11　社交のあいさつ

✉ 書く前にチェック！的確に書く技術「異動のあいさつをする」………… 224
　A 接待・贈答品などのお礼 ……………………………………… 226
　B 相手に対する称賛 ……………………………………………… 228
　C ① 訃報 …………………………………………………………… 230
　　 ② お悔やみ ……………………………………………………… 232
　D お見舞い・励ましなど ………………………………………… 234
　E ① 退職・異動などのあいさつ ………………………………… 236
　　 ② 退職・異動などのあいさつへの返信 ……………………… 238
　F 記念日・受賞などのお祝い …………………………………… 240
　G 結婚・出産などのお祝い ……………………………………… 242
　H 季節のあいさつ ………………………………………………… 244
　*Column* 11　日本人が間違えやすい英語② ……………………… 246

## 12　その他

✉ 書く前にチェック！的確に書く技術「返事の催促をする」…………… 248
　A ① 売り込み ……………………………………………………… 250
　　 ② 売り込みへの返信 …………………………………………… 252
　B ① 人物照会 ……………………………………………………… 254
　　 ② 人物照会への返信 …………………………………………… 256
　C ① 進捗状況の確認 ……………………………………………… 258
　　 ② 進捗状況の報告 ……………………………………………… 260
　D ① 助言を求める ………………………………………………… 262
　　 ② 助言を与える ………………………………………………… 264
　E 返事の催促 ……………………………………………………… 266
　*Column* 12　よりよいメールを書くために ……………………… 268

目的別表現索引 ……………………………………………………… 269
キーワード索引 ……………………………………………………… 313

# 本書の利用法

■本書の構成について

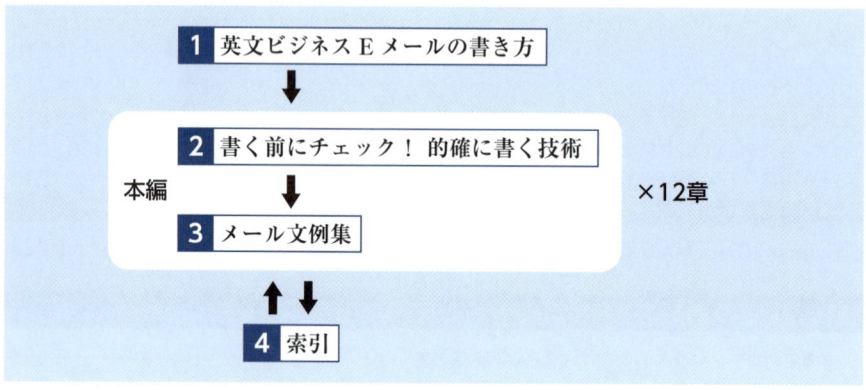

　英文でメールを書くことに慣れていない方や，もう一度基本を確認したいという方は，巻頭の 1 英文ビジネスEメールの書き方 をまず読んでから本編に進んでください。本編は全部で12章あり，それぞれ導入として 2 書く前にチェック！的確に書く技術 を掲載しています。こちらを確認した上で，3 メール文例集 を活用すると効果的です。なお，使いたい表現をすばやく探したい時には，巻末の 4 索引 を活用してください。

　各項目の内容の特徴と利用法については以下のとおりです。

### 1 英文ビジネスEメールの書き方

　英文ビジネスメールの基本パターンを示し，各構成要素について順にポイントや注意点などを説明しています。英文ビジネスメール初心者の方は，まずこの部分を通読し，メールの組み立て方と書き方のコツを学びましょう。
　書き方に関して特に気をつけるべきポイントについては，「ここに注意しよう」と題し，Z会通信講座の添削指導者からのアドバイスを掲載しています。

## 2 書く前にチェック！ 的確に書く技術

　各章に含まれる場面設定から1つを取り上げ，その設定に沿った「間違い例」のメールを題材に，実践的アドバイスを提示しているページです。実際にメールを書く前に確認しておきたいポイントを，Z会通信講座の添削指導者が具体的に解説しています。

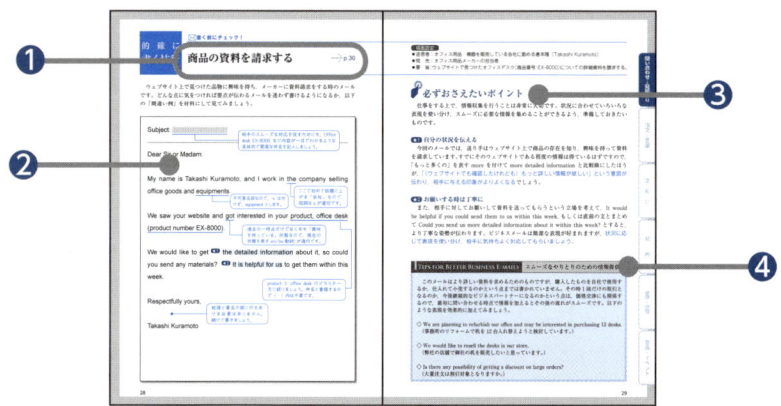

### ❶ 場面設定
当該の章から1つの場面を取り上げています。メール文例集ページの参照先が示されていますので，模範例はそちらを参照してください。

### ❷ よくある間違い例
Z会通信講座の受講者が実際に書いた答案より，代表的な間違いのパターンを分析し，それを盛り込んだメールの例です。これを題材に，改善点を具体的に指摘しています。なお，文中の★1網かけ部分については，右ページの「必ずおさえたいポイント」にて解説を加えています。

### ❸ 必ずおさえたいポイント
左ページのメールを踏まえた，添削指導者によるポイント解説です。場面設定に沿って，メールを書く際に気をつけるべき必須項目をまとめています。

### ❹ TIPS FOR BETTER BUSINESS E-MAILS
添削指導者による，メールの内容をさらにブラッシュアップさせるための発展的な情報を掲載しています。日本人が書くメールにありがちなミスに対するアドバイスや，コミュニケーションを円滑にするためのコツを示しています。

## 3 メール文例集

　12のカテゴリー（章）に分け，さまざまなビジネスシーンにおけるメールの例と，多様な置き換え例文を紹介しています。表現を学ぶためにじっくり読む，実際に書く時の参照用として使うなど，自分に合った方法で活用してください。

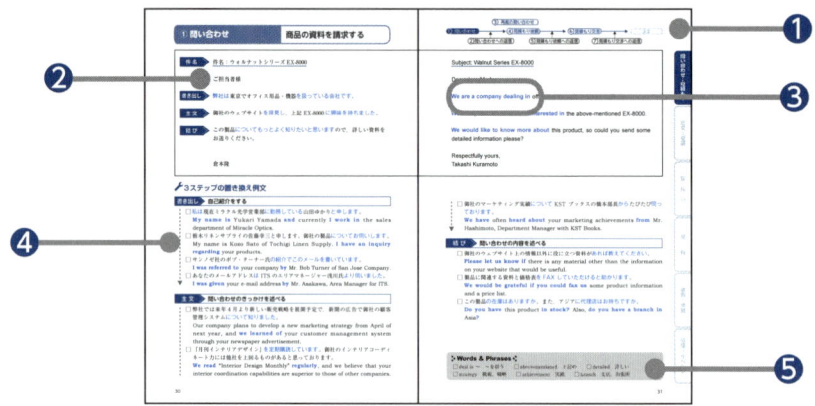

### ❶ フローチャート
各章のテーマにおける仕事上のやり取りの流れを図示し，その見開きページで展開している場面に色をつけています。全体の流れと各場面の位置づけが一目でわかるので，自分が読んでいるページの内容がどこに当たるのかをすぐに把握できます。

### ❷ メール実例
件名から本文，署名までのメール全体の例を，見開きページの上部に枠で囲んで掲載しています。左ページに日本語を，右ページに対応する英語を示しています。その後もやり取りが続くテーマの場合は，ストーリー性を持たせるようにしました。メールの基本構成「件名」「書き出し」「主文」「結び」がすぐにわかる表示つきです。

### ❸ 重要表現
例文中の定型表現や汎用性が高い表現に色をつけて強調しました。色以外の部分に自分の状況に合わせて語句を入れれば，簡単に文を作ることができます。なお，色の箇所は巻末の「目的別表現索引」に一覧が掲載されています。

### ❹ 3ステップの置き換え例文
見出しの部分では，メールの3部構成（「書き出し」「主文」「結び」の3ステップ）の各要素で伝えるべき内容を示しています。このポイントを参考にすることで,簡潔なメー

ル文面を組み立てることができます。また，その見開きページで展開している場面において使える例文を「書き出し」「主文」「結び」に分けて紹介しています。なお，この置き換え例文は，❷のメール実例とは別の場面設定のものとなっています。

### ❺ Words & Phrases
各見開きページの中の注意すべき語句・表現や当該テーマにおける重要な語句・表現を掲載しています。なお，*do* には動詞の原形が，*one's* には代名詞の所有格が入ります。

## 4 索引

### ❶ 目的別表現索引
「意見を述べる」「依頼する」などの"文の目的（働き）"を軸に，文例集の全表現をまとめています。和文と英文の両方を掲載しているので，用例リストとしても使えます。1つの目的に関するさまざまな表現が一覧できるので便利です。

### ❷ キーワード索引
ビジネスメールでよく使われる用語・表現とそれを含む例文が掲載されているページをリストにしています。「注文」「在庫がある」など，日本語から英語への変換に困った時に活用してください。

---

### ■特設サイトについて

本書ではWeb上に特設サイトを設けています。以下のURLにアクセスしていただきますと，本書に掲載されている例文のデータを閲覧することができます。実際にメールを書く際に，ここから必要な例文をコピー＆ペーストして利用したり，キーワードから必要な例文を検索したりすることが可能です。

http://www.zkai.co.jp/books/contents/email2/

# 英文ビジネス E メールの書き方

　まずは，英文ビジネス E メールの基本的な書式や書き方などの形式面について，ポイントを確認していきましょう。

　下の代表的なメールの例に沿って，各項目に関する注意事項を挙げていきます。「ここに注意しよう」というコーナーでは，書き手がつい間違えやすい点を挙げて解説をしていますので，参考にしてください。

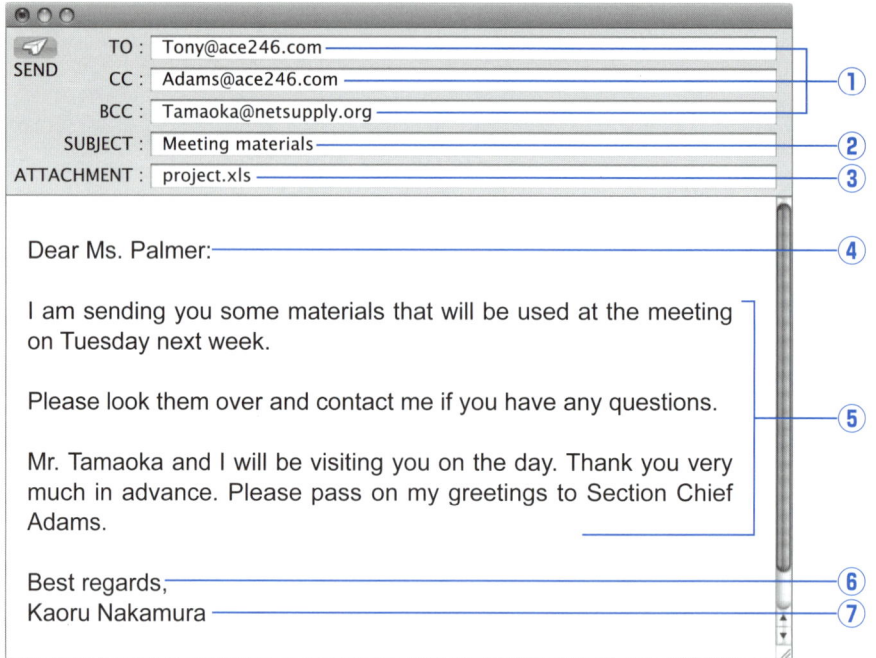

## ① 宛先

メールを送る相手（受信する人）のメールアドレスを入力する欄です。基本的にはTOの欄に入力しますが，必要に応じてCCやBCCにも入力します。

### ▶ CC

Carbon Copyの略。参照用ややり取りの確認用などとして同じ内容のメールのコピーをTO欄で入力した相手以外の人に送る場合，この欄にその人のメールアドレスを入力します。

### ▶ BCC

Blind Carbon Copyの略。BCC欄に入力されたアドレスはTOやCCでそのメールを受信した人からは見ることができないので，受信する人同士がお互いを知らない場合など，プライバシーに配慮した形で使われることが多いです。

## ② 件名 (Subject)

件名は，相手のスムーズな対応を促すためにも必ず付けるようにしましょう。相手によっては1日にたくさんのメールを受け取る人もいるので，自分が送ったメールを確実に，しかもいち早く読んでもらうためにも，**メールの内容が一目でわかるような具体的で簡潔な件名をつける**ことがとても大切です。重要なメールであったのに，件名が相手の目に留まらずに見過ごされてしまったり，開封されることなくごみ箱に捨てられてしまったりすることのないよう，気を抜かずに臨みましょう。

### 件名をつける際の注意点

件名を付ける時のコツや，注意すべき点として，次のようなことが挙げられます。

- 件名は完全なセンテンスでなくてもよいので，**簡潔さとわかりやすさを優先**させるようにしましょう。

- 件名欄は短いので，about, a, the などは適宜省略して字数をおさえるようにしましょう。

- 相手からのメールに返信する場合，特に必要のない限りは，元の件名を変えないほうがわかりやすいでしょう。

- 本当に重要な，あるいは緊急のメールを送る際には，以下のように件名の前に IMPORTANT（重要），URGENT（緊急）などの語を付けて重要度や緊急度を明示します。ただし，使い過ぎると相手にとってあまり印象がよくないので注意しましょう。

  例　Subject: [IMPORTANT] Meeting materials

- 以下の例のような**抽象的で漠然とした件名**は，スパムメールと間違われる可能性があるので避けるようにしましょう。
  - × Call now（すぐにお電話を）
  - × Congratulations!（おめでとう！）
  - × Document（文書）
  - × Free（無料）
  - × Good news（耳寄りなお知らせ）
  - × Test（テスト）
  - × Hi!（こんにちは！）
  - × Hi there（やあ，こんにちは）
  - × Information（お知らせ）
  - × New product（新製品）

以下はメールの件名の具体例です。適宜参照してください。

| 例 | | |
|---|---|---|
| | **Inquiry about** your products | 御社製品**に関する問い合わせ** |
| | **Quick** question | **ちょっとした**質問 |
| | **Quick** reminder | **ちょっと**再確認 |
| | **Order for** LCD TV T-987 | 液晶テレビ T-987 **の注文** |
| | **Order number** 8539 | **注文番号** 8539 |
| | **Request for** payment | お支払い**のお願い** |
| | **Invoice number** 2580 | **請求書番号** 2580 |
| | Calculation **error** | 計算**の間違い** |
| | **Apology for** the invoice mistake | 請求間違い**のお詫び** |
| | Sales meeting **notification** | 営業会議**のお知らせ** |
| | Reservation **confirmation** | 予約**の確認** |
| | Reservation **cancellation** | 予約**のキャンセル** |
| | **Change in** business trip schedule | 出張日程**の変更** |
| | **Project meeting on** March 5th | 3月5日**の企画会議** |
| | **Thank you for** your advice. | アドバイスをありがとう。 |

| | |
|---|---|
| **Sorry for** contacting you late | 連絡が遅くなってすみません。 |
| Conference room **arrangements** | 会議室の手配 |
| **Self introduction** | 自己紹介 |
| **Condolences** | 訃報 |
| **How are you feeling?** | お加減いかがですか。 |
| **Congratulations on** your promotion! | ご昇進おめでとうございます！ |
| **Invitation to** a party | パーティーへのご招待 |
| **Farewell party for** Ms.Yoko Tanaka | 田中陽子さんの送別会 |
| **Have a fun vacation!** | 楽しい休暇を！ |

---

**ここに注意しよう**

メールの内容を短い言葉で要約して書くのが原則です。ただし，簡潔にしすぎて具体性がないと，見落とされたりスパムメールと間違われたりする原因にもなりますので，具体的な情報を盛り込み，件名を見ただけで大まかな内容がわかるように工夫しましょう。

なお，1通のメールに複数の用件を含めて書くのは避けたほうが無難です。用件ごとにメールを分けたほうが，返信の有無や進捗などを見分けやすくもなります。

## ③ 添付ファイル（Attachment）

本文のほかに資料やデータなどのファイルがある場合は，メールに添付して送ります。この時，添付ファイル名は半角英数字で付けるようにします。確実に見てもらうためには，単に添付するだけでなく，以下の例のように本文の中でも添付ファイルがあることやファイルの内容について言及するようにしましょう。

例　**Attached is** the latest information on our system program about which you inquired.
（お問い合わせの弊社システムプログラムに関する最新資料を添付いたします。）

I am sending the invoice for April **as an attached document**.
（4月分の請求書を添付してお送りいたします。）

**Please see the attached materials that include** a price list and product details.
（価格表や商品の詳細についての資料を添付しておりますのでご覧ください。）

また，受け取った添付ファイルを正しく開くことができなかった場合は，その旨連絡してもらうよう，以下の例のように本文の中で相手に伝えておくことも大切です。

例 If you cannot open the document properly, **could you please contact me**?
（ファイルが開けない場合には，ご連絡をいただけますか。）

## 4 頭語 (Salutations)

日本語の「拝啓」や「前略」に当たる部分を**頭語（敬辞）**と言います。頭語は本文の冒頭で Dear 〜 の形で書かれることが多いですが，Dear を付けない場合もあります。

頭語は相手との間柄や状況などに合わせて使い分ける必要があるため，以下で代表的な例を見ておきましょう。なお，頭語の最後には，アメリカ式ではコロン（:）を，英国・欧州式ではコンマ（,）をつけるのが一般的ですが，これらは厳格なルールではありません。

### 頭語の使い分け

▶改まった間柄や初めてメールを送る相手の場合

〈Dear ＋敬称（Mr., Ms. など）＋相手の姓（family name）〉を用います。これらは相手の名前がわかっている場合の形です。

例 《アメリカ式》　　　　　　　《英国・欧州式》
　　Dear Mr. Green:　　　　　Dear Mr. Green,

以下のように，2人に宛てて書く場合もあります。

例 《アメリカ式》　　　　　　　《英国・欧州式》
　　Dear Mr. and Mrs. Green :　Dear Mr. and Mrs. Green,
　　（グリーンご夫妻様）

日本語の感覚だと相手の名前（first name）に敬称をつけても不自然さはありませんが，英語では敬称（Mr., Ms. など）に続けて相手の名前（first name）を書くのは誤りですので，注意しましょう。

× Dear Mr. Mark

また，Dear Mr. Mark Green のように，〈Dear ＋敬称（Mr., Ms. など）〉に続けて相手の姓名（full name）を書く形も間違いではありませんが，あまり使わないほうがよいでしょう。

なお，女性の敬称には Ms., Mrs., Miss などがあります。Ms. は未婚・既婚の区別なく使えるので，ビジネスにおいては特に好んで用いられます。ただし，本人が Mrs. や Miss を好むということもあるので，その場合はそれを尊重するようにしましょう。

▶ **ある程度親しい間柄の場合**
〈Dear ＋相手の名前（first name）〉の形を使います。

例　《アメリカ式》　　　　　《英国・欧州式》
　　Dear Mary:　　　　　　Dear Mary,

▶ **同僚や気軽な間柄の場合**
〈Hi ＋相手の名前（first name）／ Hello ＋相手の名前／ 相手の名前〉などを用います。これらはかなりカジュアルな形ですので，使用する時には注意しましょう。

例　《アメリカ式》　　　　　《英国・欧州式》
　　Hi Yoko:　　　　　　　Hi Yoko,
　　Hello Tom:　　　　　　Hello Tom,
　　Alice:　　　　　　　　Alice,

日本人同士が日本語でメールをやり取りする場合，親しい間柄であっても職場の同僚などに対しては姓（family name）を用いることが多いですが，英語では名前（first name）を使うのも一般的です。むしろ親しい相手を姓で呼ぶとよそよそしいとして，かえって相手から嫌がられることもあります。

例　《日本語のメール》　　　《英語のメール》
　　山田様［さん］　　　　　Shizuka:

▶ **相手の名前や性別がわからない場合**

初めて取引をする会社に宛ててメールを送る場合などで，担当者の名前や性別が不明な時に用いる頭語の例には次のようなものがあります。

例　《アメリカ式》　　　　　《英国・欧州式》
　　Dear Sir or Madam:　　　Dear Sir or Madam,
　　（拝啓）

ただし，上記の例は相手が特定されておらず曖昧であるため，部署名や役職名がわかるようであれば，次のようにできるだけ具体的に記すとよいでしょう。

例　《アメリカ式》　　　　　《英国・欧州式》
　　Dear Sales Manager:　　Dear Sales Manager,
　　（営業マネージャー様）

▶ **複数の相手に送る場合**

名前を特定せずに複数の相手にメールを送る場合の頭語の例です。

例　《アメリカ式》　　　　　《英国・欧州式》
　　Dear Customer:　　　　Dear Customer,
　　（お客様へ）
　　Dear all:　　　　　　　Dear all,
　　（皆様へ）
　　Hi everyone:　　　　　Hi everyone,
　　（皆さんへ）

## ⑤ 本文

メールの中心となる部分です。伝えたいことを相手によりわかりやすく伝えるためには，ただ漫然と感覚的に書くのではなく，以下に述べる点に留意して書くようにしましょう。

## 基本ルール

### ▶左揃えで書く

メールを受け取った相手に対する配慮の1つとして，行によっていろいろな位置から文が始まるという構成は避け，読み手が視覚的にとらえやすいよう**基本的に左寄せにして書きます**。

### ▶1行は60〜70字程度にする

相手の読みやすさや理解のしやすさを考え，できるだけ短くシンプルな構成となるよう心がけましょう。受信する側のメールソフトの設定によっては，表示のされ方が変わりレイアウトが崩れてしまうこともあるので，あらかじめ適当な長さのところで改行するようにします。意味の切れ目も考慮しながら，1行の長さを60〜70字程度で収まるように整えるとよいでしょう。

### ▶改行や段落を活用する

正確に用件を伝えるためには，視覚的に相手が内容を把握しやすい構成にすることも大切です。重要なポイントについては改行を入れて箇条書きにしたり，内容のまとまりごとに段落を区切ったり，と適宜工夫しましょう。1つの段落もあまり長くならないように注意する必要があります。また，段落を設ける場合には，読みやすいように段落と段落の間を1行あけるようにします（この場合には，段落始めのインデントは必要ありません）。

なお，1つの段落に含めるのは1つのテーマが原則です。また，同じテーマであっても，長々と書くことは避け，1つの段落は1〜4文程度でまとめるようにしましょう。

---

**ここに注意しよう**

視覚的な読みやすさも重要なポイントです。「頭語」「書き出し」「主文」「結び」「結語」のそれぞれの段落の間を1行あけることで，一目で段落の境目がわかるため，相手が実際に文面を読む前からよい印象を与えることができます。内容だけでなくフォーマットにも気を配り，読みやすいメールになるように工夫しましょう。

▶ **大文字・小文字だけで書かない**

以下のように件名全体や文章全体を大文字で書くと，相手に「強要している」「攻撃している」などといった印象を与えるので避けましょう。

× I WILL NOT ATTEND THE MEETING ON FEBRUARY 12.

強調したい部分などがある場合は，以下の例のように該当箇所をアスタリスク（*）で囲むか，その部分だけを大文字で書く方法を用いるようにします。

例 I will **not** attend the meeting on February 12.
 I will **NOT** attend the meeting on February 12.

また，小文字だけで書くのも文章が読みにくいので，ビジネスメールでは避けましょう。原則として文と固有名詞の最初の1文字は大文字，その他は小文字で書きます。

× i will not attend the meeting on february 12.

▶ **文字化けしない文字を使う**

相手のパソコンの環境によっては送ったメールの内容が文字化けしてしまって読めないことがあります。全角の英数字や①②のような記号など，文字化けしやすいものは使わずに，英数字なら半角にするなどの注意が必要です。

▶ **本文は HTML 形式にしない**

メールの本文は標準のテキスト形式で送るようにしましょう。テキスト形式ならば大抵の場合は相手も読むことができます。一方，たとえば本文を HTML 形式にした場合，相手側のメールソフトが HTML に対応していなかったりこちらの意図した通りに表示されないことがあったりなど，やり取りがスムーズに運ばないことがあります。

## 「書き出し」「主文」「結び」の3部構成

メールの本文を書く時は，「書き出し」「主文」「結び」の3つの要素に分けて構成を考えていくと，スムーズにまとめることができます。また，メールの相手にとっても読みやすい文面になりますので，まずはこの構成をしっかり身につけましょう。

### ▶書き出し

ここでは簡単なあいさつなどを書きます。初めて送るメールでは**自己紹介**を，2回目以降のやり取りでは**軽めのあいさつ**，**メールのお礼**，**謝罪**，**メールの用件**などを述べます。最初の1～2文で相手の関心を引き付けることが大切ですので，以下の例のようにメールの目的を端的に示しましょう。

例 My name is Haruko Uchida of Seihoku Trading.
（私は西北商事に勤務している内田春子と申します。）

We are grateful to have received your first order.
（初めてご注文をいただきうれしく存じます。）

Thank you for your e-mail of March 14.
（3月14日付のメールをありがとうございました。）

Please accept our apologies for the delay in making the payment for April.
（4月分のお支払いが滞っておりまして申し訳ございません。）

I have read your e-mail, and I am writing to you forthwith.
（メールを拝見し，さっそくお返事を書いています。）

### ▶主文

依頼事項や確認事項，提案事項など，**メールの主題**について書く部分です。相手の立場に立ち，**要点をとらえやすい内容**となるように心がけましょう。相手に具体的な行動を促す場合は，その**方法や期限を明示**しましょう。早急に返信が欲しい場合などは，その**理由も伝える**ことが大切です。

---

**ここに注意しよう**

まずは結論から先に伝えることが大切です。これまでの経緯を時系列に沿って長々と説明し最後に結論を書くのではなく，最初に結論を伝え，必要に応じてその経緯や理由を述べましょう。誰が，何を，いつまでに，どのような方法でするのかを明確に伝えましょう。

---

なお，**商品名**，**個数**，**価格**，**日時**，**場所**，**条件**などを伝えるメールで，項目・要素が多くなる場合には，文章で書くよりも箇条書きにするとわかりやすくなり，誤解や見落としを防ぐことができます。

▶結び

メールを締めくくる部分で，用件の確認，念押し，対応を促すなどの働きをします。ここでよく使われる表現には「よろしくお願いします」「お待ちしています」「楽しみにしています」などがあります。いずれにしても相手によい印象を与え，円滑な関係へとつなげることを念頭に置いて書くとよいでしょう。以下の例を参考にしてください。

例 I will contact you once again as soon as the schedule has been decided.
（具体的な日程が決まり次第改めてご連絡いたします。）

I ask for your kind cooperation.
（ご協力のほどよろしくお願いいたします。）

We look forward to your reply.
（お返事をお待ちしております。）

## よいメールのポイント

▶内容はできるだけ簡潔に書く

手紙などと比べ，ビジネスメールはより簡潔であることが求められます。日本人は特に，要点だけの短いメールではそっけなく，相手に対して失礼なのではないかと考えがちですが，忙しいビジネスパーソンには逆に長い文書のほうが歓迎されません。上で触れた3部構成を意識しながら，要点をシンプルに伝える感覚を身につけましょう。

### ここに注意しよう

接続詞や関係詞の多用は避け，1文を短く書くように心がけましょう。また，仮主語のItの多用も避け，なるべくシンプルに書くようにしましょう。
- × It is believed that he likes our ideas
- ○ I believe that he likes our ideas.
- ○ He likes our ideas.

▶日本的儀礼は不要

英文メールの場合，日本人同士のやり取りでよく使われる「いつもお世話になっております」などのような社交のあいさつを書く必要は基本的にありません（⇒

第8章のコラム参照）。ただし，相手との間柄によっては，事務的な文章ばかりでなく近況報告などを添えることもあります。

また，日本人は「すみません」「申し訳ありません」などの表現を軽い意味合いでよく用いますが，英文メールにおいては，本当の謝罪の場面以外で用いると不自然な印象を与えてしまうので，あいさつ程度の「すみません」「申し訳ありません」は多用しないようにしましょう。

さらに，自分の考えや Yes / No ははっきりと述べ，わからない点はうやむやにせず，きちんと相手に確認することが大切です。

▶ **I と We を使い分ける**
メールの主語として I を使うか We を使うかの判断に迷った場合は，基本的に自分が個人としての立場で意見などを述べるのであれば I ～（私は～）を，会社を代表して何かを伝えるのであれば We ～（弊社は～）を使うと考えるとよいでしょう。I を使うほうがややくだけた印象になります。以下の例を参考にしてください。

例 **I** hope for the success of the lecture.
（講演会のご成功を願っております。）★個人の立場で願っている。

**We** appreciate your kind consideration.
（よろしくご検討のほどお願い申し上げます。）★会社を代表してお願いしている。

## ❻ 結語 (Complimentary Close)

日本語の「敬具」や「草々」に当たる部分で，メール本文の締めくくりとなる言葉です。結語は「結辞」とも呼ばれます。日本語のメールでは何も書かないことも多いですが，英語のメールではたいていの場合，結語を書きます。

結語は相手との間柄や状況などに合わせて使い分ける必要があり，フォーマルさの度合いは頭語に合わせます。また，結語の最後にはコンマ（,）をつけるのが普通です。なお，2語以上から成る結語の場合で副詞（Truly, Respectfully, Sincerely など）が先にくる形はアメリカ式，後ろにくる形は英国・欧州式となります。

## 結語の使い分け

代表的な結語の例は次の通りです。相手によっての使い分けに役立ててください。

▶ **改まった間柄の場合**

例 《アメリカ式》　　　　　　　《英国・欧州式》
　　Respectfully yours,　　　　Yours respectfully,
　　Faithfully yours,　　　　　Yours faithfully,
　　Very truly yours,　　　　　Yours very truly,
　　Truly yours,　　　　　　　Yours truly,
　　Sincerely yours,　　　　　 Yours sincerely,
　　Sincerely,　　　　　　　　Sincerely,
　　(With) Best regards,　　　 (With) Best wishes,

※下に行くほどフォーマル度が低い。

▶ **親しい間柄の場合**

例　All the best!（ごきげんよう！，さようなら！）
　　By for now,（では。）
　　Good luck!（幸運を祈ります！）
　　Have a nice [good] day [weekend]!（よい1日［週末］を！）
　　Keep in touch,（またメールをください。）
　　Take care!（お大事に！）
　　Talk to you later,（また後ほど。）
　　Talk to you soon,（またすぐにメールします。）
　　Thanks,（ありがとう。）
　　Thanks again,（お礼まで。）

## 7 署名

　メールの最後には，自分（差出人）の姓名（フルネーム）を書きます。親しい間柄では自分の名前（first name）だけを書く場合もありますが，**署名は姓名（フルネーム）を書くのが基本**です。その後に，必要に応じて役職名・部署名・会社名・住所・電話番号・FAX番号・メールアドレス・会社のホームページURLなどの情報を示します。海外にいる相手に送るメールでは，電話番号やFAX番号は国番号（日本の場合は＋81）から表記すると親切です。

例
Kaoru Nakamura
Chief Engineer
Technology Development Section
Net Supply, Co.
Hashimoto Bld.
2-61 Wakamatsu-Yanagicho
Shinjuku, Tokyo
162-0058
Japan
TEL: ＋81-3-2456-7898
FAX: ＋81-3-2456-7899
E-mail: knakamura@netsupply.co.jp

中村　薫
ネットサプライ株式会社
技術開発部　主任
〒162-0058
東京都新宿区若松柳町2丁目61番地　橋本ビル
TEL：＋81-3-2456-7898
FAX：＋81-3-2456-7899
Eメール：knakamura@netsupply.co.jp

　メールを書き終わったら，もう一度全体を通して読み返し，相手に伝えたい内容が適切な表現で書かれているか，スペルミスがないかなどについて忘れずにチェックするようにします。相手のメールアドレス，件名，添付ファイルなどについても間違いがないかどうか，CCやBCCの相手が適切かどうかも最後にもう一度確認し，送信しましょう。

### 返信は迅速に

メールを受け取ったら，なるべく早く返信するようにしましょう。相手の依頼などにすぐに返事をすることができない場合には，いつ頃回答することができるかだけでも先に伝えておくようにします。

例　We have received your e-mail of June 1 requesting …. We need some time to think about it, so would you please wait for our reply until the end of this month?
（…をご希望の旨，6月1日にメールを頂戴しました。少々検討の時間をいただきたいと思いますので，今月末までお返事をお待ちいただけますでしょうか。）

返信が来ないと，相手が状況を心配するだけでなく，仕事がそこでストップしてしまうこともあり得ます。メールは相手に会わずに連絡を取り合うことができる便利なツールですが，だからこそ気をつけなければいけないこともあるのです。

# 1 問い合わせ ⇩ 見積もり

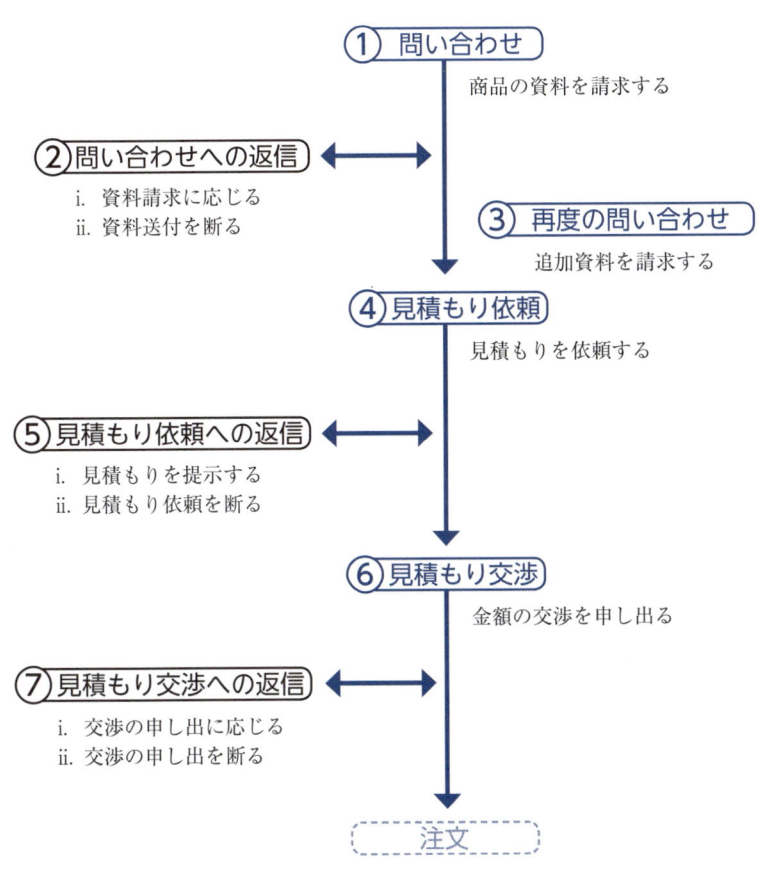

## 的確に書く技術

✉ 書く前にチェック！

# 商品の資料を請求する

⋯⋯ p.30

ウェブサイト上で見つけた品物に興味を持ち，メーカーに資料請求をする時のメールです。どんな点に気をつければ要点が伝わるメールを迷わず書けるようになるか，以下の「間違い例」を材料にして見てみましょう。

---

Subject: ＿＿＿＿＿＿＿＿

> 相手のスムーズな対応を促すためにも，Office desk EX-8000 など内容が一目でわかるような具体的で簡潔な件名を記入しましょう。

Dear Sir or Madam:

My name is Takashi Kuramoto, and I work in <u>the company</u> selling office goods and <u>equipments</u>.

> 不可算名詞なので，-s は付けず，equipment とします。

> ここで初めて話題に上がる「会社」なので，冠詞は a が適切です。

We saw your website and <u>got</u> interested in your <u>product, office desk (product number EX-8000)</u>.

> 過去の一時点だけでなく今も「興味を持っている」状態なので，現在の状態を表す are (be動詞) が適切です。

We would like to get ★1 the detailed information about it, so could you send any materials? ★2 It is helpful for us to get them within this week.

> product と office desk のどちらか一方に絞りましょう。件名と重複するので（ ）内は不要です。

Respectfully yours,

> 結語と署名の間に行をあける必要はありません。続けて書きましょう。

Takashi Kuramoto

**場面設定**
- 送信者：オフィス用品・機器を販売している会社に勤める倉本隆（Takashi Kuramoto）
- 宛　先：オフィス用品メーカーの担当者
- 要　旨：ウェブサイトで見つけたオフィスデスク（商品番号：EX-8000）についての詳細資料を請求する。

## 必ずおさえたいポイント

　仕事をする上で，情報収集を行うことは非常に大切です。状況に合わせていろいろな表現を使い分け，スムーズに必要な情報を集めることができるよう，準備しておきたいものです。

### ★1 自分の状況を伝える

　今回のメールでは，送り手はウェブサイト上で商品の存在を知り，興味を持って資料を請求しています。すでにそのウェブサイトである程度の情報は得ているはずですので，「もっと多くの」を表す more を付けて more detailed information と比較級にしたほうが，「（ウェブサイトでも確認したけれども）もっと詳しい情報が欲しい」という意図が伝わり，相手に与える印象がよりよくなるでしょう。

### ★2 お願いする時は丁寧に

　また，相手に対してお願いして資料を送ってもらうという立場を考えて，It would be helpful if you could send them to us within this week. もしくは直前の文とまとめて Could you send us more detailed information about it within this week? とすると，より丁寧な姿勢が伝わります。ビジネスメールは簡潔な表現が好まれますが，状況に応じて表現を使い分け，相手に気持ちよく対応してもらいましょう。

---

### TIPS FOR BETTER BUSINESS E-MAILS　　スムーズなやりとりのための情報提供

　このメールはより詳しい資料を求めるためのものですが，購入したものを自社で使用するか，仕入れて小売するのかという点までは書かれていません。その時1回だけの取引となるのか，今後継続的なビジネスパートナーになるのかという点は，価格交渉にも関係するので，最初に問い合わせる時点で情報を加えるとその後の流れがスムーズです。以下のような表現を効果的に加えてみましょう。

◇ We are planning to refurbish our office and may be interested in purchasing 12 desks.
（事務所のリフォームで机を12台入れ替えようと検討しています。）

◇ We would like to resell the desks in our store.
（弊社の店舗で御社の机を販売したいと思っています。）

◇ Is there any possibility of getting a discount on large orders?
（大量注文は割引対象となりますか。）

## ① 問い合わせ　　商品の資料を請求する

**件名** ▶ 件名：ウォルナットシリーズ EX-8000

ご担当者様

**書き出し** ▶ 弊社は東京でオフィス用品・機器を扱っている会社です。

**主文** ▶ 御社のウェブサイトを拝見し，上記 EX-8000 に興味を持ちました。

**結び** ▶ この製品についてもっとよく知りたいと思いますので，詳しい資料をお送りください。

倉本隆

## 🔧 3ステップの置き換え例文

### 書き出し ▶ 自己紹介をする

- ☐ 私は現在ミラクル光学営業部に勤務している山田ゆかりと申します。
  **My name is** Yukari Yamada **and** currently **I work in** the sales department of Miracle Optics.
- ☐ 栃木リネンサプライの佐藤幸三と申します。御社の製品についてお伺いします。
  My name is Kozo Sato of Tochigi Linen Supply. **I have an inquiry regarding** your products.
- ☐ サンノゼ社のボブ・ターナー氏の紹介でこのメールを書いています。
  **I was referred to** your company **by** Mr. Bob Turner of San Jose Company.
- ☐ あなたのメールアドレスは ITS のエリアマネージャー浅川氏より伺いました。
  **I was given** your e-mail address **by** Mr. Asakawa, Area Manager for ITS.

### 主文 ▶ 問い合わせのきっかけを述べる

- ☐ 弊社では来年4月より新しい販売戦略を展開予定で，新聞の広告で御社の顧客管理システムについて知りました。
  Our company plans to develop a new marketing strategy from April of next year, and **we learned of** your customer management system through your newspaper advertisement.
- ☐ 『月刊インテリアデザイン』を定期購読しています。御社のインテリアコーディネート力には他社を上回るものがあると思っております。
  **We read** "Interior Design Monthly" **regularly**, and we believe that your interior coordination capabilities are superior to those of other companies.

```
①問い合わせ → ④見積もり依頼 → ⑥見積もり交渉 → 注文
   ↑              ↑                ↑
②問い合わせへの返信  ⑤見積もり依頼への返信  ⑦見積もり交渉への返信
③再度の問い合わせ
```

---

Subject: Walnut Series EX-8000

Dear Sir or Madam:

**We are a company dealing in** office goods and equipment in Tokyo.

**We saw** your website **and are interested in** the above-mentioned EX-8000.

**We would like to know more about** this product, so could you send some detailed information please?

Respectfully yours,
Takashi Kuramoto

---

☐ 御社のマーケティング実績について KST ブックスの橋本部長からたびたび伺っております。
**We have** often **heard about** your marketing achievements **from** Mr. Hashimoto, Department Manager with KST Books.

### 結び ▶ 問い合わせの内容を述べる

☐ 御社のウェブサイト上の情報以外に役に立つ資料があれば教えてください。
**Please let us know if** there is any material other than the information on your website that would be useful.

☐ 製品に関連する資料と価格表を FAX していただけると助かります。
**We would be grateful if you could fax us** some product information and a price list.

☐ この製品の在庫はありますか。また、アジアに代理店はお持ちですか。
**Do you have** this product **in stock?** Also, **do you have a branch in** Asia**?**

---

#### ∵ Words & Phrases ∵

☐ deal in ～　～を扱う　　☐ above-mentioned　上記の　　☐ detailed　詳しい
☐ strategy　戦術, 戦略　　☐ achievement　実績　　☐ branch　支店, 出張所

## ② 問い合わせへの返信　　ⅰ. 資料請求に応じる

| 件名 | 件名：RE：ウォルナットシリーズ EX-8000 |
|---|---|

倉本様

| 書き出し | 弊社製品ウォルナットシリーズ EX-8000 についてお問い合わせいただきありがとうございます。 |
|---|---|

| 主文 | さらに詳しい資料として製品カタログ1部をさっそく発送いたします。一両日中にはお手元に届くと思います。 |
|---|---|

| 結び | ご質問などありましたら，いつでもお気軽にお問い合わせください。 |
|---|---|

トム・ベーカー

### 🔧 3ステップの置き換え例文

**書き出し　問い合わせに対しお礼を述べる**

- ☐ 初めてのお問い合わせをどうもありがとうございます。メールを拝見いたしました。
  **Thank you very much for your first inquiry. I have received and read your e-mail.**
- ☐ 弊社教育開発プログラムにご関心をお寄せいただき大変光栄です。
  **We very much appreciate your interest in** our education development program.
- ☐ 弊社業務内容についてのお問い合わせをいただき感謝いたします。
  **We are very grateful for your inquiry concerning** our line of business.

**主文　問い合わせに応じる**

- ☐ 喜んでお問い合わせのサービスに関する資料をお送りいたします。
  **It would be a pleasure to send you** some information on the service about which you inquired.
- ☐ 弊社ウェブサイトがございますのでそちらをご覧ください。
  **Please refer to** our website.
- ☐ 製品サンプルは別途航空便にてお送りいたします。
  **We will send you** a product sample **separately by airmail**.
- ☐ お問い合わせの弊社システムプログラムに関する最新資料を添付いたします。
  **Attached is** the latest information on our system program about which you inquired.

① 問い合わせ → ②問い合わせへの返信 → ③ 再度の問い合わせ → ④ 見積もり依頼 → ⑤ 見積もり依頼への返信 → ⑥ 見積もり交渉 → ⑦ 見積もり交渉への返信 → 注文

---

Subject: RE: Walnut Series EX-8000

Dear Mr. Kuramoto:

**Thank you for your inquiry regarding** our Walnut Series EX-8000.

**We will immediately send you** a copy of the product catalog containing more detailed information. It should reach you within a day or two.

If you have any questions, **please feel free to contact us at any time**.

Sincerely yours,
Tom Baker

---

☐ 当製品につきましては現在300台の在庫がございます。
　**We** currently **have** 300 units of this product **in stock**.

### 結び　将来の取引につなげる

☐ 資料にお目通しいただき、この件についてご検討いただければ幸いです。
　**We would greatly appreciate it if you could** look over the materials and **give some consideration to** this matter.

☐ さらに詳しくお知らせいただければ、ご要望により適切にお答えできるかと存じます。
　If you could provide us with more details, **we would be able to respond more appropriately to** your request.

☐ ご注文を心よりお待ちしております。
　**We look forward to receiving your order.**

---

**∴ Words & Phrases ∴**
☐ within a day or two　一両日中に　　☐ separately　別途、別に　　☐ latest　最新の
☐ currently　現在（のところ）　　☐ give consideration to ～　～を考慮する
☐ appropriately　適切なやり方で

## ② 問い合わせへの返信　　ⅱ. 資料送付を断る

| 件名 | 件名：RE：ウォルナットシリーズ EX-8000 |
|---|---|

倉本様

| 書き出し | 弊社製品ウォルナットシリーズ EX-8000 に関してご請求いただいた資料の件についてお答えします。 |
|---|---|

| 主文 | 残念ですが，弊社ではご要望の品を現在製造しておりません。 |
|---|---|

| 結び | ご要望にお応えすることができず申し訳ございません。ご理解のほどよろしくお願いいたします。 |
|---|---|

トム・ベーカー

## 🔧 3ステップの置き換え例文

### 書き出し　問い合わせに対しあいさつを述べる

- □ 弊社デザイン資料に関するお問い合わせについて回答させていただきます。
  **I am contacting you in response to** your inquiry about our designs.
- □ 6月25日付のメールをどうもありがとうございました。
  **Thank you very much for your e-mail of** June 25.

### 主文　問い合わせに対し状況を述べる

- □ お問い合わせの物件は，すでにご成約済みとなっております。
  The property **about which you inquired is** not available anymore.
- □ あいにくですが，ただいまカタログの在庫が切れてしまっていて，お送りするまで1週間ほどお時間をいただきます。
  **I am afraid that** at the moment we do not have any catalogs in stock and **it will be about** one week **before** we can send you a copy.
- □ 残念ですが，ご依頼の商品は一時取り扱いを中止しています。
  Unfortunately, at the present time **we have temporarily stopped handling** the product you requested.
- □ お問い合わせのソフトは NC802 との互換性がありません。
  The software about which you inquired **is not compatible with** NC802.
- □ ご依頼の商品は取り寄せとなりますので，お手元に届くまで10日ほどかかります。
  As the product you requested is presently backordered, **it should reach you in** about 10 days.

① 問い合わせ → ④ 見積もり依頼 → ⑥ 見積もり交渉 → 注文
③ 再度の問い合わせ
② 問い合わせへの返信　⑤ 見積もり依頼への返信　⑦ 見積もり交渉への返信

---

Subject: RE: Walnut Series EX-8000

Dear Mr. Kuramoto:

**I am responding to you in regard to** the materials you requested on our Walnut Series EX-8000.

Unfortunately, **we do not manufacture** the item you requested **at this present time.**

**We apologize for not being able to meet your request**, and we ask for your kind understanding on this matter.

Sincerely yours,
Tom Baker

---

- ☐ お問い合わせの検索サービスの無料提供は行っておりません。
  The search service mentioned in your inquiry **is not offered** free of charge.

### 結び　お詫びを述べ，理解を求める

- ☐ さっそく本社に問い合わせ，わかり次第すぐにご連絡いたします。
  **We will** inquire of our head office immediately and **contact you as soon as we hear from them**.
- ☐ お待たせして申し訳ありません。もうしばらくお時間をいただければ幸いです。
  **We thank for your patience** and we kindly ask you to wait a little while longer.
- ☐ お問い合わせにお応えすることができないことをどうかご了承ください。
  **Please accept our deep regrets in not being able to** respond to your inquiry.

---

**∴ Words & Phrases ∴**
☐ in regard to 〜　〜に関して　　☐ unfortunately　残念ながら
☐ meet　（要求，条件）を満たす　☐ backorder　〜を取り寄せ注文する
☐ charge　料金

## ③ 再度の問い合わせ　追加資料を請求する

**件名** 件名：RE：ウォルナットシリーズ EX-8000

ベーカー様

**書き出し** 製品のカタログをお送りいただきどうもありがとうございました。

**主文** 検討し，後日改めて結果をご連絡したいと思います。それから，このシリーズについての製品テストのデータがあればお送りいただけないでしょうか。

**結び** よろしくお願いいたします。

倉本隆

## 🔧 3ステップの置き換え例文

### 書き出し 資料受領の旨を伝える

- ☐ 昨日御社のメンテナンスサービスに関する資料を受け取りました。
  **We received** yesterday **the material regarding** your maintenance service.
- ☐ 6月18日付メールに添付されたデータを拝見しました。
  **I have read through** the data **attached to** the e-mail received from you on June 18.
- ☐ 御社からお送りいただいたサンプル3種が今朝航空便で届きました。
  The three samples you kindly sent **arrived** this morning **by airmail**.

### 主文 さらなる問い合わせをする

- ☐ できればカタログの写真ではなく実際の色を見たいと思います。お送りいただけるような色見本はありますか。
  If possible, instead of the photographs in the catalog, we would like to see the actual colors. **Do you have** any color samples that you could send to us?
- ☐ 資料を拝見して，より新しい機能を搭載した機種があると知り，こちらについてより詳しく知りたいと思っています。
  We have looked over the materials and **are interested in knowing more about** the models equipped with newer functions.

① 問い合わせ　→　④ 見積もり依頼　→　⑥ 見積もり交渉　→　注文
　　　　③ 再度の問い合わせ
② 問い合わせへの返信　⑤ 見積もり依頼への返信　⑦ 見積もり交渉への返信

---

Subject: RE: Walnut Series EX-8000

Dear Mr. Baker:

**Thank you very much for sending** the product catalog.

We will go over the material and contact you once again at a later date regarding our decision. In addition, if you have any test data for this series, **we would be most grateful if you could send** it **to us**.

**I appreciate your help with this.**

Sincerely yours,
Takashi Kuramoto

---

- □ これからさらに検討する必要があります。このシステムの特長についてもう少し教えていただけますか。
  We need to consider the matter further. **Could you tell us a little more about** the system's features**?**
- □ 残念ながら欲しい情報を得られませんでした。もっと詳しい資料はありませんか。
  Unfortunately, the material **did not contain the information we wanted**. Do you have any more detailed information?

### 結び　あいさつを述べ，次へとつなげる

- □ 迅速にご対応いただきどうもありがとうございました。
  **Thank you very much for your quick response.**
- □ ご回答をお待ちしております。
  **I look forward to your reply.**
- □ 来週こちらからご連絡しますのでそれまでお待ちください。
  **We will contact you** next week, so we hope you will wait until then.

---

**∴ Words & Phrases ∴**

□ go over ～　～を調べる　　□ in addition　さらに　　□ attached to ～　～に添付の
□ instead of ～　～の代わりに　　□ equipped with ～　～を備えた

## ④ 見積もり依頼　　見積もりを依頼する

**件名**　件名：EX-8000-DK-3，DK-6 の見積もりについて

ベーカー様

**書き出し**　御社のカタログを受け取り，拝見しました。

**主文**　EX-8000-DK-3，DK-6 の購入について検討しています。下記の数量にて見積もりをお願いいたします。

　　EX-8000-DK-3：20 台
　　EX-8000-DK-6：30 台

**結び**　お返事をお待ちしています。

　　倉本隆

### 🔧 3ステップの置き換え例文

**書き出し**　見積もり依頼のきっかけを述べる

- ☐ お送りいただいた資料を拝見した結果，購入する方向で考えています。
  After receiving and studying the materials you sent to us, **we would like to consider** making a purchase.
- ☐ 『月刊工業』で御社の新製品について拝見し，興味を持っています。
  **We are interested in** your new products **after seeing** them in "Industry Monthly."

**主文**　見積もり依頼の内容を述べる

- ☐ 参加人数とコースについて一番安い組み合わせで見積もりを出していただけますか。
  **Could you please provide an estimate for** the cheapest possible combination of the number of participants and the available courses?
- ☐ これらすべてについての見積価格を比較したいと思います。
  **I would like to compare** the cost estimates for all of these.
- ☐ 約 80 名の立食パーティーのケータリングの内容と費用を教えてください。
  **Please tell me what is included in** the catering for a buffet party for about 80 people **and how much it would cost.**
- ☐ 送料込みで見積もっていただくことはできますか。
  **Would it be possible for you to provide an estimate that includes** the cost of delivery?

① 問い合わせ → ② 問い合わせへの返信 → ③ 再度の問い合わせ → ④ 見積もり依頼 → ⑤ 見積もり依頼への返信 → ⑥ 見積もり交渉 → ⑦ 見積もり交渉への返信 → 注文

---

Subject: EX-8000-DK-3 and DK-6 Quotation

Dear Mr. Baker:

**We have received and looked through** your catalog.

We are considering purchasing the EX-8000-DK-3 and DK-6. **Could you send us a quotation for** the following quantities**?**

EX-8000-DK-3: 20 units
EX-8000-DK-6: 30 units

**We look forward to your reply.**

Sincerely yours,
Takashi Kuramoto

---

□ 御社カタログの製品番号 23-a を 250 個, 36-c を 300 個について正式な見積もりをお願いいたします。
　**We would like to request an official estimate for** 250 units of product number 23-a and 300 units of product number 36-c listed in your catalog.

### 結び ▶ 回答を促す

□ なるべく早くお返事をいただければ幸いです。
　**I look forward to hearing from you at your earliest convenience.**
□ 7月15日までにご回答いただけますか。
　**I would be most grateful if you could reply by** July 15.
□ 納期や値引きについてもお知らせください。
　**Please also let me know about** the delivery date and price discount.

---

**∴ Words & Phrases ∴**
□ purchase　〜を購入する　　□ unit　1個　　□ estimate　見積もり（額）
□ combination　組み合わせ　　□ participant　参加者　　□ include　〜を含む
□ discount　割引

## ⑤ 見積もり依頼への返信　　i. 見積もりを提示する

**件名** ▶ 件名：RE：EX-8000-DK-3，DK-6 の見積もりについて

倉本様

**書き出し** ▶ 見積もりのご依頼をいただきどうもありがとうございました。

**主文** ▶ 弊社見積もりは以下の通りです。

　　　EX-8000-DK-3：20 台　　計：3,000 ドル
　　　EX-8000-DK-6：30 台　　計：6,000 ドル

　　　本見積もりは 20XX 年 8 月 15 日まで有効です。

**結び** ▶ 私どものご提案にご満足いただけますことを願っております。ご注文をお待ちしております。

　　　トム・ベーカー

## 🔧 3ステップの置き換え例文

### 書き出し ▶ 見積もり依頼に対するお礼を述べる

- □ 弊社新製品に関心をお寄せいただき光栄です。
  **We very much appreciate your interest in** our new products.
- □ サマースーツお仕立て価格お見積もりの機会をいただき感謝申し上げます。
  **Thank you for the opportunity to** provide you with a price quotation for our tailored summer suits.

### 主文 ▶ 見積もり内容を提示する

- □ ご依頼の商品の価格として下記の通りご案内させていただきます。
  **The prices of** the products you have requested **are as follows**.
- □ 消費税込みの価格 / 消費税別の価格
  **Price including consumption tax** / **Price not including consumption tax**
- □ こちらの価格には送料は含まれておりません。
  **These prices do not include** delivery costs.
- □ 50 個以上のご注文よりお値引きいたします。
  **A discount is available on** orders of 50 units or more.

① 問い合わせ → ② 問い合わせへの返信 → ③ 再度の問い合わせ → ④ 見積もり依頼 → **⑤ 見積もり依頼への返信** → ⑥ 見積もり交渉 → ⑦ 見積もり交渉への返信 → 注文

---

Subject: RE: Quotation for EX-8000-DK-3 and DK-6

Dear Mr. Kuramoto:

**Thank you very much for requesting a quotation.**

Our quotation **is as follows:**

EX-8000-DK-3: 20 units Price: $3,000
EX-8000-DK-6: 30 units Price: $6,000

This quotation **will be valid until** August 15, 20XX.

**We hope that you find** our proposal **to be satisfactory.** We look forward to receiving your order.

Sincerely yours,
Tom Baker

---

- ☐ 本製品は12月5日までにお届けすることができます。
  **We can deliver** this product **by** December 5.
- ☐ こちらが弊社での最も低い価格でのお見積もりとなります。
  **This is** the best possible estimate **we are able to offer you**.
- ☐ 御社のご希望に添うようできる限りの努力をいたしました。
  **We have done all we can to comply with** your request.

### 結び ▶ 今後の注文へと結びつける

- ☐ 御社のお役に立つことができますよう願っております。
  **We hope that we may be of service to you in the future.**
- ☐ よろしくご検討のほどお願い申し上げます。
  **We appreciate your kind consideration.**

---

**∴ Words & Phrases ∴**
☐ valid 有効な ☐ find ~ to be ... ~が…とわかる ☐ satisfactory 満足のいく
☐ comply with ~ ~に応じる，適合する ☐ of service to ~ ~に役立って

## ⑤ 見積もり依頼への返信　ⅱ. 見積もり依頼を断る

**件名**　件名：RE：EX-8000-DK-3，DK-6 の見積もりについて

倉本様

**書き出し**　EX-8000-DK-3，DK-6 の見積もりご依頼の件について回答させていただきます。

**主文**　せっかくご用命いただきましたが，本製品は資材価格の高騰のため現在製造を見合わせております。

**結び**　ご依頼に添えず大変残念です。またのご利用をお待ちしております。

トム・ベーカー

## 🔧 3ステップの置き換え例文

### 書き出し　見積もり依頼に対するあいさつをする

☐ この度は簡易製本のお見積もりのご用命をいただきどうもありがとうございます。
**Thank you very much for requesting a quotation for** a simple bookbinding.

☐ 9月4日付のメールの件についてご連絡させていただきます。
**I am contacting you in regard to** the matter mentioned in your e-mail of September 4.

### 主文　見積もり提示を断る

☐ ご存じの通り，ご注文の DVD は現在大変な人気につき製造が間に合わない状況です。
**As you are no doubt aware**, the DVD you ordered is at present extremely popular, and consequently we are now waiting for more copies to be produced.

☐ 大変申し訳ありませんが，ご依頼のサービスは長期メンテナンスのため現在休止しております。
**We are very sorry, but** due to long-term maintenance, we are currently unable to provide the service you requested.

☐ 残念ながら御社のご依頼にお応えできないことをお伝えしなければなりません。
**Unfortunately, we must inform you that we are unable to** respond to your request.

① 問い合わせ　③ 再度の問い合わせ　④ 見積もり依頼　⑥ 見積もり交渉　注文
② 問い合わせへの返信　**⑤ 見積もり依頼への返信**　⑦ 見積もり交渉への返信

---

Subject: RE: Quotation for EX-8000-DK-3 and DK-6

Dear Mr. Kuramoto:

**This is in reply to your request for a quotation for** the EX-8000-DK-3 and DK-6.

Although we wish very much to be of service to you, due to a sharp increase in the price of materials, **we are currently suspending** production of these products.

**We are very sorry that we are not able to meet** your request. We look forward to your future patronage.

Sincerely yours,
Tom Baker

---

**結び** ▶ お詫びを述べ、理解を求める

☐ 他にお役に立てることがあればお手伝いさせていただきたく存じます。
　Should there be any other way in which we may be of service, **we look forward to being of assistance**.

☐ JN30 の製造が再開されましたら改めてご連絡いたします。
　**I will contact you again when** production of JN30 restarts.

☐ またの機会にお役に立てることを楽しみにしております。
　**We look forward to being able to serve you again in the future.**

☐ 今回はご要望にお応えできず大変申し訳ありません。今後ともよろしくお引き立てのほどお願い申し上げます。
　We are very sorry not to have been able to meet your request in this instance. **We hope that we may have dealings with you in the future.**

---

**❖ Words & Phrases ❖**
☐ due to ～　～のために　　☐ patronage　ひいき，愛顧　　☐ consequently　その結果
☐ long-term　長期の　　☐ restart　再開する　　☐ in this instance　今回は
☐ dealings　（商取引）関係

## ⑥ 見積もり交渉　　金額の交渉を申し出る

| 件名 | 件名：RE：EX-8000-DK-3，DK-6 の見積もりについて |
|---|---|

ベーカー様

| 書き出し | 当該製品の見積もりをお送りいただき，どうもありがとうございました。 |
|---|---|

| 主文 | 弊社内で見積価格を検討させていただきましたが，現在の価格では得意先からの注文の確保は厳しいだろうと考えております。 |
|---|---|

| 結び | 総額から5％値引きしていただけませんでしょうか。ご検討をお願いいたします。 |
|---|---|

倉本隆

## 🔧 3ステップの置き換え例文

### 書き出し　見積もり受領の旨を伝える

- □ お送りいただいた音響システム一式の見積もりを拝見しました。
  **I have looked over the estimate you sent for** the complete sound system.

### 主文　見積もりの検討結果を述べる

- □ ご提案の価格での発注は困難という結論に達しました。
  **We have come to the conclusion that** it would be difficult for us to place an order at the proposed price.
- □ 御社見積もりより低い価格の類似品が他社から出ています。
  **Other companies are releasing** similar products at priced lower than your quotation.
- □ 当市場では御社ご提案の製品価格では競争できないと考えております。
  **We believe that we would not be able to** compete in this market at the proposed product price.
- □ 現在の見積価格は予想をかなり上回っています。
  The present price quotation **is much higher than we expected**.
- □ 一括でなく分割払いを希望いたします。それ以外は，ご提示の条件を承諾いたします。
  We would like to pay in installments rather than in a lump sum. Otherwise, **we agree to** all of the proposed conditions.

① 問い合わせ → ② 問い合わせへの返信 → ③ 再度の問い合わせ → ④ 見積もり依頼 → ⑤ 見積もり依頼への返信 → ⑥ 見積もり交渉 → ⑦ 見積もり交渉への返信 → 注文

---

Subject: RE: Quotation for EX-8000-DK-3 and DK-6

Dear Mr. Baker:

**Thank you very much for sending the quotation** for the products in question.

**We** have reviewed the quoted price and, unfortunately, **find that it would be difficult for us to** guarantee customer orders at the current price.

**Would it be possible for you to allow us** a 5% **discount on** the overall price**?** We thank you for your kind consideration.

Sincerely yours,
Takashi Kuramoto

---

### 結び　見積もりの交渉条件を述べる

☐ 弊社の提案についてご検討，ご了解いただければ幸いです。
 **We ask for your kind consideration and understanding regarding** our proposal.

☐ １個当たり１ドルの値引きをしていただけると非常にありがたいのですが。
 **We would be extremely grateful if** we could receive a discount of one dollar per unit.

☐ この見積もりを承諾した場合，送料は無料になりませんか。
 If we accept this quotation, **would it be possible for** delivery **to be made free of charge?**

---

### ❖ Words & Phrases ❖

☐ current　現在の　　☐ complete　全部の　　☐ place　（注文）を出す
☐ similar　類似した　　☐ compete　競争する　　☐ in installments　分割払いで
☐ in a lump sum　一括払いで　　☐ otherwise　その他の点では

## ⑦ 見積もり交渉への返信　　ⅰ. 交渉の申し出に応じる

**件名**　件名：RE：EX-8000-DK-3, DK-6 の見積もりについて

倉本様

**書き出し**　7月18日付のメールを受領いたしました。

**主文**　再度検討させていただいた結果, ご要望どおり5％の割引をすることに同意いたします。

**結び**　今回の見積もりにより, 御社からのご用命をいただけますよう願っております。

トム・ベーカー

---

### 🔧 3ステップの置き換え例文

#### 書き出し　交渉の申し出に対するあいさつを述べる

- □ 弊社見積もりに対するご返信をどうもありがとうございました。
  **Thank you very much for your reply regarding** our quotation.
- □ 弊社の見積もり内容についてご満足いただけなかったことを遺憾に思います。
  **We are sorry that** our quotation **does not meet your requirements**.

#### 主文　交渉の申し出に応じる

- □ 御社からの値引きのご依頼を承諾いたします。
  **We are able to agree to** your request for a discount.
- □ ご要望にお応えして1台につき8ドルの値引きをいたします。
  **We will meet your request and grant a discount of** $8 on each unit.
- □ 一括でお支払いいただける場合は, 送料を弊社負担とさせていただきます。
  If you provide payment in a lump sum, **we will bear** the shipping cost.
- □ 納期に関してはできるだけご相談に応じます。
  **We will try our best to accommodate your request regarding** the delivery date.
- □ 諸事情を考慮した結果, 今回に限り値引きに応じます。
  **We have reviewed the circumstances and** we are able to provide a one-time discount.

① 問い合わせ → ③ 再度の問い合わせ → ④ 見積もり依頼 → ⑥ 見積もり交渉 → 注文
② 問い合わせへの返信　⑤ 見積もり依頼への返信　⑦ 見積もり交渉への返信

---

Subject: RE: Quotation for EX-8000-DK-3 and DK-6

Dear Mr. Kuramoto:

**I received your e-mail sent on** July 18.

**We** have reconsidered our original quotation and **agree to your request for** a discount of 5%.

With this quotation **we hope that we may be of service to you in the near future**.

Sincerely yours,
Tom Baker

---

## 結び　将来の注文へとつなげる

☐ 調整後の見積価格にご満足いただければ幸いです。
　**We hope that** the adjusted quotation price **will be to your satisfaction**.
☐ ご検討いただき，よいお返事をいただけましたら大変ありがたく存じます。
　**We would be obliged if you could** consider the matter and we look forward to receiving a positive reply.
☐ これからもご愛顧いただきますよう心よりお願い申し上げます。
　**We look forward very much to** your future patronage.

---

### ∴ Words & Phrases ∴
☐ reconsider　〜を考え直す　　☐ in the near future　近い将来　　☐ each　それぞれの
☐ payment　支払い　　☐ lump sum　一括払い　　☐ shipping cost　送料
☐ accommodate　（要求）を受け入れる　　☐ one-time　今回限りの
☐ adjusted　調整された　　☐ quotation price　見積価格

## ⑦ 見積もり交渉への返信　　ii. 交渉の申し出を断る

**件名**　RE：EX-8000-DK-3，DK-6 の見積もりについて

倉本様

**書き出し**　EX-8000-DK-3，DK-6 に関する価格の値引きのご依頼にお返事申し上げます。

**主文**　大変残念ながら，今回は御社のご要望にお応えすることができません。

**結び**　ご希望に添えず申し訳ありません。どうかご理解いただき，現在のご注文を引き続きご検討いただければ幸いです。

トム・ベーカー

## 🔧 3ステップの置き換え例文

### 書き出し　交渉の申し出に対するあいさつを述べる

- ☐ 8月27日付の納品期日ご提案についてのメールを拝読いたしました。
  **I have read your e-mail** of August 27 **regarding** the proposed delivery date.

### 主文　交渉の申し出を断る

- ☐ ご提案を慎重に検討いたしましたが，これが弊社が提示できる最低価格です。
  **We have considered** your proposal **at great length**, and this is the lowest price we are able to offer.
- ☐ これは私どもが精一杯の努力をした末の価格です。
  **After taking everything into consideration, this is our final** price.
- ☐ 5％の値引きをというご要望ですが，値引きは3％までしかご提案できません。
  Although your request was for a 5% discount, 3% **is the largest discount we are able to offer**.
- ☐ このサービスに関する値引きは一切行なっておりません。
  **We do not grant discounts for** this service.
- ☐ お支払いは一括払いのみです。分割払いには応じられません。
  Payment is possible only in one lump sum. **We do not accept** payment in installments.
- ☐ 商品の性質上，納品までには最低3週間かかります。申し訳ありませんが納期のご希望には応じられません。
  Due to the nature of the product, **time to delivery is** at least three weeks. We are sorry that we are not able to meet your desired delivery date.

①問い合わせ → ②問い合わせへの返信 → ③再度の問い合わせ → ④見積もり依頼 → ⑤見積もり依頼への返信 → ⑥見積もり交渉 → ⑦見積もり交渉への返信 → 注文

---

Subject: RE: Quotation for EX-8000-DK-3 and DK-6

Dear Mr. Kuramoto:

**I am contacting you in response to your request for** a discount on the price of the EX-8000-DK-3 and DK-6.

**Unfortunately, we are unable to** comply with your request **on this occasion**.

**We apologize for our inability to respond to your wishes.** We ask for your kind understanding and consideration as to whether you wish to continue with the present order.

Sincerely yours,
Tom Baker

---

- ☐ 品質も含めて考えれば，他社の類似品と比較してもこの価格は高いものではないと確信しております。
  Taking product quality into consideration, and in comparison with similar products of other companies, **we are confident that** this price is not high.

### 結び ▶ お詫びを述べ，理解を求める

- ☐ 今回はご要望にお応えできず残念です。
  **We apologize for our inability to** comply with your request on this occasion.
- ☐ 昨今の市場を取り巻く状況をご理解いただければ大変助かります。
  **We very much appreciate your understanding of** the present market conditions.
- ☐ 再度ご検討いただき，弊社の提案を承諾していただけることを願っております。
  We ask for your kind reconsideration and **we hope you will agree to** our proposal.

---

**∴ Words & Phrases ∴**
☐ final　最後の　　☐ in comparison with 〜　〜と比べて　　☐ conditions　状況，事情
☐ reconsideration　再検討

# Column 1

## 業種名・部署名・役職名の英語表記

業種や部署，役職などの表し方の例を紹介します。会社の規模や組織などによって異なる場合もあるので，それぞれの方針に沿って表記しましょう。

### 業種名

| | |
|---|---|
| advertising industry | 広告業 |
| automobile industry | 自動車産業 |
| computer industry | コンピュータ産業 |
| construction industry | 建設業 |
| financial industry（insurance, investment, banking） | 金融業（保険，投資，銀行） |
| logistics industry | 物流産業 |
| manufacturing industry | 製造業 |
| mass media | マスコミ |
| pharmaceutical industry | 医薬品産業 |
| real estate industry | 不動産業 |
| telecommunications industry | 通信産業 |

### 部署名 （department は，section, division とすることもあります）

| | |
|---|---|
| Accounting Department | 経理部 |
| Administration [General Affairs] Department | 総務部 |
| Human Resources Department | 人事部 |
| Legal Department | 法務部 |
| Public Relations Department | 広報部 |
| Purchasing Department | 購買部 |
| Research and Development Department | 研究開発部 |
| Sales Department | 営業部 |

### 役職名

| | |
|---|---|
| CEO〔chief executive officer〕 | 最高経営責任者 |
| executive vice president | 副社長 |
| executive officer / board member | 役員 |
| general manager | 部長，室長，総支配人 |
| manager | 課長 |
| assistant manager | 係長，主任 |

# 2 注文 ⇨ 受領

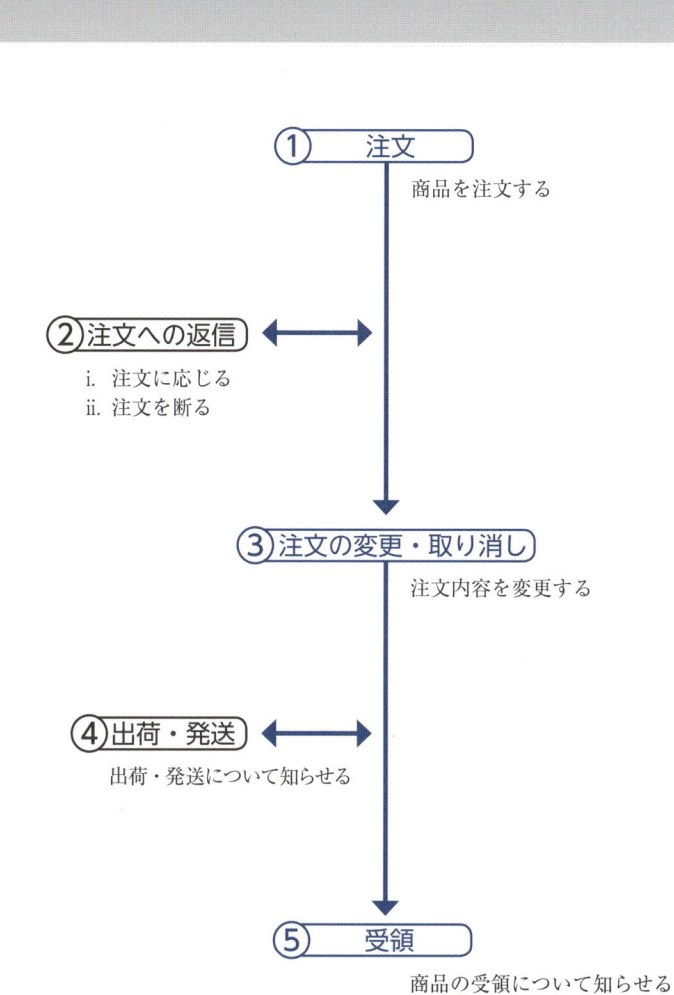

① 注文
　　商品を注文する

② 注文への返信 ⇔
　　i. 注文に応じる
　　ii. 注文を断る

③ 注文の変更・取り消し
　　注文内容を変更する

④ 出荷・発送 ⇔
　　出荷・発送について知らせる

⑤ 受領
　　商品の受領について知らせる

## 的確に書く技術

✉ 書く前にチェック！

# 商品を注文する

······ p.54

　送ってもらった見積もりの内容を検討し，注文する時のメールを見てみましょう。注文の際には，商品名と数量のほか，納品場所や納品希望日など，必要な情報を漏らさず正確に伝えることが大切です。行き違いのないよう，わかりやすく伝えましょう。

---

Subject: Order for PLANTER

Dear Ms. Brown:

> Good! 冒頭に見積もりのお礼を述べると，相手に好印象を与えることができてよいですね。

Thank you for sending the quotation that you sent to us on June 14. We looked over the quotation and had a meeting.

> 前の文から，注文のきっかけは送ってもらった見積もりだとわかるので，この文章は必ずしも必要ありません。

I place an order ★1 100 pieces of PLANTER (ELEGANCE) and 150 pieces of PLANTER (ANIMAL) officially.

> 動詞の現在形は，主語の現在の状態や習慣などを表すので，ここでは不適切。I would like to place ... としましょう。

> 様態を表す副詞は，原則的に動詞の後に置きます。今回のように目的語が長い場合は，動詞の前に置きましょう。

Please send those products to our Kobe sales office by air. I would appreciate it if the products could be shipped within two weeks.

> トラブルを避けるために，within two weeks from today のように明確に納期を示すか，具体的な期限の日にちを書くとよいでしょう。

Best regards,
Ryohei Asano

| 場面設定 |
- 送信者：仕事で商品の発注をする浅野遼平（Ryohei Asano）
- 宛　先：受注企業の担当者 ジェシカ・ブラウン（Jessica Brown）
- 要　旨：見積書を検討した上で商品を注文。神戸営業所へ２週間以内の納品を依頼する。

## 必ずおさえたいポイント

忙しいビジネスパーソンにとって，メールは「読みやすいこと」が重要です。相手の迅速な対応を促すためにも，内容だけではなく視覚的にもポイントを把握しやすい構成になるよう，書式にも気を配りましょう。

### ★1 箇条書きを活用してわかりやすく

注文する品物が２種類程度なら，左の例のように文章の形で伝えても問題ありませんが，箇条書きにすると商品名と注文数が一目でわかるため，間違いを防ぐことができると同時に，相手の迅速な対応も期待できます。（実際の例は 54 ページ参照）。

品数が多い場合は，メールとは別に注文書を作成し，ファイルで添付するのもよいですね。その際，確実に見てもらうために，Please see the attached order form. のように，添付ファイルがあることやファイルの内容について本文の中で言及しておきましょう。

---

**TIPS FOR BETTER BUSINESS E-MAILS** 　トラブル予防は確認から

商品注文の際には，税や送料などを含めた合計金額，支払い方法と支払い予定日などに関してもメールで言及しておくと，後からトラブルが発生するのを防ぐことができます。

◇ The order total is $215, and we will be paying you 支払い時期 via 支払い方法 .
（注文の合計金額は 215 ドルで，□に□でお支払いします。）
《支払い時期》as soon as we receive the order（注文品を受け取り次第すぐに）/ within 10 days after the goods are delivered（品物が届いてから 10 日以内に）/ within 14 days of the date of invoice（請求日から 14 日以内に）
《支払い方法》bank transfer（銀行振込）/ money order（郵便為替）/ credit card（クレジットカード）

なお，商品の配送ではアクシデントも想定されますので，届くはずの商品が届かない…という事態にならないよう，販売元に対して自身の注文内容の確認を促し，配送予定などを確認しておくとよいでしょう。

◇ Please acknowledge our order ASAP and inform us of the tracking number.
（なるべく早くこちらの注文をご確認いただき，追跡番号をお知らせください。）

## ① 注文　　　商品を注文する

**件名** ▶ 件名：PLANTER の注文

ブラウン様

**書き出し** ▶ 6月14日付のお見積もりを拝見しました。

**主文** ▶ 次の通り正式に注文したいと思います。

　　PLANTER (ELEGANCE) 100 台
　　PLANTER (ANIMAL) 150 台

**結び** ▶ 上記商品を航空便で弊社神戸営業所宛にお送りください。本日より2週間以内に発送していただければ幸いです。

浅野遼平

## 🔧 3ステップの置き換え例文

### 書き出し　▶ 注文に至ったきっかけを述べる

- □ 福岡フーズの足立様から御社食材の質のよさを伺い，初めて注文いたします。
  **I wish to place an order** for the first time after hearing from Ms. Adachi at Fukuoka Foods that your ingredients are of high quality.
- □ 割引に応じていただきどうもありがとうございました。
  **Thank you very much for agreeing to** the discounted price.
- □ 御社のウェブサイトを拝見し，当方の希望に近いサービスを見つけました。
  **We looked at** your website and we believe we have found a service that is close to what we are looking for.

### 主文　▶ 注文の内容を述べる

- □ 予定通り下記の商品の注文をお願いします。
  **We would like to order** the merchandise listed below **as planned**.
- □ 注文する商品についての注文書を添付いたします。
  **I have attached** an order form for the products we wish to order.
- □ シルバーのカトラリーセット 300 組を注文したいと思います。
  **We are pleased to place an order for** 300 sets of silver cutlery.

① 注文 → ③ 注文の変更[取り消し] → ⑤ 受領
② 注文への返信　　　　　　　④ 出荷・発送

---

Subject: Order for PLANTER

Dear Ms. Brown:

**We have looked over your quotation dated** June 14.

**I would like to** officially place an order **as follows**.

PLANTER (ELEGANCE) 100 pieces
PLANTER (ANIMAL) 150 pieces

**Could you please send** the above-mentioned products **to** our Kobe sales office by airmail? **I would appreciate it if** the products could be shipped within two weeks from today.

Best regards,
Ryohei Asano

---

### 結び　取引条件や手続きを確認する

☐ 請求書は本社経理部までお願いいたします。
　**Please send** the invoice **to** the accounting department of our head office.
☐ 注文書をお受け取りになり次第，折り返しご連絡いただけますか。
　**Could you get back to me as soon as** you receive the order form?
☐ 支払いには何が利用できますか。クレジットカードによる分割払いはできますか。
　**What kinds of** payment options **are available? Can I pay in installments** by credit card**?**

---

### ∴ Words & Phrases ∴

☐ look over ～　～にざっと目を通す　　☐ quotation　見積もり　　☐ officially　正式に
☐ product　製品　　☐ ship　（商品）を発送する　　☐ for the first time　初めて
☐ ingredient　材料，食材　　☐ discounted　割引された　　☐ merchandise　商品
☐ invoice　請求書　　☐ available　利用できる

## ② 注文への返信   ⅰ. 注文に応じる

| 件名 | 件名：RE：PLANTER の注文 |

浅野様

| 書き出し | PLANTER (ELEGANCE) 100 台，PLANTER (ANIMAL) 150 台のご注文をいただきありがとうございました。 |

| 主 文 | ご注文の商品は来週月曜日に出荷予定です。その他のご指示についても承知しました。 |

| 結 び | 弊社製品をご用命いただき大変感謝いたします。今後ともよろしくお願いいたします。 |

ジェシカ・ブラウン

## 🔧 3ステップの置き換え例文

### 書き出し ≫ 注文に対するお礼を述べる

- □ 初めてご注文をいただきありがとうございます。
  **Thank you for your first order.**
- □ 11 月 15 日付でいただいたご注文を確かに承りました。
  **We have received** the order you placed dated November 15.

### 主 文 ≫ 注文品の発送予定などを述べる

- □ ご依頼のスニーカーについては発注書に従いすでに手続きに入っております。
  **We have already begun processing** your order for sneakers in accordance with the purchase order form.
- □ ご入金の確認が済み次第，発送いたします。
  **We will ship** the products **as soon as** we have received payment.
- □ この製品の在庫は十分ありますので，すぐに出荷することができます。
  We can ship promptly as **we have a plentiful stock of** this model.
- □ ご注文の品は明後日に発送，2 月 4 日に御社着の予定です。
  **We expect your order to ship** the day after tomorrow **and to arrive at** your company **on** February 4.
- □ 送り状をお送りいたします。今回のご購入に対しては 10％の割引が適用されておりますのでご確認ください。
  I am sending you our invoice. **Please confirm that** a 10% discount **has been applied to** this purchase.

① 注文 → ③ 注文の変更 [取り消し] → ⑤ 受領
② 注文への返信　　　　　④ 出荷・発送

---

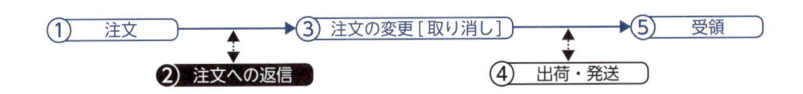

Subject: RE: Order for PLANTER

Dear Mr. Asano:

**Thank you for placing an order for** 100 pieces of PLANTER (ELEGANCE) and 150 pieces of PLANTER (ANIMAL).

The products you ordered **will be shipped on** Monday of next week. In addition, your other requests will also be met.

**We appreciate** your order **very much** and we look forward to having the opportunity to serve you again in the future.

Best regards,
Jessica Brown

---

### 結び　▶ 将来の取引へとつなげる

□ 弊社製品をお選びいただきましたことに重ねて深くお礼申し上げます。
　**Once again, we would like to express our deepest gratitude to you for** choosing our products.

□ 本日はご注文をいただき誠にありがとうございました。
　**We extend to you our utmost appreciation for** your order today.

□ これを機会に末永いお付き合いができるよう期待しております。
　**We are hopeful that** this will lead to a long-lasting relationship.

□ 弊社製品にご満足いただけることを願っております。
　**We sincerely hope that you will be satisfied with** our products.

---

#### ∵ Words & Phrases ∵
□ meet　（要求など）を満たす　　□ appreciate　～をありがたく思う
□ process　～を処理する　　□ as soon as ...　…するとすぐに
□ apply ～ to ...　～を…に適用する　　□ gratitude　感謝　　□ long-lasting　長続きする

## ② 注文への返信　　ii. 注文を断る

| 件名 | 件名：RE：PLANTER の注文 |
|---|---|

浅野様

| 書き出し | 御社からの注文書を受け取りました。ご利用ありがとうございます。 |
|---|---|

| 主文 | 申し訳ありませんが，PLANTER (ANIMAL) はリニューアルすることとなり，近々製造を休止する予定です。そのため在庫も残りわずかで，ご希望の数量に応じることができません。 |
|---|---|

| 結び | すべてのご希望に添えず申し訳ありません。お返事をお待ちしています。 |
|---|---|

ジェシカ・ブラウン

## 3ステップの置き換え例文

### 書き出し　注文に対するあいさつを述べる

□ ご注文のメールを拝見いたしました。
　**We have received your e-mail regarding** your order.

### 主文　注文に応じられないことを伝える

□ 現在お問い合わせの品物の在庫が切れており，発送の手続きに入るのが3週間後になってしまいます。
　At present we are out of stock of the item in question, and **it will be three weeks before we can begin the process of** shipping your order.

□ ご希望のコースは現在予約でいっぱいです。
　The course you requested **is presently fully booked**.

□ 弊社では販売店を通じてのみご注文をお受けしております。
　**We accept orders through** distributors **only**.

□ リニューアル後の製品は9月よりご注文をお受けする予定です。
　**We plan to accept orders for** the updated model **from** September.

□ 生産量に限りがあるため，新規のお客様のご注文にはお応えできない状況です。
　As there is a limit to the amount we are able to produce, **it is not possible for us to accept orders from** new customers.

① 注文 → ③ 注文の変更[取り消し] → ⑤ 受領
② 注文への返信    ④ 出荷・発送

---

Subject: RE: Order for PLANTER

Dear Mr. Asano:

We have received your order form. **Thank you for using our services.**

Most unfortunately, following a decision to update PLANTER (ANIMAL), its production **is scheduled to be suspended shortly**. Consequently, we only have a few pieces left in stock, and, therefore, **we cannot supply** the number of units you requested.

**Please accept our apologies for not being able to meet** all of your wishes. We look forward to your reply.

Best regards,
Jessica Brown

---

□ あいにくですが，本品は賞味期限が短いため，発送は九州地方のお客様へのみとさせていただいております。
Regrettably, as this product has a short expiration period, **we deliver only to customers in** the Kyushu area.

### 結び ▶ 理解を求める

□ 他のデザインでお気に召すものがあれば喜んでご案内させていただきます。
**If there are any other** designs that you are interested in, **we would be happy to guide you through our services**.

□ またのご用命をお待ちしております。
**We look forward to serving you again in the future.**

□ 代替品として類似品のご提供は可能ですので，ご検討いただければ幸いです。
**We are able to provide** a similar product **as a substitute**, and we would be grateful if you would consider this as a possibility.

---

### ∴ Words & Phrases ∴

□ update　〜を最新のものにする　　□ be scheduled to *do*　…する予定である
□ out of 〜　〜がなくなって　　□ book　〜を予約する　　□ distributor　販売店
□ expiration　期限切れ　　□ substitute　代替品　　□ possibility　可能性

---

問い合わせ→見積もり

注文→受領

支払い

契約

依頼・申請

会議・イベント

## ③ 注文の変更・取り消し　注文内容を変更する

**件名**　件名：RE：PLANTER の注文

ブラウン様

**書き出し**　6月18日付のメールでの注文を一部変更したいと思います。

**主文**　PLANTER (ANIMAL) の在庫が少ないということなので，これをキャンセルして，代わりに PLANTER (NATURE) 150 台を注文します。

**結び**　他の条件は変わりません。迅速に対応していただけると大変ありがたいです。

浅野遼平

## 🔧 3ステップの置き換え例文

### 書き出し　注文変更または取り消しの旨を伝える

- □ 先日の注文を取り消してください。
  **Please cancel** the order I made the other day.
- □ 8月21日付の注文分について，納品日を早めていただけたらと思います。
  **We would like an earlier delivery date** for the order we placed on August 21.
- □ いろいろ迷ったのですが，注文したバッグの色の変更は可能でしょうか。
  I apologize for my indecisiveness, but **would it be possible to change** the color of the bag I ordered?

### 主文　変更または取り消しの具体的内容・理由を述べる

- □ カタログの商品番号123の注文数を 100 ユニットから 120 ユニットに変更願います。
  **I wish to change** the number of units of Product No. 123 that I ordered from the catalog **from** 100 **to** 120.
- □ 納期を1週間早めていただきたいのですが可能ですか。
  **Would it be possible to move** the delivery date **forward by** one week?
- □ 先日の注文品の型番を間違えました。AE-200 ではなく，正しくは AF-200 です。
  **I made a mistake in** the model number of the product I ordered the other day. The correct number is AF-200, not AE-200.
- □ 得意先からの注文が変更となり，キャンセルせざるを得なくなりました。
  There has been a change in the order received from our customer, and **we have unfortunately been forced to cancel** the order.

① 注文 → ③ 注文の変更[取り消し] → ⑤ 受領
② 注文への返信　　　　　　　　　④ 出荷・発送

---

Subject: RE: Order for PLANTER

Dear Ms. Brown:

**I would like to change** part of the order I placed in my e-mail of June 18.

**I want to cancel the order for** PLANTER (ANIMAL) as there is not enough of it in stock, **and instead order** 150 pieces of PLANTER (NATURE).

Otherwise, there are no other changes. **I would be extremely grateful if** you could process the order speedily.

Best regards,
Ryohei Asano

---

- ☐ 御社からお知らせいただいた納期では間に合わないので，今回は注文を取り消します。
  As the delivery date you provided is too late to meet our needs, **we would like to cancel** the order.

### 結び　お詫びを述べ，理解を求める

- ☐ いつも柔軟に対応していただき大変感謝しています。
  **We appreciate very much your flexibility in** accommodating our requests.
- ☐ キャンセルをして誠に申し訳ございません。近々またお取り引きできることを期待しております。
  We are very sorry that we have had to cancel. **We look forward to being able to** do business with you in the near future.
- ☐ この度はご迷惑をおかけして申し訳ございません。注文の変更により納期が変わる場合はお知らせください。
  **I apologize for any inconvenience.** Please let me know if there will be any changes in the delivery date as a result of the change in the order.

### ∴ Words & Phrases ∴

- ☐ instead　その代わりに
- ☐ process　〜を処理する
- ☐ indecisiveness　優柔不断
- ☐ forward　（日取りなどを）繰り上げて
- ☐ flexibility　柔軟性
- ☐ accommodate　（要求など）を受け入れる
- ☐ inconvenience　不便

## ④ 出荷・発送　　出荷・発送について知らせる

**件名** ▶ 件名：ご注文品の出荷について

浅野様

**書き出し** ▶ ご注文の品は6月23日に出荷し7月3日に神戸着の予定です。

**主文** ▶ 請求書は別途お送りします。受領後2週間以内にお支払いをお願いします。

**結び** ▶ 発送品に関するご質問などありましたらご遠慮なくお問い合わせください。

ジェシカ・ブラウン

## 🔧 3ステップの置き換え例文

### 書き出し ▶ 出荷・発送スケジュールを伝える

- ☐ 発注書番号0469NSの品を本日船便で発送いたしました。
  **We shipped** the items for purchase order number 0469NS today **by sea mail**.
- ☐ ご注文いただいたオリーブオイル8,000本は4月27日にシドニーから大阪に向けて航空便にて出荷いたしました。
  **We sent** the 8,000 bottles of olive oil you ordered **from** Sydney **to** Osaka **by air on** April 27.
- ☐ ご注文のパーツは一両日中に御社金沢営業所にお納めできる予定であることをご連絡いたします。
  **I am contacting you to inform you that** we are able to deliver the ordered parts to your Kanazawa sales office within the next couple of days.
- ☐ ご注文品のうち，第1回分は昨日出荷いたしました。残りの分は遅くとも来週水曜日には出荷いたします。
  The first part of your order was sent yesterday. The remaining part **will be sent by** Wednesday of next week **at the latest**.

### 主文 ▶ 荷物到着後の対応を促す

- ☐ 積み荷に請求書を同梱していますので，到着次第ご確認ください。
  The invoice **is included in** the shipment, **so please confirm** it **on arrival**.

① 注文 → ③ 注文の変更 [取り消し] → ⑤ 受領
② 注文への返信　　④ 出荷・発送

---

Subject: Regarding the shipping of your order

Dear Mr. Asano:

The ordered items **will be shipped on** June 23 **and are due to arrive in** Kobe **on** July 3.

**I will send** the invoice **separately. Please make payment within** two weeks of receipt of the invoice.

**If you have any questions regarding** the delivered articles, **please do not hesitate to contact me**.

Best regards,
Jessica Brown

---

- ☐ お手数ですが，商品がお手元に届きましたらその旨お知らせいただけますか。
  I'm sorry for the trouble, but **could you let me know once** the items **arrive?**
- ☐ 詳細については添付の送り状のコピーをご参照ください。
  **Please refer to** the attached copy of the invoice **for the details**.
- ☐ 万一到着予定日を過ぎても商品がお手元に届かない場合は，abc123@zwmm.org までメールでご連絡ください。
  **In the event if** the merchandise has not arrived by the scheduled arrival date, **please e-mail us at** abc123@zwmm.org.
- ☐ 到着した荷物に不都合がありましたら，弊社配送センターにお問い合わせください。
  **If there are any problems with** the cargo when it arrives, **please contact** our distribution center.

| 結び | あいさつを述べ，次へとつなげる |

- ☐ ご注文品が無事に到着した旨のご連絡をお待ちしております。
  **We look forward to hearing that** your ordered items **have arrived safely**.

---

**• Words & Phrases •**
☐ article　品物　☐ hesitate to *do*　…するのをためらう　☐ remaining　残りの
☐ on arrival　着き次第

## ⑤ 受領  　　商品の受領について知らせる

| 件名 | 件名：注文品の受領について |
|---|---|

ブラウン様

| 書き出し | 本日荷物が無事弊社神戸営業所に届きました。 |
|---|---|

| 主文 | さっそく荷物の中身を確認しましたが，特に問題はないようです。 |
|---|---|

| 結び | いつもながら丁寧に配送していただきどうもありがとうございました。 |
|---|---|

浅野遼平

## 🔧 3ステップの置き換え例文

### 書き出し　商品受領の旨を伝える

- □ 注文の品が昨日到着いたしましたのでご連絡します。
  **I am contacting you to let you know that** the items we ordered **arrived** yesterday.
- □ 今朝弊社福岡工場より注文品が納品されたと連絡がありました。
  **We received word from** our Fukuoka factory this morning **that** the ordered items have been delivered.
- □ 注文した芝刈り機を先ほど受け取りました。
  **We just received** the lawn mower we ordered.
- □ この度は注文した書籍5冊を迅速にお送りいただきどうもありがとうございました。
  **I appreciate very much your sending** the five books I ordered so quickly.

### 主文　受領した商品について述べる

- □ 配送品の内容について明細書と一致しないところがあります。
  The contents of the delivery **do not completely conform with** the detailed statement.
- □ 品物が注文通りの内容であることを確認しました。
  **We have confirmed that** the items are as ordered.
- □ 同梱されているという請求書が見つかりません。
  **We could not find** the invoice included with the goods.

```
① 注文  →  ③ 注文の変更［取り消し］  →  ⑤ 受領
     ② 注文への返信              ④ 出荷・発送
```

Subject: Regarding receipt of the order

Dear Ms. Brown:

The goods **safely arrived at** our Kobe sales office today.

**Immediately upon receipt,** the contents of the goods **were checked**, and there do not seem to be any problems.

**As always, thank you so much for** delivering the goods to us with such care.

Best regards,
Ryohei Asano

---

□ 商品の状態もよく，希望通りのものを手にすることができてうれしく思います。
We are happy that the merchandise **is in good condition** and that we were able to obtain what we wanted.

### 結び　あいさつを述べ，次へとつなげる

□ わからないことにも親切に応対していただきありがとうございます。大変助かりました。
Thank you for your kind replies to my questions. **You have been of great assistance.**

□ これらの不明点について，至急ご連絡をいただければと思います。
**Could you please contact me as soon as possible regarding** these issues?

□ 迅速にお送りいただきありがとうございました。商品は弊社顧客の要望に十分応えられそうです。
We are grateful to you for sending the items so quickly. They **appear to amply meet** our customer's request.

---

### ☆ Words & Phrases ☆

- □ receipt　受領
- □ contents　中身
- □ as always　いつもながら
- □ care　注意，用心
- □ item　商品
- □ conform with ～　～と一致する
- □ confirm that ～　～だということを確認する
- □ amply　十分に

# Column 2

## 数字に関する表現

英語における数字に関する表現のしかたについては，意外ときちんと理解できていない人も多いのではないでしょうか。この機会に改めて確認しておきましょう。

### 大きな数の単位

日本語は「万」「億」「兆」と4桁ごとに区切りますが，英語には「万」「億」の単位はなく，「**thousand**（1000）」「**million**（100万）」「**billion**（10億）」「**trillion**（1兆）」のように3桁で単位が変わります。たとえば 10,000 は千が 10 あると考え ten thousand，100,000 は one hundred thousand と読みます。同様に 10,000,000 は百万が 10 あると考え ten million，100,000,000 は one hundred million となります。**単位を表す言葉は複数形にはならない**ことにも注意しましょう。3桁毎に数字が区切ってあるので，ルールさえわかれば英語の方が読みやすいかもしれませんね。

### 分数・小数

分数は次のように表記します。原則的に分子を基数で，分母を序数で表します。**分子が2以上の数字の場合は，分母を複数形にします。**

1/2（2分の1）one half　　1/3（3分の1）one third　　2/3（3分の2）two third**s**
1/4（4分の1）one fourth [one quarter]　3/4（4分の3）three fourth**s** [three quarter**s**]

小数の場合，小数点は point と読み，**小数点以下の数字は１つずつ読みます。**
2.23　two point two three　　　15.79　fifteen point seven nine

### 金額・数量

金額は小数点の前後の数字を読みます。
$2.16　two (dollars) (and) sixteen (cents)
£12.12　twelve (pounds) (and) twelve (pence)

「～以上」「～以下」という表現も覚えておくと便利です。
10以上　more than 9（more の後の数字は含まれないため） / 10 or more
10以下　less than 11（less の後の数字は含まれないため） / 10 or less

### 時刻

「時間」と「分」を分けて読みます。15 分は a quarter, 30 分は half とも読みます。
1:45　one forty-five / **a quarter to** two（2時15分前）
6:30　six thirty / **half past** six（6時30分）

# 3 支払い

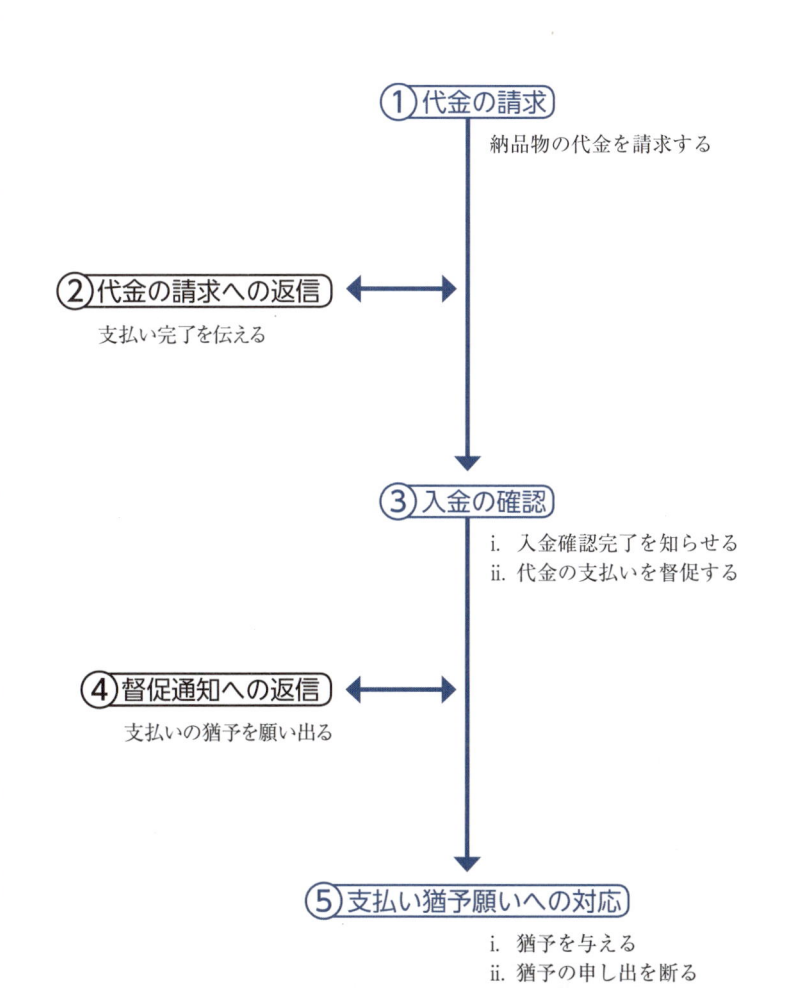

① **代金の請求**
納品物の代金を請求する

② **代金の請求への返信**
支払い完了を伝える

③ **入金の確認**
　i. 入金確認完了を知らせる
　ii. 代金の支払いを督促する

④ **督促通知への返信**
支払いの猶予を願い出る

⑤ **支払い猶予願いへの対応**
　i. 猶予を与える
　ii. 猶予の申し出を断る

## 的確に書く技術

✉ 書く前にチェック！

# 代金支払い完了を伝える

p.72

　商品，サービス等に対する請求書を受け取り，指示に従って入金を終えたことを相手に知らせるメールです。支払い金額，入金手段，支払い日などの情報を伝えるためのメールですので，必要事項を整理して簡潔に伝えましょう。

---

Subject: RE: Request for payment

Dear Alan-san,
> 日本語のわかる親しい相手なら問題ありませんが，カジュアルな表現なので使い方に注意しましょう。

Thank you for sending the invoice. We received it on May 12.
> どの請求書を指しているかすぐにわかるように，発行日や請求書番号などを加えると親切です。

> 「請求書を受領後〇日以内に入金」などの条件がない限りは不要です。

In accordance with your request, we remitted the invoiced amount to the indicated bank account of your company on May 19. ★1 The payment amount is $45,000 and the remittance number is 654321. Could you confirm our payment in your account?
> この部分は書かなくても文脈に影響がないので，不要です。要件のみを端的に書きましょう。

> 「支払いを御社の口座でご確認ください」と言うには言葉不足です。that payment has been deposited in your account のようにわかりやすく書きましょう。

★2 Please let us know as soon as you confirm receipt of payment.

Sincerely yours,

Midori Yokoyama

> **場面設定**
> - 送信者：商品購入側企業の担当者 横山みどり（Midori Yokoyama）
> - 宛　先：販売側企業の担当者 アラン・ゴールドスミス（Alan Goldsmith）。取引は3回目。
> - 要　旨：請求された金額を指定口座へ送金した旨を伝える。

## 必ずおさえたいポイント

　メールでは相手に確認してほしい情報を，漏れなく明確に伝えることが大切です。回りくどい言い方は避け，具体的で要点をおさえた内容となるように心がけて書きましょう。相手の立場に立ってわかりやすく書くことで，誤解やトラブルを未然に防ぐことができます。

### ★1 数字を併記する

　送金した金額や請求書番号 (invoice number) を併記すると，相手が照会しやすくなるので親切です。何らかの事情で金額の間違いなどがあった場合にも，早急に対処できます。なお，仕事上で扱う数字は取引に大きく関わるものなので，単位やコンマの位置など，表記にミスのないよう注意しましょう。

### ★2 今後の対応を促す

　「受領確認後に連絡がほしい」，「支払いに関する問い合わせは経理課までお願いしたい」など，相手に対応してほしいことがあれば，末尾に追記して依頼しましょう。相手にとってわかりやすいだけでなく，別の機会に改めて依頼の連絡をする必要がなくなり，お互いにとって効率的な仕事につながります。

---

**TIPS FOR BETTER BUSINESS E-MAILS**　丁寧さのレベルを統一する

　1つのメールに用いる表現は，丁寧さの度合い（politeness）を同じものにそろえるよう心がけると，自然な文面となります。
　ここで取り上げたメールを例とすると，頭語の部分に Alan-san というカジュアルな言葉が用いられており，送信者が担当者と親しいかのような印象を受けます。一方で，結語の部分では Sincerely yours, とあり，これは比較的フォーマル度の高い表現です。この部分でまず，丁寧さのレベルの不一致が感じられます。親しい間柄であれば，結語は Regards, あるいは Keep in touch, などとするのがより適切でしょう。その他にも，文中の Could you confirm ...? は please confirm とするなど，全体を通して丁寧さのレベルを統一できるとよいですね。
　英文メールの形を作ることに慣れてきたら，上記のような点についても意識して，より自然なメールを書けるように練習をしていきましょう。

## ① 代金の請求　　納品物の代金を請求する

**件名** ▶ 件名：お支払いのお願い

横山様

**書き出し** ▶ 4月分の請求書を添付してお送りいたします。

**主文** ▶ いつものように，請求書に記されている口座にご請求金額をお振り込みください。

**結び** ▶ 毎度ご利用いただきまして誠にありがとうございます。今後ともよろしくお願いいたします。

アラン・ゴールドスミス

## 🔧 3ステップの置き換え例文

### 書き出し ▶ 代金請求の旨を伝える

- ☐ 御社ご注文の品（注文書番号 I-3702N）の代金を添付の請求書通りご請求申し上げます。
  **We would like to request payment of the amount** stated in the attached invoice **for** the item (order number I-3702N) ordered by your company.
- ☐ ご注文いただきました家具一式の請求書を昨日航空便にてお送りしました。
  Yesterday **we airmailed to you the invoice for** the full set of furniture you ordered.
- ☐ 先日オンラインでご購入いただいた商品のお支払いについてご連絡いたします。
  **I am contacting you regarding payment for** the items you purchased online the other day.

### 主文 ▶ 請求内容や支払い方法などを述べる

- ☐ ご請求金額はお見積価格と同じです。
  **The billed amount is the same as** the quoted amount.
- ☐ 請求書受領後10日以内に代金をお支払いください。
  **We ask you to pay the amount within** 10 days **of receiving** the invoice.
- ☐ ご請求金額を支払い条件に沿ってお支払いくださいますようお願いいたします。
  **Please settle** the billed amount as per the payment conditions.

① 代金の請求 → ③ 入金の確認 → ⑤ 支払い猶予願いへの対応
② 代金の請求への返信　④ 督促通知への返信

---

Subject: Request for payment

Dear Ms. Yokoyama:

**I am sending** the invoice for April **as an attached document**.

As always, **please remit** the billed amount **to** the bank account noted on the invoice.

**Please accept our deep gratitude for once again using our services. We welcome the opportunity to serve you again in the future.**

Sincerely yours,
Alan Goldsmith

---

- □ 請求書は1週間以内にお手元に届く予定です。
  **You should receive** the invoice **within** one week.
- □ お支払い方法としてクレジットカードによる決済をご指定いただいており，すでに処理は進行しております。
  **Your payment has already been processed**, credit card being the selected method of payment.

### 結び　あいさつを述べ，次へとつなげる

- □ この度はお引き立ていただき誠にありがとうございました。
  **Thank you very much for your custom.**
- □ ご愛顧に感謝いたしますとともに，今後とも引き続きよろしくお願い申し上げます。
  **We** value your patronage and **hope that it will continue well into the future**.
- □ ご不明な点がありましたら，弊社経理部までご連絡ください。
  **Should you have any questions, please contact** our accounting department.

> **∴ Words & Phrases ∴**
> □ remit 〜 to ...　…に（金銭）を送る　□ welcome 〜を喜んで受け入れる
> □ settle 〜を決済する　□ as per 〜　〜に従って　□ custom 引き立て，愛顧
> □ accounting 経理

## ② 代金の請求への返信　　支払い完了を伝える

**件名** ▶ 件名：RE：お支払いのお願い

ゴールドスミス様

**書き出し** ▶ 5月12日付の請求書を受け取りました。

**主文** ▶ ご指示通り，5月19日に御社ご指定の口座へ送金いたしました。支払い金額は 45,000 ドル，送金番号は 654321 です。

**結び** ▶ 送金の受領を確認され次第，ご連絡をいただければ幸いです。

横山みどり

## 🔧 3ステップの置き換え例文

### 書き出し ▶ 請求書受領の旨を伝える

- □ 7月11日にメールでご連絡いただいた支払い依頼（請求書番号 5682-PS）の件でご連絡を差し上げています。
  **I am contacting you in regard to** your request for payment (invoice number 5682-PS) as mentioned in your e-mail of July 11.
- □ 2月分の請求書をお送りいただきありがとうございました。
  **Thank you for sending us the invoice for** February.

### 主文 ▶ 支払い内容や方法を述べる

- □ 東京中央銀行浜松支店からコーラル銀行メルボルン支店の御社の口座にご請求金額を送金しました。
  **We remitted the invoiced amount from** the Hamamatsu Branch of Tokyo Central Bank **to** your account at the Melbourne Branch of Coral Bank.
- □ 請求書番号 KF-6002 について，本日電信振り込みで支払いを済ませました。
  **As regards** invoice number KF-6002, **payment was made by** telegraphic transfer today.
- □ ご依頼の件につきましては，明日 62,000 ドルの小切手を郵送する予定です。
  In relation to the requested matter, **we plan to send a check for** $62,000 **by post** tomorrow.

① 代金の請求 → ③ 入金の確認 → ⑤ 支払い猶予願いへの対応
② 代金の請求への返信    ④ 督促通知への返信

---

Subject: RE: Request for payment

Dear Mr. Goldsmith:

**We received the invoice you sent on** May 12.

As instructed, **we made a remittance to** your indicated company bank account on May 19. **The payment amount is** $45,000 **and the remittance number is** 654321.

**We would be grateful if you could let us know as soon as you confirm** receipt of payment.

Sincerely yours,
Midori Yokoyama

---

- □ ご依頼に従い，下記の内容にて高山銀行に対し送金申し込みをいたしました。
  Following your request, **we have asked** Takayama Bank **to make a remittance as follows**.

### 結び ▶ 今後の対応を促す

- □ 万一送金受領の確認ができない場合は，弊社担当者まで至急ご連絡ください。
  In the unlikely event that you are unable to confirm receipt of the transferred amount, **please contact** our person in charge **immediately**.
- □ 弊社からの入金をすみやかにご確認いただきますようお願いいたします。
  **We ask you to confirm promptly that** the billed amount has been deposited in your account.
- □ お支払いに関するお問い合わせはすべて弊社経理課までお願いいたします。
  **Please direct all inquiries concerning** payments **to** our accounting department.

---

#### ∴ Words & Phrases ∴
- □ remittance　送金　　□ as soon as …　…したらすぐに　　□ telegraphic　電信の
- □ in relation to ～　～について　　□ check　小切手　　□ as follows　次の通りで
- □ promptly　早急に

## ③ 入金の確認　　ⅰ．入金確認完了を知らせる

**件名**　件名：RE：お支払いのお願い

横山様

**書き出し**　請求書番号 7856 のお支払いについてのメールをありがとうございました。

**主文**　本日，イースト銀行の弊社口座宛に御社から 45,000 ドルの入金があったことを確認いたしました。

**結び**　すぐにお支払いいただき感謝しております。

アラン・ゴールドスミス

## 🔧 3ステップの置き換え例文

### 書き出し　代金支払い連絡に対するあいさつを述べる

- □ 先日ご連絡いただきました DIY 工具セットの代金お振り込みの件でお知らせいたします。
  **I am notifying you concerning the remittance of payment for** the DIY tool set regarding which you recently contacted us.
- □ 振り込みをご連絡いただいた昨日付のメールを拝見しました。
  **We read your e-mail of** yesterday **informing us of** the remittance.

### 主文　代金受領の旨を伝える

- □ 10 月 17 日に須田様から 60,000 ドルお支払いいただいたことを確認しました。
  **We have confirmed the payment of** $60,000 **made by** Ms. Suda **on** October 17.
- □ 御社からのお支払いを受領したことをお知らせいたします。
  **I would like to notify you that** your payment **has been received**.
- □ 御社からお送りいただいた小切手を受け取りました。
  **We have received** the check **sent by** your company.
- □ 弊社取引銀行より，御社からご送金いただいた旨連絡がありましたのでお知らせいたします。
  **I wish to inform you that we have been notified** by our bank that remittance has been received from your company.

① 代金の請求 → ③ 入金の確認 → ⑤ 支払い猶予願いへの対応
② 代金の請求への返信   ④ 督促通知への返信

---

Subject: RE: Request for payment

Dear Ms. Yokoyama:

**Thank you for your e-mail relating to** the payment of invoice number 7856.

**We have confirmed** today **that** you **have deposited** $45,000 **in** our account at East Bank.

**We greatly appreciate** your prompt payment.

Sincerely yours,
Alan Goldsmith

---

### 結び　お礼を述べ，次へとつなげる

- 今後とも一緒にお仕事をさせていただけますよう願っております。
  **We hope that we may be able to** work together in the future.
- 当社を取引先としてお選びいただきありがとうございました。
  **Thank you very much for** choosing to do business with us.
- 次回もまたご注文いただきますようお待ちしております。
  **We look forward to** receiving your next order.

---

**∴ Words & Phrases ∴**

- deposit 〜 in … （金）を（銀行・口座）に預ける　　□ account　口座
- notify　〜に通知する　　□ concerning　〜について

## ③ 入金の確認　　ⅱ. 代金の支払いを督促する

| 件名 | 件名：お支払いについて（請求書番号 7856） |
|---|---|

横山様

| 書き出し | これは御社のお支払いが期日を過ぎても確認できないことをお知らせするメールです。 |
|---|---|

| 主文 | 5月31日現在，4月分のご請求金額の入金が確認できておりません。 |
|---|---|

| 結び | 御社でもお調べいただき，すみやかにお支払いください。もし5月31日以降にお支払いいただいている場合には，失礼をお詫びいたしますとともに，本メールは無視してくださいますようお願いいたします。 |
|---|---|

アラン・ゴールドスミス

## 🔧 3ステップの置き換え例文

### 書き出し　支払いの督促連絡である旨を伝える

- ☐ 分割払いの第2回分のお支払い期限が過ぎておりますことをご連絡します。
  **I am contacting you because the deadline for** the second installment of the payment **has passed**.

### 主文　督促の内容を述べる

- ☐ 1月分の請求書についてご連絡を差し上げましたが，御社からはまだお支払いいただいておりません。
  **I have contacted you previously with regard to** the invoice for January, but I am writing to you again as you have still not paid.
- ☐ お支払い条件によれば，弊社指定の口座に7月3日までにご送金いただくことになっていました。
  According to the payment conditions, **remittance to** our designated account **was to have been made by** July 3.
- ☐ お申し込みいただいた旅行の代金のお支払い期日から10日経ちますが，弊社の銀行口座にはまだご入金いただいていないようです。
  10 days have passed since the payment due date for the trip for which you signed up; however, **no deposit has yet been made to** our bank account.
- ☐ 請求書番号 3N-0003 のご入金が2週間以上遅れています。
  **Payment for** invoice number 3N-0003 **is more than** two weeks **late**.

① 代金の請求 → ③ 入金の確認 → ⑤ 支払い猶予願いへの対応
② 代金の請求への返信　④ 督促通知への返信

---

Subject: Regarding the payment (invoice number 7856)

Dear Ms. Yokoyama:

**This is to inform you that** even though the payment due date has passed we have been unable to confirm your payment.

**As of** May 31 **we have not been able to confirm payment of the amount** billed for April.

We request that you look into this matter and make payment at your earliest convenience. **Should payment have been made after** May 31, **please** accept our apologies **and ignore** this e-mail.

Sincerely yours,
Alan Goldsmith

---

- ☐ 6月20日にサプリメント6種をお届けしておりますが，その代金をまだ受け取っておりません。
  Six types of supplement were delivered to you on June 20, but **we have still not received** payment.

### 結び　今後の対応を促す

- ☐ 来月10日までに，未払い分の38,000ドルをお支払いください。
  **Please complete payment of the outstanding balance of** $38,000 **by** the 10th of next month.
- ☐ お支払いいただけない理由があればお知らせください。
  **Please inform us if there is any reason** you are not able to make payment.
- ☐ ご検討いただいた上で，いつお支払いいただけるかをご連絡ください。
  **Please** consider this matter, and **let us know when** the payment will be made.

---

**∵ Words & Phrases ∵**
- ☐ inform ～ that … （人）に…だと知らせる　　☐ even though... …だが
- ☐ look into ～　～を調査する　　☐ deadline for ～　～の最終期限
- ☐ designated　指定された　　☐ due　支払い期日の来た　　☐ outstanding　未払いの

## ④ 督促通知への返信　　支払いの猶予を願い出る

**件名**：件名：RE：お支払いについて（請求書番号 7856）

ゴールドスミス様

**書き出し**：4月分のお支払いが滞っておりまして申し訳ございません。

**主文**：原油価格の高騰で台所事情が苦しいのです。このような理由からお支払いを3ヵ月延ばしていただけないかと思っております。

**結び**：事情をご理解いただき，今しばらくお待ちいただきますようお願いいたします。

横山みどり

## 🔧 3ステップの置き換え例文

### 書き出し　督促に対するあいさつを述べる

- ☐ 弊社からのお支払いが遅れているとのメールをありがとうございました。
  **Thank you for your e-mail regarding** our late payment.
- ☐ お問い合わせいただいた支払いの遅延について弊社でもさっそく帳簿の照合をいたしました。
  **With regard to** the delayed payment about which you inquired, **we immediately verified this against** our accounting records.
- ☐ 9月9日付の督促のメールをいただきました。大変申し訳ございません。
  **We have received your reminder e-mail of** September 9. Please accept our sincere apologies.

### 主文　遅延の理由や猶予願いを述べる

- ☐ 1週間以内に代金の一部として26,000ドルお支払いすることができます。残金についてはあと3週間ほど待っていただくことは可能でしょうか。
  We can make a partial payment of $26,000 within one week. With regard to the remaining amount, **would it be possible for you to wait** three weeks or so?
- ☐ 一両日中に必ずお支払いしますので，違約金なしでご同意いただければ大変助かります。
  As we will definitely make payment in a few days, **we would greatly appreciate it if you could agree to** not add a penalty charge.

① 代金の請求 → ③ 入金の確認 → ⑤ 支払い猶予願いへの対応
② 代金の請求への返信　　**④ 督促通知への返信**

---

Subject: RE: Regarding the payment (invoice number 7856)

Dear Mr. Goldsmith:

**Please accept our apologies for the delay in** making the payment for April.

We are in a difficult financial situation due to the steep rise in crude oil prices. For this reason, **we are wondering whether it would be possible to** delay payment by three months.

**We ask for your understanding regarding** our situation **and hope that you will agree to** wait for a while longer.

Sincerely yours,
Midori Yokoyama

---

- ☐ 社内で原因を調査したところ，経理部にて御社からの請求書が止まっておりました。すぐに送金の手続きに入りますが，数日のご猶予をいただければ幸いです。
  **We have** conducted an internal investigation and **found that** the invoice from your company **had been sidetracked in** our accounting department. We will promptly begin processing the remittance, and **we would be very grateful if you could please allow us** a grace period in which to do so.

### 結び　お詫びを述べ，理解を求める

- ☐ 今回の件で御社との良好な関係が損なわれることのないよう願っております。
  **We hope that no harm has been caused to our cordial relationship as a result of** this matter.
- ☐ この度は大変ご迷惑をおかけいたしますことを心よりお詫び申し上げます。
  **Please accept our profound apologies for** causing you undue inconvenience on this occasion.
- ☐ 弊社の手違いでご迷惑をおかけし，大変申し訳なく存じます。
  **We are deeply sorry for** our mistake and any problems it may have caused you.

---

### ∵ Words & Phrases ∵
- ☐ situation　立場　　☐ verify　（計算など）が正しいかどうか確かめる
- ☐ partial　部分的な　☐ grace period　支払い猶予期間　☐ undue　過度の

## ⑤ 支払い猶予願いへの対応　　ⅰ. 猶予を与える

**件名**　件名：RE：お支払いについて（請求書番号7856）

横山様

**書き出し**　6月1日付の支払い延期を求めるメールを受け取りました。

**主文**　私どもも御社が直面されている状況は十分理解しております。したがいまして，ご要望の通り支払い期限の3カ月延長に同意いたします。

**結び**　この措置により，御社がそれ以上滞ることなくお支払い手続きを完了することができますよう願っております。

アラン・ゴールドスミス

### 🔧 3ステップの置き換え例文

**書き出し**　猶予願いに対するあいさつを述べる

- ☐ メールを拝見して，今回のご請求代金をお支払いいただけない事情がよくわかりました。
  We have received your e-mail, and **we understand the circumstances** in which you are experiencing difficulty at this time in paying the billed amount.
- ☐ 御社の未払い勘定についての率直なメールをいただきありがとうございました。
  **Thank you for your frank e-mail with regards to** your outstanding account.

**主文**　猶予願いに応じる

- ☐ 今回はやむを得ず御社のお申し出を承諾することにいたします。
  On this occasion **we are obliged to consent to** your proposal.
- ☐ これまでの御社との良好な関係を考慮し，期限延長を認めることといたしました。
  **Taking into account** the good relationship that has existed between us up to this time, **we have decided to permit** an extension of the deadline.
- ☐ 半年間期限の延長をいたします。
  **We will extend the due date by** six months.

① 代金の請求 → ③ 入金の確認 → ⑤ 支払い猶予願いへの対応
② 代金の請求への返信    ④ 督促通知への返信

---

Subject: RE: Regarding the payment (invoice number 7856)

Dear Ms. Yokoyama:

**We have received your e-mail of** June 1 **requesting** a postponement of payment.

**We fully understand the situation** your company is presently facing. **We**, therefore, **agree to extend** the payment deadline **by** three months **as you request**.

We hope that **as a result of this measure**, you will be able **to complete the processing of** the payment **without falling further into arrears**.

Sincerely yours,
Alan Goldsmith

---

- ☐ 御社の現状を考慮し，ご要請に同意して期限を延長する用意があります。
  Considering your present circumstances, **we are prepared to** accede to your request and extend the due date.
- ☐ 一部はすでにお支払いいただいておりますので，残金については2週間支払い期限を延ばすことに同意します。
  Since you have already made partial payment, **we can agree to postpone the due date for** the remaining amount **by** two weeks.

### 結び ▶ 支払いの確実な実行を促す

- ☐ 12月10日までに必ずお支払いいただきたく存じます。
  **We trust that you will carry out the payment by** December 10.
- ☐ これ以上お支払いが遅れないものと信じております。
  **We are confident that you will not be late in** making payments **from here on**.
- ☐ 新たな期限内に清算をしていただきますようお願いします。
  **We trust that you will settle the account before** the new due date.

---

**∵ Words & Phrases ∵**
☐ face　～に直面する　　☐ measure　措置　　☐ arrears　（支払いの）遅れ
☐ circumstances　状況，事情　　☐ oblige ～ to *do*　（人）に強制的に…させる
☐ take into account ～　　～を考慮に入れる　　☐ accede to ～　　～に同意する

## ⑤ 支払い猶予願いへの対応　ⅱ. 猶予の申し出を断る

| 件名 | 件名：RE：お支払いについて（請求書番号 7856） |
|---|---|
| | 横山様 |
| 書き出し | 御社からのお支払い延期要請について回答いたします。 |
| 主文 | 御社の事情にはご同情申し上げますが，今回は残念ながらご要請に応じることができません。 |
| 結び | 契約通り早急にお支払いくださいますようお願いいたします。 |
| | アラン・ゴールドスミス |

## 🔧 3ステップの置き換え例文

### 書き出し　猶予願いに対するあいさつを述べる

- ☐ 遅れているお支払いに対する猶予期間ご希望のメールを拝見し，当方で検討した結果についてご連絡します。
  We have received your e-mail requesting a grace period for delayed payment, and **I am contacting you regarding the result of** our consideration of this matter.
- ☐ お支払いのお願いに対するお返事をありがとうございました。
  **Thank you for your reply to our request for** payment.

### 主文　猶予願いを断る

- ☐ 弊社製品はすべて大幅な値引き価格で販売しているため，お支払いの延期はご容赦いただきたく存じます。
  Since all of our products are sold at substantially discounted prices, **we regret that we are unable to meet any request for** extension of the payment period.
- ☐ 全額猶予には応じられませんが，半額を今お支払いいただけるのであれば，残りの半分についてお支払いを1カ月延期することは可能です。
  **It is not possible for us to permit** a grace period for the whole amount; however, if you are able to make payment of half of the amount, we can postpone payment for the remaining half by one month.
- ☐ 現在，財務状況が厳しいため，御社には本来のお支払い期限を守っていただくようお願いしなければなりません。
  Due to the present difficult financial climate, **we find it necessary to ask you to adhere to** the original deadline.

① 代金の請求 → ③ 入金の確認 → ⑤ 支払い猶予願いへの対応
② 代金の請求への返信   ④ 督促通知への返信

---

Subject: RE: Regarding the payment (invoice number 7856)

Dear Ms. Yokoyama:

**I am replying to you in regard to your request** to delay payment.

**We are sympathetic with respect to** your present circumstances, **but unfortunately we are unable to** agree to your request on this occasion.

**We ask that you** make payment **promptly as per our contract**.

Sincerely yours,
Alan Goldsmith

---

- □ 御社から支払い期限の延長要請を受けるのは今回が初めてではありませんので，これ以上延長を受け入れることはできません。
  **Since this is not the first time that** you have requested an extension of the payment deadline, **we are unable to** grant any more extensions.
- □ 申し訳ございませんが，支払い期限の延長に応じることは不可能です。
  **Unfortunately we are not able to** allow an extension of the payment deadline.

### 結び ▶ 早急な対応を促す

- □ 現在の状況の早急な解決に向けて，ご協力いただきますことを強く望みます。
  **We strongly desire your cooperation in** swiftly finding a resolution to the current situation.
- □ 御社からのご返信をお待ちしております。
  **We await your reply.**
- □ ご契約通り支払いが履行されない場合は，損害請求せざるを得ません。本件については慎重にご検討いただきますようお願いいたします。
  **Should you be unable to** make payment in accordance with our contract, **we will have no choice but to** demand payment of damages. We hope you will give this matter careful consideration.

---

**∴ Words & Phrases ∴**
□ reply to ~　~に回答する　　□ sympathetic　同情する　　□ substantially　相当に
□ cooperation　協力　　□ in accordance with ~　~に従って

# Column 3

## メールやインターネットに関する表現

インターネットやメールに関する用語を確認しておきましょう。独特の表現も多いので、覚えておくと便利です。

| | |
|---|---|
| attachment / attached file | 添付ファイル |
| browse | （インターネット上で）閲覧する |
| bug | プログラム中の不具合 |
| compatibility | 互換性 |
| compress（⇔ unpack / extract） | ファイルを圧縮する（⇔ 解凍する） |
| computer virus ［worm］ | コンピュータウィルス |
| copy, cut, paste | コピーする，切り取る，貼り付ける |
| download（⇔ upload） | ダウンロードする（⇔ アップロードする） |
| e-mail / email | メール（を送る）　＊郵便は postal mail |
| encrypt（⇔ decrypt） | 暗号化する（⇔ 復号する） |
| forward / transfer | （メールを）転送する |
| freeze | （コンピュータが）動かなくなる |
| be garbled | 文字化けする |
| homepage | ウェブサイトの最初に表示されるページ |
| | ＊日本語の「ホームページ」とは異なるので要注意。また、HP とは略さない |
| infected application | ウィルス感染したアプリケーション |
| the Internet | インターネット　＊原則として大文字で始める |
| maximize | 最大表示する |
| minimize | 最小化する |
| overwrite | 〜に上書きする |
| restart | 再起動する |
| recycle bin | ゴミ箱 |
| retrieve | 情報を検索する |
| spam | 迷惑メール |
| start up / boot（up） | 起動する |
| vulnerability | 脆弱性 |

# 4 契約

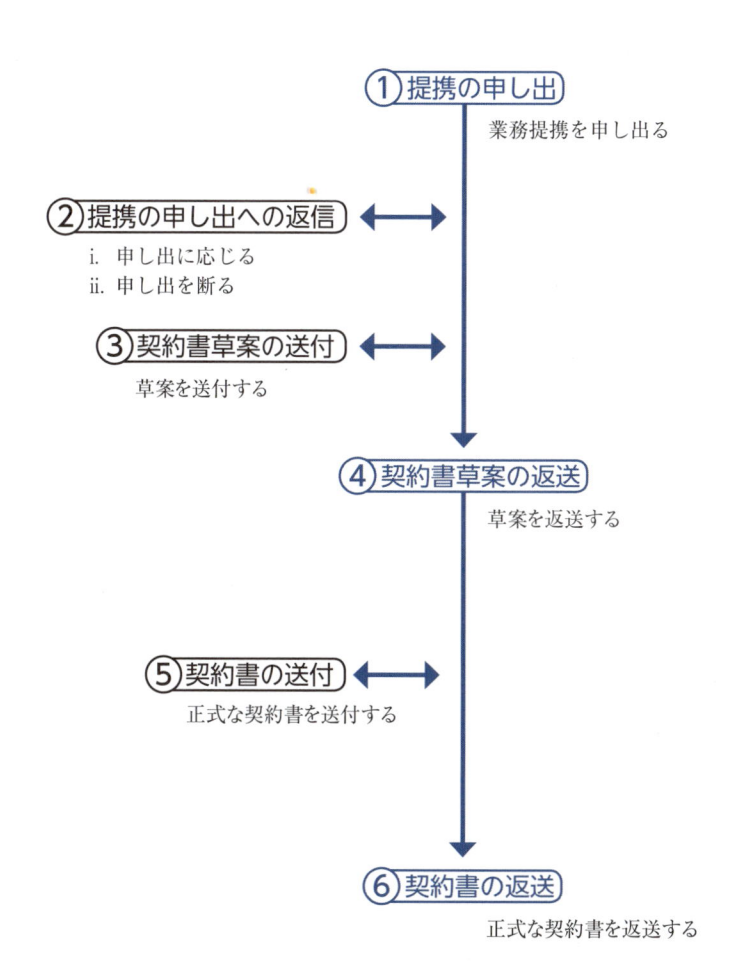

① 提携の申し出
　業務提携を申し出る

② 提携の申し出への返信
　i. 申し出に応じる
　ii. 申し出を断る

③ 契約書草案の送付
　草案を送付する

④ 契約書草案の返送
　草案を返送する

⑤ 契約書の送付
　正式な契約書を送付する

⑥ 契約書の返送
　正式な契約書を返送する

## 的確に書く技術

📧 書く前にチェック！

# 契約書を送付する

······ p.98

　会社間で取り交わす契約書が完成し，先方にそれを送る時のメールを見てみます。ただ送付するだけでなく相手にしてほしいことがある場合に，気をつけるべき書き方を確認しましょう。

---

Subject: RE: Distributor inquiry

Dear Mr. Ikenoue:

Thank you very much for your reply about the draft contract.  We are very glad to <u>receive your agreement</u> to the draft.

> 「協定書を受け取る」とも取れるので不適切。hear that you have agreed とすると「同意が得られて」という意味が明確になります。

We will send you two copies of the final contract by postal mail. ★1 It would be appreciated if you could <u>sign the contract</u> <u>after confirming</u>.

> 「2部に署名し1部を返送してほしい」と伝えるには言葉不足です。

> confirm（〜を確認する）の対象となる the contents（内容）などの目的語が必要です。

It is our hope that we are able to conclude an official contract with you <u>without delay</u>.

> within this month（今月中に），by March 31（3月31日までに）など具体的な期限を書き添えておくとわかりやすいでしょう。

Sincerely yours,

Lucy McDonald

> **場面設定**
> ■ 送信者：海外のスポーツ用品メーカーの担当者 ルーシー・マクドナルド（Lucy McDonald）
> ■ 宛　先：スポーツ用品小売業者の池ノ上慎吾（Shingo Ikenoue）
> ■ 要　旨：確定した契約書を郵送するので，2部に署名して1部を返送するよう依頼する。

# 必ずおさえたいポイント

　現在自分がどんな状況にあって，相手に何を依頼したいのか，相手にどのようなアクションを起こしてほしいのかという点を，よく整理してわかりやすく書くことが大切です。送信前には伝える内容に不足がないかを見直しましょう。

## ★1 要望ははっきりと明確に伝える

　丁寧さを重視するあまり，「していただけるとありがたい」と遠慮がちに書くと，「しなくてもよい」と誤解されてしまう場合があります。相手に対する要望は直接的に伝えましょう。目的語などを省略することなく，誰に何をどうしてほしいのか明確に書き，こちらの意図を正しく伝えます。また，このままでは「2部に署名し1部を返送してほしい」という内容が伝わらないので，その点も考慮して Could you sign both copies after confirming the contents of the contract and send back one copy to us? などとするとよいでしょう。

---

**TIPS FOR BETTER BUSINESS E-MAILS**　締め切りを伝える際に注意すべきこと

　相手に依頼をする際に大切なのが，締め切りを伝えることですが，日本人がミスをしやすい点がありますので，以下の例を見てみましょう。

a) When the contract is completed, would you send it to me by e-mail by next Wednesday?
（契約書が完成したら，来週水曜までにメールで私に送っていただけますか。）

b) Would it be possible to send us the goods we ordered as soon as possible? We will need them by the beginning of next week.
（できるだけ早く注文品を送っていただけますか。来週の初めまでに必要です。）

　どちらも問題なさそうに見えますが，実は締め切りや期限を表す言葉が2つ含まれています。a) は「契約書が完成したら」と「来週水曜までに」，b) は「できるだけ早く」と「来週の初めまで」。それぞれの日の組み合わせがイコールにならない場合もあるため，紛らわしい書き方です。どちらも「来週水曜」「来週の初め」という最終的な期限があるわけですから，それをズバリと伝えるようにしましょう。

## ① 提携の申し出　　業務提携を申し出る

**件名** ▶ 件名：販売店契約について

ご担当者様

**書き出し** ▶ 弊社は東京にあるスポーツ用品を扱う企業です。先日，晴海で行なわれた『国際スポーツ用品フェア』で御社のスノーボードを拝見し好印象を持ちました。

**主文** ▶ 日本における御社製品の市場性は大きいと考えます。日本での御社の販売店としてぜひお役に立ちたいと考えております。

**結び** ▶ ご参考までに，弊社のウェブサイト（http://www.jsports.org/）をご覧いただき，ご検討いただければ幸いです。

池ノ上慎吾

## 🔧 3ステップの置き換え例文

### 書き出し ▶ 自己紹介をする

□ SPR インターナショナルの鈴木健一社長から御社が日本における販売店を探していらっしゃると伺いメールを差し上げました。
**I am writing to you as I heard from** Mr. Kenichi Suzuki, the President of SPR International, **that** your company is looking for a distributor in Japan.

□ 弊社はバイオテクノロジー関連の技術提携先を探しています。
**We are searching for a partner company** in the field of biotechnology **with which to form a** technology-based **alliance**.

### 主文 ▶ 提携を提案する

□ アジアにおける御社システムの販売を検討なさったことはありますか。御社システムはこの地域でも十分受け入れられるものと確信しております。
**Have you ever considered** selling your systems in Asia**? We are confident that** your systems **would be well received in** this region.

□ 弊社を御社製品の販売店としてご検討いただける可能性はありますか。機会を与えていただけるのであれば，全力で御社製品の販売に当たりたいと思います。
**Is there any possibility that you might consider** us **as** a distributor for your goods**?** If you give us the opportunity, we will do our utmost to promote the sale of your goods.

① 提携の申し出 → ④ 契約書草案の返送 → ⑥ 契約書の返送
② 提携の申し出への返信　③ 契約書草案の送付　⑤ 契約書の送付

---

Subject: Inquiry relating to distributorship

Dear Sir or Madam:

**We are a company dealing in** sports goods, located in Tokyo. **We recently saw** your snowboards **at** the "International Sports Goods Fair" held in Harumi **and were greatly impressed**.

We believe that your products have great marketability here in Japan, and **we would very much like to be of service to you as** a distributor in Japan.

**For your reference, we would like to ask you to view** our website (http://www.jsports.org/) **and give this matter your kind consideration**.

Respectfully yours,
Shingo Ikenoue

---

☐ 御社とキウイフルーツ購入の契約を結びたいと考えています。キウイフルーツは日本で大変人気があるので，年間を通して安定した売り上げを期待できると思います。
　**We wish to enter into a contract with** you **for** the purchase of kiwi fruits. As they are a very popular fruit in Japan, we believe you would be able to expect stable sales throughout the year.

☐ もし製紙機械の技術に関して御社と提携させていただけるのであれば，当市場における競争力を大幅に強化できるだろうと考えております。
　**We think** our competitiveness in this market **would be greatly strengthened if we were to enter into an alliance with you** based on your technology in the field of paper-making machinery.

### 結び ▶ 今後の対応を促す

☐ ぜひ当社を御社商品の販売店としてご指定いただきますようご検討ください。
　**We hope you will consider designating** us **as** your distributor.

☐ 御社からよいお返事がいただけることを期待しております。
　**We look forward to receiving a positive reply from** you.

#### ∴ Words & Phrases ∴

☐ marketability　市場性　　☐ alliance　同盟，提携
☐ do *one's* utmost to *do*　…しようと最善を尽くす　　☐ machinery　機械
☐ designate 〜 as ...　〜を…として指名する

## ② 提携の申し出への返信　　ⅰ. 申し出に応じる

**件名**　件名：RE：販売店契約について

池ノ上様

**書き出し**　2月3日付の販売店に関するご提案をありがとうございました。

**主文**　弊社でも御社からのお申し出を大きなビジネスチャンスととらえており，ぜひ実現に向けて話し合いを進めたいと考えております。

**結び**　今回のご提案により，双方が発展的な関係となれますよう願っております。

ルーシー・マクドナルド

## 🔧 3ステップの置き換え例文

### 書き出し　提携の提案に対するお礼を述べる

☐ 御社が日本での弊社サービスの販売を希望されているというメールを興味深く拝見しました。
**We read your e-mail regarding** your desire to sell our services in Japan **with great interest**.

☐ 弊社の技術に関心をお持ちいただき大変光栄に存じます。
**We are honored to learn that you have an interest in** our technology.

### 主文　提携の提案に好意的に応じる

☐ 御社のウェブサイトを拝見しまして，御社と弊社は相互に利益をもたらす関係を築くことができるのではないかと考えております。
Having looked over your website, **we believe that we may be able to form a** mutually beneficial **relationship**.

☐ 弊社では国外への市場拡大について真剣に検討しており，販売店契約を結んでいただける現地業者を探しております。
**We** have been seriously considering expansion into oversea markets, and **are looking for local distributors** who are willing to enter into a distributor contract.

☐ お申し出について弊社でも大変興味を持っておりますので，本案件について引き続き検討させていただきます。
**We** are extremely interested in your proposition, and **would like to give the matter further study**.

① 提携の申し出 → ④ 契約書草案の返送 → ⑥ 契約書の返送
② 提携の申し出への返信  ③ 契約書草案の送付  ⑤ 契約書の送付

---

Subject: RE: Inquiry relating to distributorship

Dear Mr. Ikenoue:

**Thank you very much for your proposal of** February 3 **with respect to** a distributorship.

We feel that your proposition offers a significant business chance, and **we would like to proceed with talks aimed at** making this opportunity a reality.

**We hope** your proposal **will develop into a** constructive **relationship for** both of us.

Respectfully yours,
Lucy McDonald

---

- 弊社としましても，御社からのご提案にありますように，技術提携が市場における競争力の強化につながるものと考えます。
  **We are also of the opinion** you expressed in your proposal, **that** a technology-based alliance would lead to enhanced competitiveness in the market.
- 検討の結果，今後前向きに考えていくという結論に達しました。
  **Following deliberations, we have decided that** we would like to continue considering the matter in a forward-looking manner.

### 結び ▶ 将来の取引へとつなげる

- 詳細につきましては後日改めてご連絡を差し上げます。
  **We will contact you once again at a later date regarding** the details.
- 近いうちに契約書草案を作成することができればと思っております。
  **We hope we will be able to** draw up a draft contract **in the near future**.
- 検討する時間をいただきたいのですが，いつまでに回答を差し上げればよろしいですか。お返事をお待ちしております。
  We would like some time to consider the proposal. **By when would you like us to** give you a reply? We look forward to hearing from you.

#### ∴ Words & Phrases ∴
- proposal 提案
- significant 意味のある
- mutually 互いに
- beneficial 有益な
- enhanced 強化された
- deliberation 協議
- forward-looking 前向きな

## ② 提携の申し出への返信　ⅱ. 申し出を断る

**件名**　件名：RE：販売店契約について

池ノ上様

**書き出し**　この度のメールによるご提案をありがたく拝見いたしました。

**主文**　弊社商品販売店の件でご関心をお寄せいただき光栄に存じます。しかしながら現時点では，弊社では海外での販売店を持つことは時期尚早と考えております。

**結び**　せっかくのお申し出をお断りしなければならず申し訳ありません。今後またご一緒する機会ができましたらぜひご協力をお願いいたします。

ルーシー・マクドナルド

## 🔧 3ステップの置き換え例文

### 書き出し　提携の提案に対するお礼を述べる

☐ 技術提携先として弊社をご検討いただき感謝申し上げます。
**We are very grateful to you for considering** us **as** partners in a technology-based alliance.

☐ 業務提携のお申し出をいただきありがとうございました。
**Thank you very much for your proposition of** a business alliance between us.

### 主文　提携の提案を断る

☐ せっかくのお申し出ですが，当社はすでに海外の主要都市に販売店を持っており，現在の販売網で十分と考えております。
**Thank you for your kind proposition; however,** we already have distributors in the major overseas cities, and **we believe** our current distribution network is sufficient.

☐ 御社のご提案を真剣に検討させていただきましたが，その中で弊社にとっての利益を見出すことができず，今回は辞退させていただきたいと思います。
We have given serious consideration to your proposition. However, as we are unable to ascertain any advantage to ourselves in your proposition, in this instance **we would like to respectfully decline** your offer.

① 提携の申し出　　　　　　　　　　　④ 契約書草案の返送　　　⑥ 契約書の返送
　　② 提携の申し出への返信　　③ 契約書草案の送付　　　⑤ 契約書の送付

---

Subject: RE: Inquiry relating to distributorship

Dear Mr. Ikenoue:

**We have read** your e-mail concerning the proposal **with much appreciation**.

**We are very honored by your interest in** becoming our distributor. Nevertheless, **we feel that it is too early for us** at the present time **to** consider having overseas distributors.

**We are very sorry that we must decline** your kind proposition. However, **we would very much appreciate** your cooperation **should the opportunity for us to work together arise in the future**.

Sincerely yours,
Lucy McDonald

---

- □ 今のところ弊社はアジアにおける販売網の強化を予定しておりません。
  **At the current time we have no plans to** strengthen our distribution network in Asia.
- □ ご提案は大変魅力的なのですが，現在のところ財務状況の都合によりお応えできそうにありません。
  Your proposition is extremely attractive, but **I am afraid** financial circumstances **prevent us taking you up on your offer** at the present time.
- □ 日本ではすでに山花インターナショナルが弊社商品の販売店となっております。
  **We already have a distributor in** Japan, Yamahana International.

| 結び | お詫びを述べ，理解を求める |

- □ 今回はお申し出にお応えできず大変残念ですが，これからも御社とのご縁を大切にしていけるよう願っております。
  We very much regret that we are unable to respond to your offer on this occasion, but **we hope that we will be able to develop a valuable relationship** from here on **between** our two companies.

---

**⁖ Words & Phrases ⁖**
□ appreciation　感謝　　□ major　主な　　□ decline　〜を断る
□ take 〜 up on ...　（人）の（申し出など）に応じる　　□ valuable　価値ある

## ③ 契約書草案の送付　　草案を送付する

**件名** ▶ 件名：RE：販売店契約について

池ノ上様

**書き出し** ▶ 弊社製品の日本における販売店契約の件でご連絡を差し上げます。

**主文** ▶ 本件について，契約書の弊社草案を添付いたしました。ご検討くださいますようお願いいたします。

**結び** ▶ 今月末日までに弊社草案にご同意いただけるかどうかをご連絡いただければ幸いです。

ルーシー・マクドナルド

## 🔧 3ステップの置き換え例文

### 書き出し ▶ 契約の案件である旨などを伝える

□ 御社による弊社システムの販売について契約を結びたいと思います。
**We would like to conclude a contract with** you **with respect to** the sale of our systems by your company.

### 主文 ▶ 草案送付の旨を伝える

□ 御社との話を進める前に契約書を締結する必要があります。まず第一歩として，草案をお送りいたします。
**Prior to** proceeding with further talks, **we need to** enter into an agreement. As an initial step, we are sending you a draft agreement.

□ 7月にメールでご相談いたしました件について，契約書の草案を作成しました。ご覧いただき，お気づきの点がありましたらご指摘ください。
**We have drawn up a draft contract concerning** the matter we discussed by e-mail in July. We would appreciate it if you would look over the draft, and indicate any points that you think require further attention.

□ 契約書の草案を添付いたします。ご参考までに，本取引に関してこれまでに双方で合意している条件は下記の通りです。
I have attached a preliminary version of the contract. **For your reference, the conditions** on which we have both agreed up to the present regarding this transaction **are as follows**.

① 提携の申し出 → ④ 契約書草案の返送 → ⑥ 契約書の返送
② 提携の申し出への返信　③ 契約書草案の送付　⑤ 契約書の送付

---

Subject: RE: Inquiry relating to distributorship

Dear Mr. Ikenoue:

**I am writing to you regarding the matter of** a distributor contract for the distribution of our goods in Japan.

Regarding this matter, **I have attached** a draft contract prepared by us for your kind consideration.

**It would be most helpful if you could inform us by** the end of this month whether the draft contract meets with your approval.

Sincerely yours,
Lucy McDonald

---

- □ 契約を結ぶ<u>ための第一歩として</u>契約書草案をお送りしますのでご確認ください。
  **As the first step to** the formalization of a contract between us, **we are sending you** a draft version of the contract for your confirmation.
- □ ナノテクノロジー分野の技術提携に関する契約書草案を<u>近日中に</u>お送りいたします。
  **In a few days we will send you** a draft version of a contract for the formation of a technology-based alliance in the field of nanotechnology.

### 結び ▶ 回答を促す

- □ 御社でのご検討結果を契約書に反映させていきたいと思います。修正案を<u>添えてご返信ください</u>。
  We would like to incorporate the results of your deliberations into the contract. **Please send us by attachment** a version of the draft contract incorporating your amendments.
- □ 添付の契約書草案についてのご意見を今月末までにお知らせいただければ幸いです。
  **We would be most grateful if you could inform us of** your thoughts on the attached draft contract **by** the end of this month.

---

#### ∵ Words & Phrases ∵
- □ contract　契約書
- □ prior to ～　～より前に
- □ draw up ～　～を作成する
- □ indicate　～を指摘する
- □ preliminary　準備の
- □ incorporate　～を組み入れる
- □ amendment　修正

## ④ 契約書草案の返送　　草案を返送する

**件名** ▶ 件名：RE：販売店契約について

マクドナルド様

**書き出し** ▶ 先日は契約書草案をお送りいただきありがとうございました。

**主文** ▶ 検討した結果，御社の契約書草案にすべて同意いたします。

**結び** ▶ 正式な契約書をお送りいただければすぐに署名いたします。よろしくお願いいたします。

池ノ上慎吾

## 🔧 3ステップの置き換え例文

### 書き出し　草案送付に対するあいさつを述べる

- ☐ 8月25日付でお送りいただきました契約書草案について弊社で検討した結果をご連絡いたします。

  **I am contacting you concerning the outcome of** our examination of the draft contract you sent to us on August 25.

### 主文　草案の検討結果を述べる

- ☐ 弊社にて検討し，草案に修正を加えたものを添付いたしますのでご確認ください。

  We have studied the matter, and **I am attaching** a version of the preliminary contract containing our proposed revisions **for your confirmation**.

- ☐ 草案の内容は弊社にとりましても十分満足できるものです。したがいまして，このまま進めていただいて結構です。

  **We find** the content of the draft **to be quite satisfactory**. Therefore, **we are happy to proceed with** the contract **as it is**.

- ☐ 条項2の支払い条件について一部変更していただけないでしょうか。

  **Would it be possible to make a minor change to** Article 2 concerning the payment conditions**?**

- ☐ 条項5について修正を加えましたのでご検討ください。

  **We have made some amendments to** Article 5 **which we would like you to consider**.

① 提携の申し出 → ② 提携の申し出への返信 → ③ 契約書草案の送付 → ④ 契約書草案の返送 → ⑤ 契約書の送付 → ⑥ 契約書の返送

---

Subject: RE: Inquiry relating to distributorship

Dear Ms. McDonald:

**Thank you for** the draft contract **you sent to us the other day**.

**After due consideration, we agree with all of** the content of the draft contract.

**If you can send** the official contract **to us, we will** sign it **without delay**. Thank you for your cooperation.

Sincerely yours,
Shingo Ikenoue

---

- □ 当方で変更していただきたい点が全部で3ヵ所あります。
  **There are** three points **in total to which we would like to** make alterations.
- □ 御社からお送りいただいた契約書草案の書式を添付のような形に変更しても差し支えないでしょうか。
  **Would you mind if we changed** the layout of the draft contract you sent **to match** the attached format?

### 結び ▶ 今後の対応を促す

- □ 弊社修正案に目を通していただき，修正点についてのご意見をお寄せください。
  **We hope you will** look over the revised version of the draft contract and **give us your opinion of** the proposed changes.
- □ できるだけ早く正式な契約書をお送りいただければ幸いです。
  **We would greatly appreciate it if you could** send us the official contract **as soon as possible.**
- □ 契約書草案に対する当方の修正について前向きにご検討いただけることを願っております。
  **We would like to ask for your constructive consideration of** our proposed amendments to the draft contract.

---

**∴ Words & Phrases ∴**
- □ without delay　滞りなく　□ outcome　結果　□ confirmation　確認
- □ alteration　変更　□ layout　レイアウト　□ format　体裁
- □ constructive　建設的な

## ⑤ 契約書の送付　　正式な契約書を送付する

**件名**　件名：RE：販売店契約について

池ノ上様

**書き出し**　契約書草案ご了承の2月27日付メールを拝見し，大変うれしく存じます。

**主文**　弊社で署名した販売店の契約書2部を郵送いたします。内容をご確認いただきましたら，ご署名の上，そのうちの1部をご返送ください。

**結び**　今後とも末永いお付き合いが続きますよう願っております。

ルーシー・マクドナルド

## 🔧 3ステップの置き換え例文

### 書き出し　草案返送に対する挨拶を述べる

- □ 契約書草案の内容をご確認いただきありがとうございました。
  **Thank you for confirming** the content of the draft contract.

### 主文　契約書送付の旨を伝え，対応を促す

- □ 本契約書にこれまでに合意に達した修正点がすべて反映されておりますことをご確認ください。
  **Please confirm that all of** the revised points we have agreed on up to now **are reflected in** this contract.
- □ お送りした契約書28ページの所定の欄に御社の署名をお願いいたします。
  **Could you please sign** the contract we have sent you **in** the appropriate space indicated on page 28?
- □ 契約書の確定版ができましたのでお送りしようと思います。どなた宛にすればよろしいでしょうか。
  We have completed drawing up the final version of the contract and we wish to send this to you. **Could you tell us the name of the person to whom we should address it?**
- □ 契約書を2部お送りいたします。受領後すみやかにご署名，ご返送ください。
  We are sending you two copies of the contract. **Upon receipt, please** affix your signature and send both copies back to us **without delay**.

① 提携の申し出 → ④ 契約書草案の返送 → ⑥ 契約書の返送
② 提携の申し出への返信  ③ 契約書草案の送付  ⑤ 契約書の送付

---

Subject: RE: Inquiry relating to distributorship

Dear Mr. Ikenoue:

**We were very pleased to receive your e-mail of** February 27 indicating your agreement to the draft contract.

**We will send you by postal mail** two signed copies of the distribution contract. Upon confirmation that the content of the contract is appropriate, **please** sign both copies and **send** one copy **back to us**.

**It is our hope that we may continue to do business together for many years to come.**

Sincerely yours,
Lucy McDonald

---

□ 別途お送りする契約書について，内容に異存がないかご確認をお願いします。もしも同意できない点がありましたらご連絡ください。
　**We ask you to read** the contract, which we will send separately, **and make sure that you have no objections to** its content. Please contact us should there be any points you do not agree with.

### 結び　あいさつを述べ，次へとつなげる

□ 契約書を受領されましたら，お手数ですがご連絡をお願いいたします。
　**I apologize for the inconvenience, but** upon receiving the contract, **could you please contact us to** confirm receipt**?**

□ 今月末までには貴社との正式な契約が結ばれることと期待しております。
　**It is our hope that we will be able to** conclude an official contract with you **before the end of** this month.

---

#### ∴ Words & Phrases ∴
- □ appropriate　適切な
- □ up to ～　～まで
- □ affix　（署名など）を書き添える
- □ signature　署名，サイン
- □ objection　異議

## ⑥ 契約書の返送　　正式な契約書を返送する

**件名**：RE：販売店契約について

マクドナルド様

**書き出し** お手紙と契約書2通を3月10日に受け取りました。

**主文** 弊社で署名をし，1部を本日返送いたします。お受け取りになり次第署名の確認をお願いいたします。

**結び** 御社の販売店となることができて大変光栄です。今後ともよろしくお付き合いのほどお願い申し上げます。

池ノ上慎吾

## 🔧 3ステップの置き換え例文

### 書き出し　契約書送付に対するあいさつを述べる

☐ 6月3日付のメールでご連絡いただいた通り，本日契約書2通が航空便で届きましたのでご連絡いたします。
**I am contacting you to let you know that** two copies of the contract arrived by airmail today as promised in your e-mail of June 3.

### 主文　契約書返送の旨を伝える

☐ 署名済みの契約書1部をお送りしました。受領されましたらお知らせください。
I have sent you one signed copy of the contract. **Could you notify me when** you receive it**?**

☐ お送りいただいた契約書に誤記を見つけました。該当箇所にメモを添えて，2部とも返送いたします。
**We have found some clerical errors in** the contract you sent us. We will attach notes to the parts in question and send both copies of the contract back to you.

☐ 契約書2部ともにすぐに署名をし，1部を昨日返送いたしました。来週月曜日には御社に届くと思います。
We promptly signed both copies of the contract and sent one copy back to you yesterday. **We expect it to arrive at** your company **on** Monday of next week.

① 提携の申し出 → ④ 契約書草案の返送 → ⑥ 契約書の返送
② 提携の申し出への返信　③ 契約書草案の送付　⑤ 契約書の送付

Subject: RE: Inquiry relating to distributorship

Dear Ms. McDonald:

**We received** your letter and two copies of the contract **on** March 10.

We will sign both copies and send one back to you today. **Upon receiving** the contract, **could you please confirm that** it has indeed been signed**?**

We are very grateful to be allowed to act as a distributor for your company. **We greatly look forward to collaborating together from now on.**

Sincerely yours,
Shingo Ikenoue

---

□ なるべく早く契約書をご返送します。発送した時にまたご連絡します。
　**We will send** the contract **back to you as soon as possible**. **I will contact you again when** we have sent it.

□ 契約書を返送する前に，内容について1点確認させてください。8条2項には発送方法についての最終案がすべて反映されているのでしょうか。
　**Before we return** the contract, **could you please confirm** one point **regarding** the content**?** Is the final proposal regarding shipping methods fully reflected in Article 8-2 ?

### 結び　あいさつを述べ，次へとつなげる

□ これをご縁として末永いお付き合いとなりますよう願っています。
　**We sincerely hope that this will be the start of a long-lasting business relationship.**

□ 双方の発展のため協力し合える関係になりたいと切に希望しております。
　**It is our earnest desire to form a relationship in which** we can collaborate for the sake of our mutual development.

□ 今後は御社のサービスについて尽力していく所存です。
　**We are committed to working hard** in your service.

---

**:• Words & Phrases •:**

□ indeed　確かに　　□ collaborate　協力する　　□ clerical　事務上の
□ reflect 〜 in ...　〜を…に反映する　　□ be committed to *doing*　…することを約束する

# Column 4

## うっかり使いがちな和製英語

　英文ビジネスメールで気をつけたいことの1つに，いわゆる「和製英語」があります。英語だと思っていても，実はそうではないという言葉は意外と多いものです。カタカナ語をそのまま英語に置き換えただけで本来の英語にはない表現を使ってしまい，相手に正しく伝わらないということにならないよう注意しましょう。

　以下はビジネスシーンでよく使う日本語の中のカタカナ語と，それに対応する正しい英語表現の例です。こうして比較してみると，表現にずいぶん差があるものも見られますね。

| 日本語 | 正しい英語表現 |
| --- | --- |
| アフターサービス | customer service, user support, after-sales service |
| アンケート | questionnaire |
| エアコン | air conditioner, heater（暖房装置） |
| クレーム | complaint |
| コストダウン | cost reduction, cost cutting |
| サイン | signature（署名），autograph（有名人のサイン） |
| シャープペンシル | mechanical pencil |
| （コンピュータ用の）ソフト | software |
| ダンボール | cardboard |
| ネームカード | calling card, visiting card |
| ノートパソコン | laptop PC, laptop, notebook PC, notebook |
| ノルマ | one's (work) quota |
| バージョンアップ | update, upgrade |
| パワーハラスメント | (workplace) bullying |
| プリント（配布用印刷物） | handout |
| ボールペン | ballpoint pen |
| ホッチキス | stapler |
| メーカー | manufacturer |
| メールマガジン | e-mail newsletter, e-zine |
| リストアップ（する） | list, make a list |
| リストラ | downsizing |

# 5 依頼・申請

## A 依頼

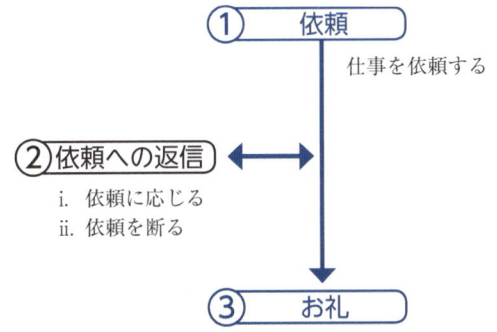

① 依頼
  仕事を依頼する

② 依頼への返信
  i. 依頼に応じる
  ii. 依頼を断る

③ お礼
  依頼への対応にお礼を述べる

## B 申請

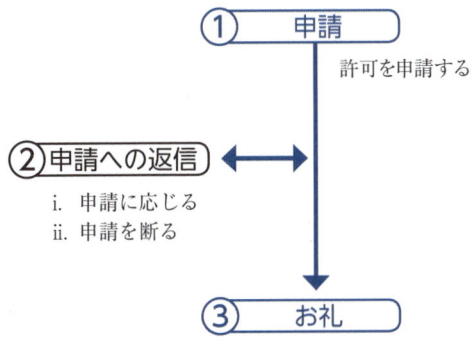

① 申請
  許可を申請する

② 申請への返信
  i. 申請に応じる
  ii. 申請を断る

③ お礼
  申請への対応にお礼を述べる

## 的確に書く技術

✉ 書く前にチェック！

# 資料作成を依頼する

······ p.106

　同僚に仕事を依頼する時のメールの例を見てみましょう。この場合のメールには用件と期限がきちんと示されていることが最も大切ですが，あわせて，依頼をする際に気をつけるべきことを確認しておきましょう。

---

Subject: Creation material

> 資料作成を頼むメールなので，それが端的に伝わるよう，Request for sales data などとしましょう。

Dear Kanako:

Hello Kanako. I am writing you as I have a favor to ask.

> 一文が長すぎると読みにくいので，〜meeting までで一旦文を区切りましょう。「1つの文に1つの情報」が原則です。

I need some information about our corporate sales for the last five years for the next meeting, so ★1 can you make a report and mail it to me until next Wednesday?

> 「〜までに」と期限を表す時は by を用います。until は「〜までずっと」と継続を表します。

> mail は「郵送する」の意味。
> e-mail が正解です。

★2 I'm waiting for your reply.

> make a report で「報告する」という意味にもなるので，誤解を避けるため write または prepare を用いたほうが適切です。

Best Regards,

George

> **場面設定**
> - 送信者：ジョージ（George）
> - 宛　先：ジョージと同じ会社で親しい同僚の加奈子（Kanako）
> - 要　旨：会社の過去5年間の売上資料を作成し，来週水曜までにメールで送るよう依頼する。

## 必ずおさえたいポイント

　仕事の依頼をするメールは，依頼したいことが簡潔にわかりやすく書かれているか，そしていつまでに（期限），どのように（手段），何のために（理由）といった情報が示されているかが重要です。誤解を生まないためにも，曖昧な表現は避けましょう。期限については件名に含めてしまうのも一つの手です。

### ★1 丁寧さの度合いを意識する

　Can you ...? は強制的な印象が強いため，Could you ...? としたほうが相手への配慮が伝わります。ただし，同僚に宛てた仕事の依頼なので，Would it be possible for you to ...? のように婉曲的で丁重な言い方を用いる必要はないでしょう。相手との関係や状況によってふさわしい表現を選ぶようにしましょう。

### ★2 同僚宛てであっても礼儀は忘れずに！

　身近な相手であっても，急な依頼の場合などには，配慮の一言を添えるとコミュニケーションがスムーズになります。最後に I am sorry for such a short notice.（急なお願いで申し訳ありません。），though I know how busy you are（お忙しいとは存じますが）などと書き添えられていると，相手も気持ちよく仕事ができますね。このような定型表現を覚えておくと便利です。

---

**TIPS FOR BETTER BUSINESS E-MAILS**　社内メールのマナー

　社外の相手へのメールか，社内の相手へのメールかによって，文面の書き方には差が出ることもありますね。例えば，社内の特に親しい同僚に宛ててメールを書く時には，"Dear Kanako," "Hello Lucy," のようなカジュアルな書き方をすることもあるでしょう。
　社内メールの場合には特に，定型のあいさつ表現や情報の重複を避け，なるべく簡潔で要点に絞った文面にします。完全に要点に絞ったメールにする場合は，状況から明白な I'm writing you のような言葉も省くことができます。簡潔に，余分を省いたメールは必ずしも失礼にあたるわけではありませんので，送り先や状況によって判断して使い分けましょう。

## A ① 依頼　　仕事を依頼する

**件名**　件名：売上資料作成のお願い

加奈子様

**書き出し**　ちょっとお願いがあってメールをお送りしました。

**主文**　2011年度から2014年度までの，会社全体の売り上げに関する資料を作って来週水曜日までにメールで送っていただけないでしょうか。

**結び**　急なお願いですみませんが，引き受けてもらえると大変助かります。詳しいことはまた後で連絡します。

ではまた。
ジョージ

## 🔧 3ステップの置き換え例文

### 書き出し　依頼したい仕事がある旨を伝える

☐ 今日は会社のウェブサイトに載せる原稿の執筆をお願いできないかと思い，このメールを書いています。
**I am writing this e-mail to you** today **to ask if** you could draft some material to go on our website.

☐ ちょっと急ぎの用件ができてしまったので手伝ってもらえないでしょうか。
Something urgent **has come up, and I'd be happy if you could** help me.

☐ 私はABNデザインズの吉田大介と申します。社長の澄田健二からあなたにアドバイスをいただくように言われました。
**My name is** Daisuke Yoshida **and I work for** ABN Designs. Kenji Sumida, the president of our company, **told me that** you might be able to give me some advice.

### 主文　依頼の内容を述べる

☐ CWモーターズのアダムズさんから電話がくる予定なのですが，私は急用ができてしまいました。代わりに受けておいてもらえますか。
I'm expecting a phone call from Ms. Adams from CW Motors, but I have urgent business to take care of. **Could you take the call in my place?**

☐ 米国における牛肉輸出の現状について御社の社員の方に取材をさせていただけないかと考えております。
**We are wondering if we could interview** someone from your company **regarding** the current situation of beef exports in the United States.

① 依頼 → ③ お礼
② 依頼への返信

---

Subject: Request for sales data

Dear Kanako:

**I am e-mailing you as I have a small favor to ask.**

**Could you put together some material regarding** the company's consolidated sales for 2011-2014 **and e-mail it to me by** Wednesday next week?

**I am sorry to ask this of you out of the blue**, but if you could do this for me, it would be a great help. **I will let you know the details later.**

Talk to you soon,
George

---

- ☐ 先月出張でこちらにいらした際の感想を書いてほしいのです。
  **I would like you to write a report on** your business trip here last month.
- ☐ 現在インフラの強化を検討中なのですが，企業のセキュリティーシステムに詳しい人物をどなたかご存じないでしょうか。
  We are presently considering the enhancement of our infrastructure. **Do you know of anyone who** is familiar with corporate security systems?
- ☐ 特許出願書類30ページの英訳をお願いしたいのですが。今月いっぱいで終わらせていただくことは可能でしょうか。
  **I would like to ask you to** translate a 30-page patent application into English. **Could you** finish it by the end of this month?

### 結び ▶ 回答を促す

- ☐ いつもいろいろお願いしてすみません。早めのお返事をお待ちしています。
  We apologize for always asking so much of you. **We await your early reply.**
- ☐ 依頼の趣旨をご理解いただきますよう願っております。
  **We hope that you understand** the main points of our request.

---

**∴ Words & Phrases ∴**

- ☐ put together （考えなど）をまとめる    ☐ consolidated  統合した
- ☐ out of the blue  不意に    ☐ in *one's* place  〜の代わりに    ☐ enhancement  強化

## A ② 依頼への返信　　ⅰ. 依頼に応じる

**件名**　件名：RE：売上資料作成のお願い

ジョージ様

**書き出し**　9月21日付のメールを拝見しました。

**主文**　ご依頼の件，了解しました。さっそく明日から資料の作成に入ります。遅くても今週末にはそちらにお送りできるのではないかと思います。

**結び**　他に私がお手伝いできるようなことがあれば，気軽に声をかけてください。

加奈子

## 🔧 3ステップの置き換え例文

### 書き出し　依頼に対するあいさつを述べる

- □ メールをありがとう。そちらに出張した際には親切にしていただきとても助かりました。
  Thanks for your e-mail. **I was very grateful for your kindness** during my visit.
- □ 御社主催のセミナーでの講演依頼をいただきましてありがとうございます。
  **Thank you for asking me to** give a lecture at the seminar to be held by your company.

### 主文　依頼に応じる旨を伝える

- □ 了解。私も彼女とは面識があるので大丈夫です。あなたからの伝言も忘れずに伝えておきます。
  Okay. **I am acquainted with** her so it shouldn't be a problem. I will make sure to pass on your message.
- □ 議事録はすでに作ってあります。午後にでも皆さんにお渡ししようと思っていたところでした。
  I have already put together the minutes. **I was going to** pass them out to everyone this afternoon.
- □ 環境問題への取り組みについて，私どもでわかることであれば何なりとお問い合わせください。
  **If there is anything we can help you with** in relation to tackling environmental problems, **please contact us**.

① 依頼 → ③ お礼
② 依頼への返信

---

Subject: RE: Request for sales data

Dear George:

**I received your e-mail dated** September 21.

**Regarding** your request, **no problem**. I will start putting together the material from tomorrow. **I think I will be able to send** it **to** you **by** the end of this week at the latest.

**If there is anything else I can** be of help with, **please feel free to contact me**.


Regards,
Kanako

---

- □ 原稿執筆の件，喜んでお引き受けします。
  **I would be happy to** write some material for you.
- □ 時間が合えばこちらは構いません。今週だと水曜日の夕方か金曜日の午前中に時間がとれそうです。都合のいいほうを教えてください。
  I can make time to fit in your request as long as the time is convenient. Wednesday evening and Friday morning **look good this week**. Please let me know if any of those times are good for you.

### 結び　あいさつを述べ，今後の対応を促す

- □ 作業のスケジュールはどうなりますか。返信をお待ちしています。
  How does the work schedule look? **I'll be waiting for your reply.**
- □ ご依頼の趣旨に添うよう精一杯努めたいと思います。
  **We will do our utmost to** fulfill your request.
- □ ご依頼の件について確認したいと思いますので，もう少し内容を詳しく教えていただけますか。
  We want to confirm some points regarding the request, so **could you please provide us with** some more details**?**

---

**∴ Words & Phrases ∴**
□ be acquainted with 〜　〜と面識がある　　□ make sure to *do*　確実に…する
□ pass on　〜を伝える　　□ minutes　議事録　　□ tackle　〜に取り組む
□ fulfill　（要求）を満たす

## A ② 依頼への返信　　ii. 依頼を断る

**件名** 件名：RE：売上資料作成のお願い

ジョージ様

**書き出し** メールを読みました。

**主文** ご依頼の件ですが，残念ながら今回は引き受けられそうにありません。新しいプロジェクトが始まったばかりで，毎日遅くまで仕事に追われているのです。

**結び** 今回はお役に立てなくてすみません。どなたか他の人に当たっていただけないでしょうか。

ではまた。
加奈子

## 🔧 3ステップの置き換え例文

### 書き出し　依頼に対するあいさつを述べる

- □ 先日の打ち合わせの際にはお世話になりました。
  **Thank you for all your assistance at** the meeting the other day.
- □ 中国語会話教室の講師をお探しとのメールを拝見しました。
  **I have read your e-mail regarding** your search for a teacher who can give Chinese conversation classes.

### 主文　事情を伝え，依頼を断る

- □ 今手がけている企画があと2週間ほどで終わります。その後でよろしければお受けできますが，今はちょっと無理です。
  I will be finished with my current project in about two weeks. **If you wish, I can** carry out your request after that, **but I can't really help you at the present**.
- □ フランス語の仕事には携わっていますが，翻訳は経験がないので自信がありません。
  The work I do involves using French, but **I have no** translation **experience so I am not really confident** doing translation.
- □ 申し訳ありませんが，その方面の事情には詳しくないのです。
  I am very sorry, but **I don't know much about** that field.

① 依頼 → ③ お礼
② 依頼への返信

---

Subject: RE: Request for sales data

Dear George:

**I read your e-mail.**

Regarding your request, **unfortunately I am unable to** help you out on this occasion. We have just started a new project recently, and I am snowed under with work until late every day.

I'm sorry I can't help you this time. **Is there anybody else you can ask?**


Speak to you soon,
Kanako

---

- □ ご依頼について検討させていただきましたが，人手とスケジュールの面で折り合いがつきませんでした。したがいまして，今回のご依頼はお断りさせていただきます。
  We have considered your request, but **we have been unable to come to an arrangement in terms of** manpower and the schedule. Consequently, on this occasion, **I am afraid we must decline** your request.
- □ あいにく，その時期はちょうど出張で東京にはおりません。
  **Unfortunately, I will be out of** Tokyo on a business trip **at that time**.

### 結び　お詫びを述べ，理解を求める

- □ 今回は残念でしたが，これに懲りずに何かありましたらまたご連絡ください。
  It is unfortunate things didn't work out this time, but **regardless of this, please contact us should anything come up in the future**.
- □ 条件によってはお受けすることができるかもしれません。もう少しお話を聞かせていただけますか。
  We might be able to undertake your request depending on the conditions. **Would you mind telling us some more about the job?**

---

**∴ Words & Phrases ∴**

- □ help out　〜を手助けする　　□ be snowed under with 〜　〜で多忙である
- □ confident　自信がある　　□ in terms of 〜　〜の点から　　□ work out　うまくいく

## A ③ お礼　依頼への対応にお礼を述べる

| 件名 | 件名：RE：売上資料作成のお願い |
|---|---|
| | 加奈子様 |
| 書き出し | この間は急なお願いを聞き入れてくれてありがとう。 |
| 主文 | 送ってもらった資料のおかげで，我々のプレゼンはよい評価をもらうことができました。 |
| 結び | 今回は本当に助かりました。また何かあればよろしくお願いします。 |
| | ありがとう。<br>ジョージ |

## 🔧 3ステップの置き換え例文

### 書き出し　依頼の承諾に対するお礼を述べる

- □ この度は私どもの依頼にご協力いただき感謝申し上げます。
  **Please accept our gratitude for your cooperation with** our request.
- □ 近頃の課題に関してSKX社のニールセン氏をご紹介いただきありがとうございました。
  **We very much appreciate you introducing** Mr. Nielson of SKX Company **to us in regard to** our recent problem.
- □ 先日はセミナー会場に必要な備品の手配を引き受けてくれてどうもありがとう。
  **Thank you for taking on the task of** arranging the necessary furnishings for the seminar venue the other day.

### 主文　依頼した用件の結果を述べる

- □ 人手が足りそうなので，コンサートは予定通り行なわれることになりました。
  It looks like we will have enough staff, so the concert **should be able to** go ahead **as planned**.
- □ よい方をご紹介いただき，ありがとうございました。商談はとてもスムーズに運びました。
  Thank you for kindly referring me to a good contact. The discussions **went very smoothly**.
- □ 束の間の京都見物をフォスター夫妻も満喫していました。あなたにくれぐれもよろしくとのことでした。
  Mr. and Mrs. Foster enjoyed the brief sightseeing they did in Kyoto. **They said to pass on their regards to** you.

① 依頼 → ③ お礼
    ↕
② 依頼への返信

---

Subject: RE: Request for sales data

Dear Kanako:

**Thank you for helping me out** at such short notice the other day.

**Thanks to** the material you sent to me, our presentation was well received.

You were really very helpful. **I hope you don't mind if I ask for your help again in the future.**

Thank you,
George

---

- □ 今回のプロジェクトの成功は御社のご協力なしではあり得なかったと思います。
  **We really think** the success of this project **would not have been possible without** your cooperation.
- □ あなたの原稿はとても好評でしたので，この後も海外支店勤務の人たちに順番で寄稿してもらうことにしました。
  Since your draft was so well received, **we decided to** have our associates at the overseas branches submit their contributions in turn.

### 結び ▶ お礼を述べ，次へとつなげる

- □ あなたにお願いしてよかったです。本当にありがとうございました。
  **I am glad that I asked you.** Really, thank you very much.
- □ この度はお手伝いいただきありがとうございました。
  **I greatly appreciate your help on this occasion.**
- □ 御社の親切な対応に感謝申し上げます。これからもお付き合いのほどよろしくお願い申し上げます。
  We are truly grateful for your kind response. **We hope that we may do business with you again in the future.**

---

**∴ Words & Phrases ∴**

- □ at short notice  急に
- □ presentation  プレゼンテーション
- □ venue  開催地
- □ go ahead  行われる
- □ in turn  順番に
- □ do business with ～  ～と取引する

## B ① 申請　　　許可を申請する

| 件名 | 件名：転載許可のお願い |
|---|---|

ロバーツ様

| 書き出し | 私は東京グローバルフーズで社内報を担当しております森口俊也と申します。 |
|---|---|

| 主文 | 8月発行予定の社内報にご著書『飽食の光と影』第3章－1の転載許可をいただけないでしょうか。冊子にはロバーツ様のお名前と著作名を記載し，1部献本いたします。 |
|---|---|

| 結び | ご理解を賜り転載の許可をいただけましたら幸いです。よろしくお願い申し上げます。 |
|---|---|

森口俊也

## 3ステップの置き換え例文

### 書き出し　自己紹介をする

- □ 私は北国社という盛岡の出版社で『携帯電話便利手帳』という書籍の編集に携わっている者です。
  **I am involved in** the editing of a book called "The Convenient Cell Phone Pocket Book" at Kitaguni-sha, a publishing company in Morioka.

### 主文　申請の内容を述べる

- □ 10月24日のセミナー『法人税の仕組みとポイント』への出席を申し込みます。
  **I wish to apply to** attend the seminar "The Mechanisms and Main Points of Corporate Tax" on October 24.
- □ 弊社のウェブサイトに御社のウェブサイトへのリンクを張ることを許可いただきたく存じます。
  **We would like your permission to post a link to** your website **on** our website.
- □ 無料配布する資料にあなたのイラスト集からイラスト2点を使用させていただいてもよろしいでしょうか。
  **Would it be possible for us to use** two illustrations **from** your collection of illustrations, **in** some materials we plan to distribute free of charge**?**
- □ 新製品を『全国玩具フェア』に出展したいのですが，許可をいただけますか。
  **Would it be possible to receive permission to** exhibit the new product at the "National Toy Fair"**?**

① 申請 → ③ お礼
② 申請への返信

---

Subject: Request for Permission to Reprint

Dear Mr. Roberts:

**My name is** Toshiya Moriguchi **and I am in charge of** the in-house newsletter **at** Tokyo Global Foods.

**I would like to ask for your permission to** reprint Chapter 3-1 of your book, "The Light and Dark Sides of Gluttony," in the August edition of our in-house newsletter. We will include your name and the title of the work, and we will also send you a copy.

**We would be extremely grateful to have your understanding and permission to** reprint this part of your work. Thank you in anticipation.

Respectfully yours,
Toshiya Moriguchi

---

- □ プレゼン資料作成作業のための参考用に，書籍12冊を購入する許可をいただければと思います。
  **I would like permission to** purchase 12 books to be used as reference works for the creation of presentation materials.
- □ いただいたお手紙の1節を私のブログの中で引用させていただけないでしょうか。
  **I was wondering if it would be all right to quote** on my blog a passage from a letter written by you.

### 結び　回答や今後の対応を促す

- □ 転載許可を得るために満たすべき条件が何かあればお知らせください。
  **Please inform me of any** conditions that need to be met for permission for reproduction to be granted.
- □ 私のこれまでの著書を何冊かお送りします。参考にしていただければ幸いです。
  I am sending you some volumes of the books I have authored up to now. **I would be happy if you used** them **for reference**.
- □ 依頼の趣旨をご理解いただきご協力いただきますよう願っております。
  **We ask for your understanding and your cooperation concerning** our request.

#### ⁂ Words & Phrases ⁂
- □ in-house　社内の　□ permission　許可　□ apply　〜を申請する
- □ post 〜 on ...　（情報など）を…に掲載する　□ for free　無料で

## B ② 申請への返信　　ⅰ. 申請に応じる

**件名** ▶ 件名：RE：転載許可のお願い

森口様

**書き出し** ▶ 私の著書『飽食の光と影』の文章を転載したいというご連絡をありがとうございました。

**主文** ▶ 一度限りの使用という条件で，メールに示していただいた箇所についての使用を許可いたします。

**結び** ▶ 御社の8月号の社内報を拝見するのを楽しみにしております。

ヘンリー・ロバーツ

## 🔧 3ステップの置き換え例文

### 書き出し ▶ 申請に対するあいさつを述べる

☐ 貸会議室使用の許可申請のメールを受け取りました。
**We received your e-mail regarding application for permission to** use the rental conference room.

### 主文 ▶ 申請に応じる

☐ 営利目的でない場合に限りお使いいただけます。
Use **is permitted for** non-profit purposes **only**.

☐ 喜んで御社ウェブサイトへの画像の使用を許可いたします。
**We are pleased to grant you permission to** use the images for your website.

☐ 学級新聞ということでしたら喜んでイラストの使用を承諾します。
**If it is for** a student newspaper, **we are happy to agree to** the use of the illustrations.

☐ 個人的な使用に限り，画像のコピーを認めることにいたします。
**It has been decided to permit** copying of the images **for personal use only**.

☐ パソコン10台の購入費用の申請が承認されました。
**Your application for** funds to purchase 10 computers **has been approved**.

① 申請 → ② 申請への返信 → ③ お礼

---

Subject: RE: Request for Permission to Reprint

Dear Mr. Moriguchi:

**Thank you for contacting me regarding your wish to** reproduce part of my book, "The Light and Dark Sides of Gluttony."

**On the condition that** it is to be used once only, **I give you permission to** use the part specified in your e-mail.

**I look forward to seeing** the August edition of your in-house newsletter.

Respectfully yours,
Henry Roberts

---

**結び　▶　その他の条件を述べる**

☐ ただし，私の作品が使用されるパンフレットには添付の資料にあるような著作権表示を必ず掲載してください。
　**However, please be sure to include** the copyright notice **in** the brochure in which my works are to be printed, as shown in the attached document.

☐ 御社の著作が発行されましたら1部お送りいただけますか。
　**Could you send us a copy of** your book when it is published**?**

☐ お問い合わせなどはこのアドレスまでお願いいたします。
　**If you have any inquiries, please contact us at** this address.

☐ 御社からも当社ウェブサイトへリンクしていただけますでしょうか。
　**Would you mind posting a link from** your website **to** ours**?**

---

**∵ Words & Phrases ∵**

☐ on the condition that ...　…という条件で　　☐ rental　賃貸の
☐ non-profit　非営利的な　　☐ brochure　パンフレット

## B ② 申請への返信　　ii. 申請を断る

| 件 名 | 件名：RE：転載許可のお願い |
|---|---|
| | 森口様 |
| 書き出し | 社内報に私の著書の一部を転載したいとのメールをありがとうございました。 |
| 主 文 | せっかくのお申し出ですが，今のところいかなる目的においても著作の転載を認めておりません。 |
| 結 び | 何卒ご理解賜りますようよろしくお願い申し上げます。 |
| | ヘンリー・ロバーツ |

## 🔧 3ステップの置き換え例文

### 書き出し　申請に対するあいさつを述べる

□ 私の作品をコピーし販売したいというご依頼に対し回答いたします。
　**I am responding to you regarding** your request to copy and sell my works.

□ 広告への当社所有の写真の使用についてお問い合わせいただきありがとうございます。
　**We very much appreciate your inquiry regarding** the use in an advertisement of photographs owned by our company.

### 主 文　申請を断る

□ その本の著作権はスターブック出版社にありますので，直接そちらにお問い合わせください。
　As the copyright for that book is owned by Star Book Publications, **please inquire of** them **directly**.

□ ご要望の記事に関する権利は弊社に属してはおりません。
　**The rights to** the article you are inquiring about **do not belong to** our company.

□ 商業目的での当社所有イラストのご使用はすべてお断りしています。
　**We do not permit any use of** illustrations owned by our company for commercial purposes.

□ 催しの計画書の内容が不十分なようですので，会場の貸し出しを許可することはできません。
　**We are unable to grant permission for** the venue to be rented for the event in question, **as** planning for the event **appears to be incomplete**.

① 申請 → ③ お礼
② 申請への返信

---

Subject: RE: Request for Permission to Reprint

Dear Mr. Moriguchi:

**Thank you for your e-mail expressing your desire to** use a part of my book for your in-house newsletter.

**It is a kind proposition; however,** I am afraid that at this point in time **I cannot permit** reproduction of the book for any purpose whatsoever.

**I would like to ask for your understanding regarding this matter.**

Respectfully yours,
Henry Roberts

---

- □ 購入申請のあった品物について，本当に必要なものかどうか再検討することを求めます。
  **In relation to** the items listed in the purchase application, **we ask that you reconsider whether** these items are really necessary.
- □ 弊社は御社の企画に関係する特許の使用を許可する立場にありません。
  **We are not in a position to** grant permission for the use of patents in your project.
- □ ご要望をクライアントに伝えたのですが，残念ながらポスターの使用について合意を得ることができませんでした。
  We conveyed your request to our client, but unfortunately **we were not able to obtain his agreement for** your use of the poster.

### 結び ▶ 理解を求める

- □ 他の形でお手伝いできるならぜひ協力させてください。
  **If we are able to assist in other way, we would be happy to cooperate.**

---

**∴ Words & Phrases ∴**
- □ whatsoever 少しの〜も
- □ advertisement 広告
- □ own 〜を所有する
- □ application 申請
- □ patent 特許
- □ convey 〜 to ... 〜を…に伝える

## B ③ お礼　　申請への対応にお礼を述べる

**件名**：RE：転載許可のお願い

ロバーツ様

**書き出し**　この度はご著書『飽食の光と影』の弊社社内報への転載許可をいただき誠にありがとうございました。

**主文**　ロバーツ様の鋭い考察からなる文章について，8月号を読んだ社員から次々に反応が寄せられています。

**結び**　今回のご親切，ご協力に改めて深く感謝申し上げます。

森口俊也

## 🔧 3ステップの置き換え例文

### 書き出し　申請の承諾に対するお礼を述べる

☐ 4月22日の講演会出席の申請をご了承いただきありがとうございました。
**I wish to express my appreciation for your approval of my application to** attend the lecture on April 22.

☐ イラストの複製を許可するとのメールをいただき，本当にどうもありがとうございます。
**Thank you very much indeed for your e-mail in which you grant us permission to** reproduce your illustrations.

### 主文　申請した用件の結果を述べる

☐ 御社のウェブサイトと相互にリンクを張らせていただき，おかげ様で弊社ウェブサイトへのアクセス数は増加しています。
Thanks to the mutual link between your website and our own, our website **is gaining more hits**.

☐ 出展後，商品の売れ行きは上々で，展示会への参加はとても効果が大きかったと思っています。
Sales of the merchandise grew after it was displayed at the exhibition. **We think** participation in the exhibition **produced very significant results**.

☐ イラストを使わせていただいたチャリティーTシャツは大変好評で，目標額を上回る募金を集めることができました。
The T-shirts on which we used your illustrations were very well received, and as a result **we were able to collect more money than** the target amount.

① 申請 → ③ お礼
② 申請への返信

---

Subject: RE: Request for Permission to Reprint

Dear Mr. Roberts:

**I would like to express my sincere gratitude to you for permitting us to** reproduce part of your book, "The Light and Dark Sides of Gluttony," in our in-house newsletter.

**We are receiving more and more feedback from** our employees who read the August issue, regarding the text containing your keen observations.

**Please accept once again our deep appreciation for** your kind cooperation on this occasion.

Respectfully yours,
Toshiya Moriguchi

---

- □ ご著書の一部を論文に引用させていただいたことで，満足のいく仕上がりとなりました。
  Thanks to your allowing me to use a part of your book in my essay, **I am very satisfied with** the finished piece.
- □ コピーさせていただいたデータは，社内教育の貴重な教材として使わせていただいております。
  The data you allowed us to copy **has been used as** valuable teaching material in our in-house education program.

### 結び　あいさつを述べ，次へとつなげる

- □ すぐに承諾していただき大変助かりました。
  **Your prompt consent was a great help.**
- □ ここぞというときに我々の提案を承諾していただき大変感謝しております。
  **We are extremely grateful to you for consenting to** our proposition at this crucial time.
- □ 今後ともご協力をよろしくお願いします。
  **We hope we will continue to receive your kind cooperation in the future.**

#### ✦ Words & Phrases ✦
□ issue　〜号　　□ keen　鋭い　　□ observations　観察　　□ reproduce　〜を複製する
□ target　達成目標　　□ consent　承諾　　□ crucial　決定的な

# Column 5

## 省略語

メールでは，長い文章を入力する手間を短縮するなどのために，以下のような**省略語**が用いられることがあります。相手からのメールに使用されている場合もあると思いますので，以下のような代表的なものについては，どのような意味なのかを知っておくと便利です。

ただし，**正式なビジネスメールの場合には，使用を避けたほうが無難です**。また，普段からよく連絡を取り合う相手に宛てたメールであっても，むやみに使うとあまりよい印象を与えないので注意しましょう。

| | |
|---|---|
| **ASAP** | as soon as possible（できるだけ早く） |
| **BFN** | bye for now（じゃあまた） |
| **BTW** | by the way（ところで） |
| **FYI** | for your information（ご参考までに） |
| **IMHO** | in my humble opinion（愚見では） |
| **IMO** | in my opinion（私の考えでは） |
| **N/A** | not applicable/available（該当なし / 利用不可） |
| **NRN** | no reply necessary（返信不要） |
| **OTOH** | on the other hand（他方では） |
| **REQ** | request（依頼） |
| **Re** | regarding（～の件） |
| **RSVP** | Répondez s'il vous plaît〔フランス語〕（お返事ください） |
| **TAFN** | That's all for now（今のところ以上です） |
| **TTYL** | Talk to you later.（また後で） |
| **w/** | with（～と） |
| **w/o** | without（～なしで） |

# 6 会議・イベント

## A 会議

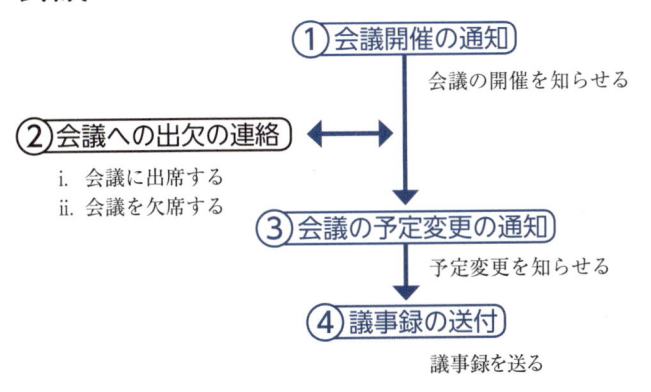

① 会議開催の通知
　会議の開催を知らせる

② 会議への出欠の連絡 ↔
　　i. 会議に出席する
　　ii. 会議を欠席する

③ 会議の予定変更の通知
　予定変更を知らせる

④ 議事録の送付
　議事録を送る

## B イベント

① イベント開催の通知
　イベントに招待する

② イベントへの出欠の連絡 ↔
　　i. イベントに出席する
　　ii. イベントを欠席する

③ お礼
　イベント出席のお礼を述べる

## 的確に書く技術

✉ 書く前にチェック！

# 会議の開催を知らせる

······▶ p.126

　会議の開催日時や場所などの連絡事項を伝えるメールを見てみましょう。日時の表記方法や，簡潔な文面を保ちつつ必要事項を漏れなく正確に伝えるためのポイントを確認しておきましょう。

---

Subject: <u>Meeting Invitation</u>

> 会議の開催連絡なので，「招待」の意味となる invitation は不適切。Notification of meeting などにしましょう。

To the staff in the Project Planning and Development Dept.:

> 決定した日時を伝える時は will が適切です。日時の相談をする場合にはこれでよいでしょう。

> 10:00 a.m. / 12:30 p.m. のように，a.m./p.m. は数字の後に書きます。

<u>We would like to have</u> a meeting ★1 from <u>AM 10:00 to PM 12:30</u> on <u>December 11 (Tue.)</u>.　Please come to the conference room A.

> 英語では（火）のような曜日のカッコ書きは一般的ではありません。Tuesday, December 11 と記しましょう。

★2 We will discuss "planning strategy for the future" and "new project proposal."

> reply は読み手，confirm は書き手の動作です。文の主語が混ざってしまうので，ここは reply about ～ としましょう。

Please <u>reply to confirm</u> your participation by <u>the evening of the day before the meeting</u>.

> 具体的な時刻，曜日，日付などを書くと，さらに明確になります。

Sincerely,

Izumi

> **場面設定**
> ■ 送信者：会議日程調整担当のいずみ（Izumi）
> ■ 宛　先：企画開発部メンバー（the staff in the Project Planning and Development Dept.）全員
> ■ 要　旨：会議の日時と場所，議題2件の告知。会議前日の夕方までに出欠の返信をするよう伝える。

## 必ずおさえたいポイント

会議やプレゼンの開催連絡をする際には，必要事項を正確に示すことが重要です。事前に準備しておいてもらいたいことなどがある場合には，それも明確に伝えましょう。

### ★1 日時の表し方に注意

意外と迷うことの多いポイントです。「〇月△日□曜日×時」のように示したい時は，英語では**「時間→曜日→日付」の順番で書くのが一般的**です。日付を 12/11 のように数字で書くと，12月11日か11月12日か誤解を招く恐れがあるため，月名は数字ではなく英語で書きましょう。また時刻を表す際は，**数字の後に午前は a.m. を，午後は p.m.**（表記は am/pm/AM/PM/A.M./P.M. でも可）を続けます。なお，**12:00 p.m. は正午，12:00 a.m. は夜中の12時**を表します。勘違いしている人が多いので要注意です。noon / midnight と書けばわかりやすいですね。

### ★2 要点が伝わりやすいよう工夫を

議題を伝える際，複数の項目を一文の中に含めて伝えようとすると，文が複雑になったり長くなったりして読みにくくなりがちです。このような場合は**箇条書きで記すと誤解なく伝わります**。例えば今回はこのように書くこともできます。

　　The agenda for the meeting is as follows:
　　・Planning strategy for the future
　　・New project proposal

---

**TIPS FOR BETTER BUSINESS E-MAILS**　　単調な英文にならないよう工夫しよう

　このメールは〈We ＋ 動詞 ＋ 目的語〜〉の形の文と命令文という2種類の文のみを用いて書かれています。文の形に間違いはなくても，**全体を通して同じ形の文ばかりを多用するとメリハリがなく単調に見えてしまいます**。日本人学習者が書く英文によく見られる傾向ですので，より印象をよくするために，次のような工夫を加えたいところです。

◇ <u>We</u> will hold the meeting on 〜.
　→ The meeting will be held on 〜.《the meeting を主語に》
◇ <u>I</u> would like you to send it back by 〜.
　→ Could you send it back by 〜?《依頼の定型表現を用いる》
◇ <u>We</u> received the parcel today. <u>We</u> checked it and <u>we</u> found that ....
　→ Thank you for sending us the parcel, which arrived at our office this morning. Upon opening it, we discovered 〜.《多様な文の形を組み合わせる》

## A ① 会議開催の通知　会議の開催を知らせる

**件 名**　件名：会議開催のお知らせ

企画開発部の皆様

**書き出し**　12月11日の午前10時より午後12時半までA会議室で会議を行います。

**主 文**　主な議題は「今後の企画戦略について」と「新規企画の提案」です。
企画の提案についてはウィリアムによる発表を予定しています。

**結 び**　出欠を確認したいと思いますので前日の夕方までにお知らせください。

よろしくお願いします。
いずみ

## 🔧 3ステップの置き換え例文

### 書き出し　会議の開催予定を伝える

☐ 次回の販売拡大会議が8月2日午後1時から大会議室にて開催されますことをお知らせいたします。
**Please be informed that** the next meeting to expand sales will be held in the main conference room from 1:00 p.m. on August 2.

☐ 4月8日に開催予定の両社合同プロジェクト会議についてご案内いたします。
**This is to notify you of** the inter-company joint project meeting scheduled to be held on April 8.

☐ 来週木曜日の全体会議は社長以下全員が参加して行います。午後2時50分までに大会議室にお集まりください。
The general meeting next Thursday **will be attended by** the president and everyone else in the company. **Please come to** the main conference room **by** 2:50 p.m.

### 主 文　会議の内容を述べる

☐ 今日の会議の議題は添付の資料の通りです。
The topics to be discussed at today's meeting **are listed in the attached document**.

☐ 会議では主に就業規則の改正点について話し合われる予定です。
At the meeting, **we plan** mainly **to discuss** the amendments to working regulations.

① 会議開催の通知 → ③ 会議の予定変更の通知 → ④ 議事録の送付
② 会議への出欠の連絡

---

Subject: Notification of meeting

To the staff of the Project Planning and Development Dept.:

**We will hold a meeting in** Meeting Room A **from** 10:00 a.m. **to** 12:30 p.m. **on** December 11.

**The meeting agenda includes** "Planning strategies for the future" and "New project proposal." William will be giving a presentation on the project proposal.

**Please let me know by** the evening of the day before the meeting **whether or not you will be able to attend**.

Thank you,
Izumi

---

- □ この合同戦略会議は，当プロジェクトの展望について3社の認識を確認し合うためのものです。
  **The purpose of** this joint strategy meeting **is to** confirm the understanding of the three companies concerning the outlook for the project.
- □ 議題以外にも意見や提案があればどんどん発言してください。
  **If you have** any opinions or proposals in addition to the subjects under discussion, **please feel free to speak up**.
- □ すべての議題が話し合われた後に，次回会議の議題を検討する予定です。
  After discussing all the items on the agenda, **we will talk about** what we should discuss at the next meeting.

### 結び　今後の対応を促す

- □ 会議の前日までに月間報告書を部長に提出してください。
  **You are expected to submit** the monthly report **to** the department manager **by** the day before the meeting.
- □ なるべく全員が会議に出席できるよう，各部署でご配慮いただければ幸いです。
  **We would appreciate it if** all departments **could make the necessary arrangements** for everyone to be able to attend the meeting.

---

**∴ Words & Phrases ∴**

□ hold　〜を開催する　　□ agenda　議題　　□ regulation　規則
□ outlook　見通し　　□ speak up　率直に意見を述べる　　□ submit　〜を提出する

## A ② 会議への出欠の連絡　　ⅰ. 会議に出席する

| 件名 | 件名：RE：会議開催のお知らせ |
|---|---|

いずみ様

| 書き出し | 次回会議の連絡をありがとう。 |
|---|---|

| 主文 | お知らせいただいた日時で今のところ OK です。ウィリアムはいつもよいアイディアを思いつくので，彼がどんな提案をするのか今から楽しみです。 |
|---|---|

| 結び | 議題について変更してほしいところがあれば後で連絡しますね。 |
|---|---|

では。
メアリー

## 🔧 3ステップの置き換え例文

### 書き出し　開催通知に対するお礼を述べる

☐ 今月末の予算会議の件，すべて了解しました。
**I understand all the points regarding** the budget meeting at the end of this month.

☐ あさっての打ち合わせについて念押しをしてもらって助かりました。最近とても忙しくて忘れてしまっていました。
**Thank you very much for reminding me of** the meeting the day after tomorrow. I have been so busy recently that I had almost forgotten about it.

### 主文　会議出席の意向を伝える

☐ ここのところ忙しくてミーティングに出席できない状況が続きましたが，今度は出席できそうです。
I couldn't attend the last couple of meetings because I was too busy, but **I think I will be able to** attend this time.

☐ 来期売り上げを予測する大事な会議なので，何とか都合をつけて出席します。
This is a very important meeting for forecasting sales for the next term, so **I will try my best to** attend.

☐ 経理課からは全員会議に出席できると思います。
**I think everyone from** the Accounting Department **will be able to attend the meeting**.

① 会議開催の通知 → ③ 会議の予定変更の通知 → ④ 議事録の送付
② 会議への出欠の連絡

---

Subject: RE: Notification of meeting

Izumi:

**Thank you for your message about** the next meeting.

**At the moment** the date and time you mentioned **are fine with me**. I am looking forward to what William is going to suggest as he always comes up with very good ideas.

**I will let you know if there is anything** I'd like to be changed as regards the agenda.

All the best,
Mary

---

☐ 会議の前に予定が入っているので途中からにはなりますが、出席したいと思っています。
**I already have an appointment before** the meeting, so I may not be there when the meeting starts, but I will join you later.

### 結び ▶ 今後の対応を述べる

☐ その日から出張が入る可能性があります。その場合は改めて届け出ます。
**I might have to** go on a business trip on that same day. If that is the case, I will contact you again.

☐ 会議の前日にはそちらに伺う予定でおります。その時にまたお電話いたします。
I will be at your office on the day before the meeting. **I will give you a call then.**

☐ 事前に準備するものがあればお知らせください。
**Please let us know if** we need to prepare anything.

☐ 次のミーティングで話し合う問題を資料にまとめておいていただけるとうれしいです。
**It would be great if you could prepare the materials on** the issues to be discussed at the next meeting.

---

#### ∵ Words & Phrases ∵
☐ mention 〜に言及する   ☐ come up with 〜 〜を思いつく
☐ as regards 〜に関して   ☐ budget 予算
☐ remind 〜 of ... （人）に…について念を押す   ☐ forecast 〜を予測する
☐ prepare 〜を用意する

## A ② 会議への出欠の連絡　ⅱ. 会議を欠席する

| 件名 | 件名：RE：会議開催のお知らせ |

いずみ様

| 書き出し | メールをありがとう。 |

| 主文 | その日は締め切り日と重なっているので，会議には出席できそうにありません。 |

| 結び | 後で議事録を送ってもらえますか。 |

どうぞよろしく。
ニック

## 🔧 3ステップの置き換え例文

### 書き出し ▶ 開催通知に対するお礼を述べる

- □ 会議の日時についてご連絡をいただきありがとうございます。
  **Thank you for contacting me about** the time and date of the meeting.

### 主文 ▶ 会議欠席の旨を伝える

- □ 営業3課からは吉田雄介さんと私が出られません。
  Yusuke Yoshida and I **won't be available from** Sales Section 3.
- □ その週はロンドンに行っています。ですので，会議を欠席せざるを得ません。
  I will be in London that week, and so **I will have to be absent from** the meeting.
- □ 急に予定が入ってしまいました。ミーティングへの出席をキャンセルさせてください。
  **Something urgent has come up. I'm afraid that I have to cancel** my attendance at the meeting.
- □ 申し訳ありませんが，10月31日の打ち合わせを欠席します。
  **I'm sorry, but I won't be attending** the meeting on October 31.
- □ そちらに到着するのが遅くなり，会議には間に合いそうにありません。
  I will arrive there late, and **it looks like I won't make it in time for** the meeting.
- □ その時間には約束があり，外出する予定です。
  **I have an appointment and will be out of the office** at that time.

① 会議開催の通知 → ③ 会議の予定変更の通知 → ④ 議事録の送付
② 会議への出欠の連絡

---

Subject: RE: Notification of meeting

Izumi:

**Thank you for your e-mail.**

I am sorry, but I have a deadline to meet on that day, and **I won't be able to** attend the meeting.

**Could you send me** the minutes **later**?

Thank you,
Nick

---

## 結び ▶ 今後の対応を述べる

☐ もう少し早くそちらに着けるかどうかさらに検討してみます。
  **I will find out if it's possible for me to** arrive there a bit earlier.
☐ 会議のことで変更などがあれば，加藤課長に連絡しておいてください。
  **If there are** any changes relating to the meeting, **please contact** Section Chief Kato.
☐ その日の午後でしたら出席できると思うのですが。
  **I should be available in** the afternoon on that day.

---

### ∴ Words & Phrases ∴

☐ attend 〜に出席する   ☐ minutes 議事録   ☐ be absent from 〜 〜を欠席する
☐ urgent 緊急の   ☐ come up （機会などが）生じる   ☐ late （予定より）遅く
☐ in time for 〜 〜に間に合って   ☐ appointment 約束

## A ③ 会議の予定変更の通知　予定変更を知らせる

| 件名 | 件名：会議の時間変更のお知らせ |

皆様

| 書き出し | 12月11日の会議の時間が変更になりました。 |

| 主文 | 午前10時から午後12時半までの予定でしたが，午後1時から3時半までとなりました。 |

| 結び | 改めて出欠についてご連絡ください。 |

よろしくお願いします。
いずみ

## 🔧 3ステップの置き換え例文

### 書き出し　会議の予定が変わる旨を伝える

- □ 先日お知らせしたミーティングに変更があります。
  **There has been a change regarding** the meeting about which I notified you the other day.
- □ 9月15日に弊社で行われる予定だった販売戦略会議がキャンセルとなりましたので取り急ぎお知らせいたします。
  **This is a quick note to tell you that** the sales strategy meeting that was to be held at our company on September 15 **has been canceled**.

### 主文　変更の内容を述べる

- □ 経営会議はミーティングルームAではなく，ミーティングルームCで行います。
  The management meeting **will be held in** meeting room C**, not** meeting room A.
- □ 部長が急に出張されることになったため，明日のミーティングは来週に変更となりました。
  Since the manager has to go on an urgent business trip, tomorrow's meeting **has been rescheduled to** next week.
- □ ブルースカイコンサルティングの橋本氏にお越しいただけなくなったため，今回の会議は中止とします。
  **Now that** Mr. Hashimoto of Blue Sky Consulting **will be unavailable, the meeting has been canceled**.

① 会議開催の通知 → ③ 会議の予定変更の通知 → ④ 議事録の送付
② 会議への出欠の連絡

---

Subject: Change in meeting time

To all staff:

**The time of** the meeting on December 11 **has been changed**.

**We have rescheduled** the meeting **for** 1:00 p.m. - 3:30 p.m. **instead of** 10:00 a.m. - 12:30 p.m.

**Please let me know once again as to** whether or not you will be able to attend.

Thank you,
Izumi

---

- □ 当日出席できない方の数が多いので、ミーティングは別の日に変更されることになりました。
  The number of people who cannot attend is fairly large, and therefore the meeting **will be rescheduled for** another day.
- □ 議題の一部が変更になりました。詳しくは添付の資料をご覧ください。
  **Part of** the agenda **has been altered**. **Please see** the attached materials **for details**.

### 結び ▶ 今後の対応を述べる

- □ 変更後の日時については決まり次第連絡いたします。
  **I will contact you as soon as** the new date and time **have been decided**.
- □ この変更に従い、各自作業の調整をお願いします。
  **We ask everybody to make the necessary work arrangements to** accommodate these changes.
- □ 日にちと場所については変更ありません。
  **There are no alterations to** the date or location.

#### ∵ Words & Phrases ∵
- □ reschedule ~ for ...　～の予定を…に変更する
- □ note　通達
- □ since　～ので
- □ now that ～　今や～だから
- □ unavailable　会うことができない
- □ cancel　～を中止する
- □ alter　～を変える

問い合わせ→見積もり
注文→受領
支払い
契約
依頼・申請
会議・イベント

## A ④ 議事録の送付　　議事録を送る

**件 名**　件名：議事録のご送付

皆様

**書き出し**　先日の会議は活発な意見交換ができてとても有意義だったと思います。

**主 文**　その時の議事録を作りましたので添付してお送りします。

**結 び**　修正や追加すべき点がありましたら明日正午までにお知らせください。

よろしくお願いします。
いずみ

## 3ステップの置き換え例文

### 書き出し　会議についてのあいさつを述べる

☐ 先週は支店長会議にご出席いただきありがとうございました。
  **Thank you very much for attending** the branch managers' meeting last week.
☐ 金曜日は，会議の席で皆様にお目にかかれて大変うれしかったです。
  **I was very glad to see** everybody **at** the recent meeting on Friday.
☐ 先日のプロジェクト会議は皆様のおかげで大成功のうちに終わりました。
  **Thanks to** all of you, the project meeting held the other day **was a huge success**.

### 主 文　議事録送付の旨を伝える

☐ 添付の通り議事録をお送りいたします。遅くなりましたことをお詫びいたします。
  **I am sending you** the minutes of the meeting **as an attachment**. I apologize for the delay.
☐ 皆さんからのご指摘を反映させた議事録の修正版を添付します。
  **I am attaching** the minutes of the meeting, revised to reflect everyone's suggestions.
☐ 昨日の販売会議の要約です。
  **Here is the summary of** yesterday's sales meeting.

① 会議開催の通知 → ③ 会議の予定変更の通知 → ④ 議事録の送付
② 会議への出欠の連絡

---

Subject: Meeting minutes

Hi everyone:

We had an active exchange of opinions at the meeting the other day and **I believe it was beneficial** for us all.

**I** have put together the meeting minutes and **have attached** them **to this e-mail**.

**If there are** any points to be revised or added, **please let me know by** noon tomorrow.

Thank you,
Izumi

---

□ ミーティングで話し合われた事柄をまとめましたので，次のリンク先をご覧ください。
**Please see the link below for a summary of** the items discussed at the meeting.

### 結び ▶ 今後の対応を促す

□ お気づきの点がありましたら，ご指摘くださいますようお願いいたします。
**If there is** anything you'd like to comment on, **please do so**.

□ 先日お送りした議事録をこの修正版と差し替えてください。
**Please replace** the meeting minutes I recently sent you **with** this revised edition.

□ 両社で話し合われた合意点についてお目通しいただき，ご確認いただければ幸いです。
**We would be grateful if you would look over** the points agreed upon between us **and provide confirmation** that they are as we agreed.

---

#### ∴ Words & Phrases ∴
□ active 活発な  □ exchange 交換，やり取り  □ opinion 意見
□ attachment 添付ファイル  □ summary 要約
□ replace ~ with ... ~を…と取り換える  □ edition 版

## B ① イベント開催の通知　イベントに招待する

| 件名 | 件名：「国際ゲームショー in TOKYO」開催のお知らせ |
|---|---|
| | アダムズ様 |
| 書き出し | 「国際ゲームショー in TOKYO」が11月20日から24日まで品川国際展示場で開催されます。 |
| 主文 | 世界最大規模を誇るデジタルエンターテイメントコンテンツの数々をご覧いただけるこの催しは，皆様の商談のための最適な場となるかと存じます。 |
| 結び | このイベントにご招待申し上げます。当日のご来場を心よりお待ち申し上げます。 |
| | 浜田孝介 |

## 3ステップの置き換え例文

### 書き出し　イベントの開催予定を伝える

- □ 弊社主催による次回講演会は「地上波デジタル時代の到来」というテーマで3月27日に行われます。
  Our company **will be holding** the next lecture on the theme of "The Arrival of the Terrestrial Digital Age" **on** March 27.
- □ 本大会で講演をされるハリスさんを囲んで懇親会を行いたいと思います。
  **We would like to hold** a reception **with** Mr. Harris, who will present a lecture at this convention.
- □ 5月20日に弊社創立30周年の記念式典が行われます。
  A commemorative ceremony for the 30th anniversary of the founding of our company **will be held on** May 20.

### 主文　イベントの内容を述べる

- □ 当セミナーシリーズは働く女性の方々から常に高く支持されてまいりました。
  This seminar series **has been very popular among** working women.
- □ 期間中はゲストによる講演会や体験コーナーなどさまざまな催しを予定しております。
  Various events **are scheduled to take place during the period**, including lectures by guest speakers, hands-on exhibits etc.

① イベント開催の通知　→　③ お礼
② イベントへの出欠の連絡

---

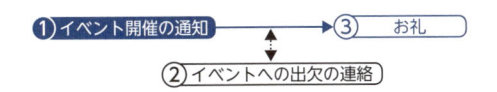

Subject:　Notification of the "International Game Show in TOKYO"

Dear Ms. Adams:

The "International Game Show in TOKYO" **will be held from** November 20 **to** 24 **at** the Shinagawa International Exhibition Center.

**We believe that** this event, which boasts the largest array of digital entertainment content in the world, **can be a perfect venue for** business negotiations.

**We would like to invite you to** this event, **and we dearly hope to see you on the day**.

Sincerely yours,
Kosuke Hamada

---

- □ 当記念パーティーは各界からの著名人もお招きして盛大に開催する予定です。
  This commemorative party **will be held in grand style, with** celebrities invited from all corners of society.
- □ 当日は，CSQAの棚田博氏が講演を行います。
  On the day of the event, Mr. Hiroshi Tanada of CSQA **will give a lecture**.
- □ この即売会による売り上げの一部は全国福祉協会へ寄贈されます。
  **Part of** the proceeds generated by this sales event **will be donated to** the National Welfare Society.

### 結び　あいさつを述べ，次へとつなげる

- □ ご招待券をお持ちの方ならどなたでもご入場いただけます。
  **All** ticket holders **are welcome to attend**.
- □ 6月10日までに出欠をお知らせいただければ幸いです。
  **I would be grateful if you could let me know by** June 10 **whether you plan to attend**.
- □ ぜひあなた様にもご出席いただきたく謹んでご招待申し上げます。
  **We humbly request the pleasure of** your presence at the event.

#### ∴ Words & Phrases ∴
- □ commemorative　記念の
- □ take place　開催される
- □ hands-on　直接参加の
- □ the proceeds　売上高，利益

## B ② イベントへの出欠の連絡　ⅰ. イベントに出席する

**件名** ▶ 件名：RE：「国際ゲームショー in TOKYO」開催のお知らせ

浜田様

**書き出し** ▶ 「国際ゲームショー in TOKYO」にご招待いただきありがとうございます。

**主文** ▶ 喜んでご招待をお受けいたします。

**結び** ▶ 将来のお付き合いにつながるようなよい出会いがあるよう期待しております。

ジュリア・アダムズ

## 🔧 3ステップの置き換え例文

### 書き出し ▶ イベント開催通知に対するお礼を述べる

- □ 山中氏を囲んでのレセプションにお招きいただき恐縮です。
  **I must thank you for your invitation to** the reception to be held for Mr. Yamanaka.
- □ チャリティーコンサートの開会式へお誘いいただき光栄に存じます。
  **I am honored to receive your invitation to** the charity concert opening ceremony.

### 主文 ▶ イベント出席の旨を伝える

- □ 当日は弊社より3名が参加させていただく予定です。
  **Three people from** our company **will attend** on the day.
- □ 予定を調整してぜひ出席したいと考えています。
  **We would certainly like to attend** and we will rearrange our schedule to enable us to do so.
- □ 以前からコリンズさんの講演を聞いてみたいと思っていました。喜んで参加します。
  I have long wanted to hear a lecture by Ms. Collins. **I would be glad to** attend.
- □ こうした業界人の集まりに出席するのは初めてなので、今からとても楽しみです。
  **As it will be the first time for me to** attend such a gathering of industry members, **I am looking forward to it very much**.

① イベント開催の通知 ━━━ ③ お礼
        ↕
② イベントへの出欠の連絡

---

Subject: RE: Notification of the "International Game Show in TOKYO"

Dear Mr. Hamada:

**Thank you very much for your kind invitation to** the "International Game Show in TOKYO."

**We are very pleased to accept the invitation.**

**We expect it will be a good opportunity to** develop future business relationships.

Sincerely yours,
Julia Adams

---

### 結び ▶ 今後の対応を述べる

- □ パーティーへの出席を心待ちにしております。
  **I am delighted that I will be attending** the party.
- □ 各方面でご活躍の方々のお話を伺い，充実した時を過ごせたらと思っています。
  **I think it will be an enriching experience** to listen to the words of people from various fields.
- □ 講演会は必ず成功するものと確信しております。
  **I am certain that** the lecture **will be a success**.
- □ 当日会場でお目にかかりましょう。
  **I look forward to seeing you at** the venue **on the day**.

---

**∴ Words & Phrases ∴**

- □ invitation to ～  ～への招待
- □ be honored  光栄に思う
- □ charity  慈善
- □ opening  開始の
- □ gathering  集まり
- □ look forward to ～  ～を楽しみに待つ
- □ various  さまざまな
- □ success  成功

## B ② イベントへの出欠の連絡　ⅱ. イベントを欠席する

---

**件名** ▶ 件名：RE：「国際ゲームショー in TOKYO」開催のお知らせ

浜田様

**書き出し** ▶ この度は「国際ゲームショー in TOKYO」の開催おめでとうございます。

**主文** ▶ せっかくのご招待ですが，スケジュールの都合がつかずお受けすることができません。

**結び** ▶ イベントのご盛況を心からお祈り申し上げます。

ジュリア・アダムズ

---

## 🔧 3ステップの置き換え例文

### 書き出し ▶ イベント開催通知に対するあいさつを述べる

- ☐ イベント終了後の打ち上げにお招きいただき感謝いたします。
  **We are grateful for the invitation to** the post-event party.
- ☐ この度の講演会の開催を心からお喜び申し上げます。
  **Please accept our heartfelt congratulations on** the holding of the lecture.

### 主文 ▶ イベント欠席の旨を伝える

- ☐ ワークショップへの参加を楽しみにしていたのですが，あいにく会議に出なければならず伺えなくなりました。
  I was looking forward to participating in the workshop, but **unfortunately I have to** attend a meeting **and I am no longer able to** join the workshop.
- ☐ 来月の15日は先約が入っていて，フェアに伺うことができません。
  **I have a previous engagement on** the 15th of next month**, and therefore I will not be able to** attend the fair.
- ☐ ちょうど期間中は出張と重なるため，残念ですが懇親会へのお誘いを辞退します。
  **Unfortunately, I have to decline the invitation to** the gathering as I will be away on a business trip at that time.
- ☐ 大変残念なのですが，せっかくのご招待をお受けすることができません。
  **Unfortunately, I am unable to** accept your kind invitation.

① イベント開催の通知 → ③ お礼
② イベントへの出欠の連絡

---

Subject: RE: Notification of the "International Game Show in TOKYO"

Dear Mr. Hamada:

**Congratulations on your organization of** the "International Game Show in TOKYO."

Thank you for your kind invitation to the event; however, **we are unable to** accept **owing to a schedule conflict**.

**You have our sincerest wishes for** the successful conclusion of the event.

Sincerely yours,
Julia Adams

---

□ 出席させていただきたいのですが，あいにく仕事が忙しいため伺えないのです。
I would very much like to attend; however, **unfortunately the pressure of work prevents me**.

### 結び　今後の対応を述べる

□ 次回のセミナーにはぜひ出席させていただきたいと思っております。
**I would definitely like to** attend the next seminar.
□ 私の代理としてポール・アンダーソンが参加させていただきます。
Paul Anderson **will attend in my stead**.
□ どうかご理解くださいますようお願いいたします。
**I hope you will understand.**
□ またの機会がありましたら，ぜひお声をかけてください。
**Should another opportunity arise, please invite me again.**

---

**・Words & Phrases・**
□ conflict　不一致，対立　　□ sincere　心からの　　□ heartfelt　心からの
□ engagement　（会合などの）約束　　□ in *one*'s stead　（人・もの）の代わりに

## B ③ お礼　　　イベント出席のお礼を述べる

**件名** ▶ 件名：イベントご出席のお礼

アダムズ様

**書き出し** ▶ 先日は「国際ゲームショー in TOKYO」へご来場いただき厚くお礼申し上げます。

**主文** ▶ おかげ様で，イベントは大きな成功を収め，無事閉幕することができました。

**結び** ▶ これも皆様のご理解とご協力の賜物と存じます。取り急ぎお礼まで。

浜田孝介

## 🔧 3ステップの置き換え例文

### 書き出し　イベント出席に対するお礼を述べる

- □ 昨日はお忙しいところ，弊社の宣伝イベントにお越しいただきましてありがとうございました。
  **We are most grateful to you for taking the time out of your busy schedule to** attend our promotion event yesterday.
- □ 12日は開会式の会場でお会いすることができて大変うれしかったです。
  **I was extremely glad to meet you at** the venue of the opening ceremony **on** the 12th.
- □ イベントには大変多くの方に参加していただき，とても感激しました。
  **It was really great to see** so many people participating in the event.

### 主文　イベントの成果を述べる

- □ 会場では各方面でご活躍中の方々と接することができ，充実した時間を過ごすことができました。
  **We were able** to meet people who are active in many different fields and **to spend a** most rewarding **time** at the venue.
- □ 参加者の皆様からも大変好評で，主催者として安堵しております。
  As the event organizer, **it was a great relief to** me to receive such favorable feedback from the participants.
- □ 主賓の中村先生も皆さんとの時間を大変楽しんでおられたようでした。
  **It seemed that** Ms. Nakamura, the guest of honor, **also** greatly **enjoyed the time spent with** everybody.

① イベント開催の通知 → ③ お礼
↕
② イベントへの出欠の連絡

---

Subject: Thank you for attending the event

Dear Ms. Adams:

**Please accept our utmost appreciation for** coming to the "International Game Show in TOKYO" the other day.

**We are happy to say that** the event was a great success and **we were able to bring the event safely to a close**.

**This was a result of everyone's understanding and cooperation. Please accept this brief note to express our appreciation.**

Gratefully yours,
Kosuke Hamada

---

- □ NLエンターテイメントのコナーズ社長をご紹介いただき大変有意義でした。
  **Your introduction to** President Connors of NL Entertainment **was immensely significant**.

### 結び　今後の対応を述べる

- □ 来年の開催へ向けてまたがんばっていく所存ですので，よろしくお願い申し上げます。
  **We intend to do our best looking forward toward** next year's event, and we would like to thank you in advance for your kind support.
- □ 皆様からいただいた貴重なご意見は，来年の講演会の参考とさせていただきます。
  **The valuable feedback we received from you will be incorporated into** improving next year's lecture.
- □ 今回のセミナーを通して学んだことを今後の活動に存分に生かそうと思っております。
  **We will make full use in our future activities of** what we have learned through this seminar.

---

**∵ Words & Phrases ∵**
□ rewarding　ためになる　　□ feedback　（利用者などの）反応
□ the guest of honor　主賓　　□ immensely　すごく　　□ significant　意味のある
□ intend to do　…するつもりだ　　□ make use of ～　～を利用する

## Column 6

# パンクチュエーションの基本ルール

パンクチュエーションとは，句読点の使い方のことをいいます。句読点を適切に使うことで文意が明確になり，メールが読みやすくなります。感覚で用いるのではなく，正しい使い方を今一度確認しておきましょう。

### ピリオド ( . )
1. 文を終止させる時に用います。後ろに 1 字分スペースをあけて次の文を入力しましょう。
2. 略語の後に打ちます。略語が文末にくる場合で，略語自体がピリオドで終わる時には，文を終えるピリオドを重ねて打ちません。
   例 Jan. (January) / Mon. (Monday) / dept. (department) / I met her last Tue.

### コンマ ( , )
1. 3つ以上の語が並ぶ時の区切りとして用います。　例 A, B, C and D
2. 同格を表す時および語句を挿入する時，その前後に打ちます。
   例 Practice, I believe, is important to become a good writer.
3. 文修飾副詞を文頭に置くときはその後ろ，接続副詞を文中に用いる時にはその前後に打ちます。
   例 Actually, we need to write e-mails in English every day.

### コロン ( : )
1. 前の節の内容に説明を加える場合，次の節の直前に置き，「つまり」といった程度の意味を表します。
   例 There is an important thing we have to discuss: the price of our new product.
2. その後に細目を列挙します。
   例 Everyone loves her. There are three reasons: A, B and C.

### セミコロン ( ; )
1. 等位接続詞（and/but/or など）の代わりに用いて，つながりの強い2つの文を結びます。
   例 I overslept this morning; however, I made it to the train.
   注) however は副詞なので2つの節を結ぶことはできませんが，上のようにセミコロンとともに用いることはできます。
   × I overslept this morning, however, I made it to the train.
2. 文意の混乱を避けるため，コンマよりも大きな区切りであることを示すために用います。
   （セミコロン前後の節のつながりは，コンマで区切った時よりも強く，ピリオドで区切った時よりは弱い）
   例 The weather was terrible; otherwise, we had a good time.

# 7 アポイントメント

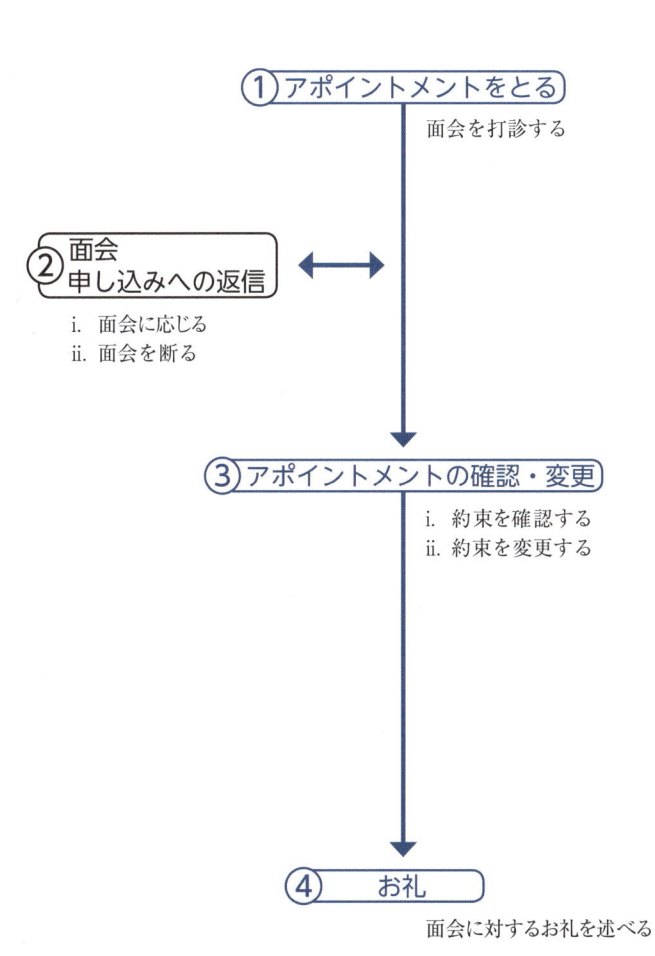

① アポイントメントをとる
　　面会を打診する

② 面会申し込みへの返信 ↔
　　i. 面会に応じる
　　ii. 面会を断る

③ アポイントメントの確認・変更
　　i. 約束を確認する
　　ii. 約束を変更する

④ お礼
　　面会に対するお礼を述べる

## 的確に書く技術

✉ 書く前にチェック！

# 面会を申し込む

→ p.148

　取引先企業の担当者にアポイントを取る時のメールを見てみましょう。面識のある相手に出す場合は，用件と訪問日時，場所などの項目を整理して述べ，都合を確認します。初対面の相手の場合には，最初に自己紹介をすることも忘れないようにしましょう。

---

Subject: Visit to your company

Dear Ms. Ihara:

> ビジネスメールとしてはくだけすぎた印象を与えます。懇意にしている相手でなければ避けましょう。

Hello.  I will go on a business trip to Fukuoka for our company's sales meeting and stay there from the 15th to the 18th of next month.

★1 While I am there, I want to introduce you our new security system.

> 直接的すぎるので，I would like to ～を用いて「よろしければ～」と丁寧な言い方にするのが無難です。

> introduce は目的語を1つしかとりません。introduce our new security system to you が正しい形です。

> ここで段落を分けましょう。

How is your convenient date during my stay?  ★2 I will be waiting for your reply.

> 「都合の良い日」を尋ねるには，英語として不自然です。Could you spare some time for me ～？などとしましょう。

Sincerely yours,

Tim Wilder

**場面設定**
- 送信者：営業担当者のティム・ワイルダー（Tim Wilder）
- 宛　先：取引先企業の担当者の井原里美（Satomi Ihara）。以前にも何度か会っている。
- 要　旨：福岡への出張の機会があるので，その際に井原氏を訪問したいと面会を申し出る。

## 必ずおさえたいポイント

取引先の担当者などに対し，会って話をしたいと申し出る時には，まず面会の目的や希望日時を簡潔かつ明確に伝えた上で，相手からの返信を待ちます。

### ★1 段落分けを意識する

訪問の目的を述べる「主文」にあたる内容ですので，ここで段落を分けます。適切に段落分けをすることで，大切な内容が目に入ってきやすくなります。視覚的な読みやすさも大切ですので，段落分けをきちんと意識しましょう。

### ★2 相手との関係により表現を使い分ける

たびたび取り引きのある相手であれば問題ありませんが，ややくだけた印象の文です。これを I look forward to your reply. とするとフォーマルな印象，I am looking forward to your reply. とするとインフォーマルな印象を与えます。なお書き出しに I am writing to ask if you could meet me next month. という一文を加えると，より丁寧な印象の文面になります。相手との親密さを考えて上手に表現を使い分けたいですね。

---

### TIPS FOR BETTER BUSINESS E-MAILS　表現の幅を広げてレベルアップ

相手に何かをしてほしい時や頼みたい時，I want ... という表現ばかりを使ってしまう人がいます。基本表現で使いやすいのは確かですが，ビジネスシーンでより洗練されたメールが書けるようになるために，表現のバリエーションを多く知っておきたいですね。

◇ I was wondering whether you could give me the opportunity to introduce our new security system.
（弊社の新システムをご紹介する機会をいただけないかと思っているのですが。）

◇ Would you spare me some time so that I can introduce our new system to you?
（弊社の新システムをご紹介するお時間をいただけますでしょうか。）

こうすると，単に I want to introduce our new security system to you. と言うよりも，丁寧な印象を与えることができます。

## ① アポイントメントをとる　面会を打診する

| 件 名 | 件名：御社ご訪問について |
|---|---|
| | 井原様 |
| 書き出し | 営業会議のため来月福岡に出張することになりました。 |
| 主 文 | 滞在中，お会いして新しいセキュリティーシステムについてご説明する機会をいただけないでしょうか。 |
| 結 び | 15日から18日までの間でご都合はいかがでしょうか。返信をお待ちしています。 |
| | ティム・ワイルダー |

## 🔧 3ステップの置き換え例文

### 書き出し　自己紹介および打診のきっかけを述べる

- □ 先日，異業種懇談会でお目にかかりました坂本義一と申します。
  **My name is** Yoshikazu Sakamoto**; we met at** the inter-industry gathering the other day.
- □ 先日お話しした共同プロジェクト立ち上げの件でメールを差し上げています。
  **I am writing to you regarding** the launching of the joint project we spoke about the other day.

### 主 文　面会希望の旨を伝える

- □ 御社で開発中のシステムプログラムについて直接お話を伺いたいと思っています。
  **I would like to meet and talk to you regarding** the system program under development at your company.
- □ 貴社を訪問する際に新工場を見学させていただけないかと考えております。
  **I was wondering it would be possible for us to** tour your new factory when we visit your company.
- □ この件についてメールでやり取りするよりも，会って話し合うほうがよいのではないでしょうか。
  **Wouldn't it be better to** meet and discuss this matter in person, **rather than** communicating via e-mail**?**

① アポイントメントをとる → ③ アポイントメントの確認・変更 → ④ お礼
② 面会申し込みへの返信

Subject: Visit to your company

Dear Ms. Ihara:

**I am going to visit** Fukuoka next month **for** a sales meeting.

While I am there, **would it be possible for us to** meet and for me to explain the new security system to you**?**

**Could you fit me into your schedule sometime between** the 15th **and** the 18th**?** I look forward to your reply.

Best regards,
Tim Wilder

---

- □ 東京かシカゴで3社間の話し合いの場を設けてはどうかと思います。
  **What do you think of** setting up a meeting for talks between our three companies in either Tokyo or Chicago**?**
- □ 近いうちに来期の販売戦略についての意見交換ができたらと思っていました。
  **I was thinking that we should exchange opinions** in the near future **concerning** our sales strategy for the next period.

### 結び ▶ 日時について回答を促す

- □ 直接ご相談したいのですが，1時間ほどお時間をいただけますか。
  I would like to talk with you directly. **Would you be able to spare me** an hour **or so?**
- □ 打ち合わせをするのに都合のよい日時をお知らせください。
  **Please let me know a convenient date and time for us to** have a meeting.
- □ 来週のご予定はいかがですか。
  **Could you fit me into your schedule** sometime next week**?**
- □ 非常に急なのですが，今日の午後にお目にかかれないでしょうか。
  **I apologize for the extremely short notice, but could you see me** this afternoon**?**

#### ∴ Words & Phrases ∴
- □ launch （事業など）を始める  □ joint 共同の  □ under development 開発中の
- □ via 〜によって  □ spare A B AにBを与える

## ② 面会申し込みへの返信　　ⅰ. 面会に応じる

**件名** 件名：RE：御社ご訪問について

ワイルダー様

**書き出し** 来月こちらにおいでになる<u>との</u>ご連絡をありがとうございました。

**主文** こちらも新しいセキュリティーシステムについてぜひ説明を伺いたく存じます。16日の午後<u>でしたら空いています</u>。

**結び** ご滞在中のホテルまで私が出向い<u>ても構いません</u>。ご希望をお知らせください。

井原里美

## 🔧 3ステップの置き換え例文

### 書き出し　面会申し込みに対するあいさつを述べる

- □ いただいたメールにお返事申し上げます。
  **This is in reply to your e-mail.**

### 主文　都合を伝え，面会に応じる

- □ ご滞在の間にぜひ一度お会いしましょう。
  **By all means, let's** meet up while you are in the area.
- □ できれば水曜日の午前中か金曜日の午後2時以降にお願いいたします。
  **If possible, I would like to** meet either on Wednesday morning or after 2:00 p.m. on Friday afternoon.
- □ どちらかと言えば27日の方が都合がいいです。
  The 27th **would be more convenient for me**.
- □ 8日の午後2時に弊社までお越しいただけますか。
  **Could you please come to** our office **at** 2:00 p.m. **on** the 8th**?**
- □ ご提案のいずれの日でも大丈夫です。
  **Any of** the proposed days **would be fine with me**.
- □ その日は午後3時から2時間ぐらいでしたら予定が空いています。
  **I will be free for** about two hours from 3:00 p.m. **on that day**.
- □ 来週木曜日だと午後2時から4時までが空いています。
  **My schedule is open from** 2:00 **to** 4:00 p.m. **on** Thursday of next week.

① アポイントメントをとる → ③ アポイントメントの確認・変更 → ④ お礼
② 面会申し込みへの返信

---

Subject: RE: Visit to your company

Dear Mr. Wilder:

**Thank you for contacting me regarding** your visit here next month.

I would very much like to listen to your explanation of the new security system. **I will be free on** the afternoon of the 16th.

**It would be no problem for me to** come over to your hotel.  Please let me know if you would like me to do so.

Sincerely yours,
Satomi Ihara

---

**結び ▶ 回答を促す**

□ 時間は午後2時からということでいかがでしょうか。
　**How about from** 2:00 p.m.**?**
□ ご都合が悪いようでしたらお知らせください。
　**If this isn't convenient for you, please let me know.**

---

**∴ Words & Phrases ∴**
□ explanation　説明　　□ free　手が空いている　　□ problem　問題
□ come over to ～　～へやってくる　　□ be fine with ～　（人）にとって差し支えない
□ How about ～ ?　～はどうですか。

## ② 面会申し込みへの返信　ii. 面会を断る

**件名**　件名：RE：御社ご訪問について

ワイルダー様

**書き出し**　ご出張の際に弊社へお越しいただけるとのメールをありがとうございました。

**主文**　あいにく15日から18日までは予定が詰まっていてお会いできそうにありません。

**結び**　せっかく福岡までいらっしゃるのにお会いできず大変残念です。そのうちお会いできることを願っております。

井原里美

### 🔧 3ステップの置き換え例文

**書き出し**　面会申し込みに対するあいさつを述べる

- ☐ 思いがけずメールをいただき，あの日の話を覚えていてくださったのかとうれしく思いました。
  **I was very pleased to** receive your unexpected e-mail and to read that you remember our conversation from that day.

**主文**　面会を断る

- ☐ その期間はこちらも出張に出ていてオフィスにおりません。
  **I will not be in** the office as I will also be away on business **at that time**.
- ☐ その日の午後は外出しますのでお目にかかることができません。
  **I will be out of the office during** all afternoon on that day, and therefore I will be unable to meet with you.
- ☐ ご提案の時刻にはあいにく別の打ち合わせが入ってしまっています。
  **Unfortunately, I have another meeting planned for** the time you propose.
- ☐ 新店舗開設の準備で忙しく，今はとても時間がとれません。
  **I really can't take any time at the moment as I'm busy with** preparations for the opening of the new store.

① アポイントメントをとる → ③ アポイントメントの確認・変更 → ④ お礼
② 面会申し込みへの返信

---

Subject: RE: Visit to your company

Dear Mr. Wilder:

**Thank you for your e-mail concerning** your being able to pay us a visit during your business trip.

**Unfortunately, my schedule is quite tight from** the 15th **to** the 18th, and therefore I don't think I will be able to meet up with you.

**I am sorry we will not be able to** meet even though you will be in Fukuoka. **I hope we can meet up at some point in the future.**

Sincerely yours,
Satomi Ihara

---

- □ 設備点検のため，甲府工場は見学を希望されている当日には操業を休止する予定になっています。
  Due to an equipment inspection, operations at the Kofu plant **will be suspended on** the day you wish to tour.
- □ 弊社は現時点ではその分野への進出を考えておりませんので，今回のお申し出は辞退させていただきます。
  We are not considering branching out into that field at the present time, and so **we feel we must respectfully decline** your proposition on this occasion.
- □ 先約があるため，そちらにお伺いすることができません。
  **I am afraid I will not be able to visit** you **as I have** a prior appointment.

### 結び ▶ お詫びを述べ，理解を求める

- □ またの機会にぜひお目にかかれますよう願っております。
  **I hope that we may have another opportunity to meet at a later date.**
- □ 大変申し訳ありませんが，どうかご理解いただきたく存じます。
  I am extremely sorry, and **I hope that you will understand**.

---

**∵ Words & Phrases ∵**
□ meet up　会う　　□ equipment　装置，装備
□ inspection　点検　□ suspend　〜を一時停止する
□ branch out into 〜　〜に進出する

## ③ アポイントメントの確認・変更　ⅰ. 約束を確認する

**件名** ▶ 件名：RE：御社ご訪問について

井原様

**書き出し** ▶ これは来月16日の御社ご訪問に関する確認のメールです。

**主文** ▶ 当日は午後2時に私とサリー・ウィンストンの2名が御社にお伺いする予定です。

**結び** ▶ 説明を通じ，弊社新セキュリティーシステムの利点にご納得いただけますことを願っております。

ティム・ワイルダー

## 🔧 3ステップの置き換え例文

### 書き出し ▶ 面会の確認である旨を伝える

□ 明日の面会のお約束について確認させていただきたいと思います。
▼ **I wish to confirm** the arrangement for our meeting tomorrow.

### 主文 ▶ 確認の内容を述べる

□ お目にかかる時間は午前10時で間違いありませんか。
　**Am I correct in thinking that** the planned meeting time is 10:00 a.m.**?**

□ 水曜日は直接御社7階の会議室まで伺えばよろしいですか。
　On Wednesday, **will it be okay if** we go directly to the meeting room on the 7th floor of your offices**?**

□ お会いする前日にロサンゼルスに到着し，その晩はスターホテルに宿泊します。
　**I will arrive in** Los Angeles **on** the day before the meeting **and will be staying** the night **at** the Star Hotel.

□ 今のところスケジュールに変更は生じておりません。
　**There are no changes to** the schedule **at this point in time**.

□ 明日はどなたをお訪ねしていけばよいでしょうか。
　**Who should I ask to see** tomorrow**?**

□ 当日は受付で話せば取り次いでいただけるのでしょうか。
　**Should I ask at** Reception **to be directed to** you**?**

① アポイントメントをとる → ③ アポイントメントの確認・変更 → ④ お礼
② 面会申し込みへの返信

---

Subject: RE: Visit to your company

Dear Ms. Ihara:

**This is to confirm that** we will be visiting your company on the 16th of next month.

Sally Winston and I **plan to visit** you **at** 2:00 p.m. **on that day**.

**We hope that our explanation of** our new security system **will convince you of** its merits.

Sincerely yours,
Tim Wilder

---

- ☐ ホテルまでは先日お送りしました地図を参考にお越しください。
  **To get to** the hotel, **please refer to** the map I sent to you the other day.

### 結び  あいさつを述べ，次へとつなげる

- ☐ 当日お目にかかるのを楽しみにしています。
  **I am looking forward to seeing you then.**
- ☐ 何かありましたら，ホテルに伝言を頼むようお願いいたします。
  **If anything comes up, please leave a message at** my hotel.

---

#### ∵ Words & Phrases ∵
- ☐ plan to *do*　…するつもりである　　☐ correct　正しい　　☐ floor　階
- ☐ at this point in time　今のところ　　☐ direct 〜 to ...　（人）を…に取り次ぐ
- ☐ get to 〜　〜に到着する　　☐ leave　（メッセージなど）を託す

## ③ アポイントメントの確認・変更　ⅱ. 約束を変更する

**件名** ▶ 件名：RE：御社ご訪問について

井原様

**書き出し** ▶ 16日に御社にお伺いするお約束になっておりましたが，当方の予定に変更が生じました。

**主文** ▶ 急用で福岡到着が予定より2時間遅くなりそうです。お約束の時間を午後4時に変更していただけないでしょうか。

**結び** ▶ 心よりお詫びを申し上げます。この件でご迷惑をお掛けしていないことを祈っております。

ティム・ワイルダー

## 3ステップの置き換え例文

### 書き出し　面会の約束変更・取り消しの旨を伝える

- □ お約束のスケジュールを変更させていただきたいのです。
  **I would like to alter** the schedule we arranged.
- □ 金曜日にお会いする約束を変更させていただいてもよろしいでしょうか。
  **Would it be possible to make an alteration to** our arrangement to meet on Friday?
- □ 急で申し訳ありませんが，明日の打ち合わせをキャンセルさせてください。
  **I apologize for the short notice, but would you mind if we canceled** tomorrow's meeting?

### 主文　変更・取り消しの内容・理由を述べる

- □ 出張の日程が変更になったため，残念ながらお目にかかることができなくなりました。
  There has been a change to my business trip schedule, and **unfortunately I will no longer be able to** meet with you.
- □ 体調を崩したため，お約束を来週に延期していただけたらと思っております。
  I am afraid I have come down with an illness. **Would it be possible to move** our appointment **to** next week?

① アポイントメントをとる → ③ アポイントメントの確認・変更 → ④ お礼
② 面会申し込みへの返信

---

Subject: RE: Visit to your company

Dear Ms. Ihara:

**We arranged that** I would visit your company on the 16th**; however, there has been a change of plan on my side**.

Some urgent business has come up and I will be arriving in Fukuoka two hours later than planned. **Would you mind if we moved** the arranged time of our meeting **to** 4:00 p.m.**?**

**Please accept my sincere apologies. I hope I am not causing you too much inconvenience.**

Sincerely yours,
Tim Wilder

---

☐ 私はその分野に詳しくありませんので，もう一人吉田あかりという者が同席させていただきます。
　Since I am not well versed in the field, **a person by the name of** Akari Yoshida **will also attend** the meeting.
☐ 仕事が重なってしまい，しばらく会社を出られそうにありません。
　**Due to pressure of work, I will not be able to** leave the office for a while.
☐ 急な会議が入ったため，本社に行かなければならなくなりました。
　**I have been called to** head office for an urgent meeting.

### 結び　お詫びを述べ，次へとつなげる

☐ 大変申し訳ありません。後日改めてお会いできればと思います。
　I am very sorry. **I hope we will be able to** meet **at a later date**.
☐ ぜひ別の日程で会議を再調整させてください。
　**Please allow me to rearrange** the meeting **for another day**.

---

**∴ Words & Phrases ∴**
☐ on *one's* side　（人）の側で　　☐ come up　（意外なことが）生じる
☐ make an alteration to ～　～を変更する　　☐ come down with ～　（病気）にかかる
☐ well versed in ～　～に精通した　　☐ pressure　（仕事の）多忙

## ④ お礼　　　　　　面会に対するお礼を述べる

**件名** 件名：RE：御社ご訪問について

井原様

**書き出し** 昨日は面会のお時間を作っていただきありがとうございました。

**主文** 弊社新セキュリティーシステムについてのご質問に十分にお答えすることができたと思っております。

**結び** 訪問の際，御社の皆様にお世話になりましたことに重ねてお礼申し上げます。

ティム・ワイルダー

## 🔧 3ステップの置き換え例文

### 書き出し　面会後のお礼を述べる

- 先ほどホテルに戻りました。今日はいろいろとお世話になりました。
  **I just arrived back at my hotel. Thank you for everything today.**
- 盛岡滞在中はいろいろとご配慮いただきありがとうございました。
  **I very much appreciate all the kindness I received during** my stay in Morioka.

### 主文　面会の感想などを述べる

- プロジェクトに関するビデオを見せていただき大変参考になりました。
  The video you showed us regarding the project **gave us many great ideas**.
- 打ち合わせ後，新社屋の中を案内していただきとても楽しい時間を過ごせました。
  **We very much enjoyed being shown around** the new company building after the meeting.
- 弊社の不規則なスケジュールによる度重なる変更にも関わらず，お時間を調整していただき恐縮しております。
  **I must express my gratitude to you for** rearranging the time, despite the repeated changes due to our erratic schedule.
- 御社の事業内容に関する質問に親切にお答えいただき，大変よい印象を持ちました。
  **We were greatly impressed by** your kind answers to our questions concerning the details of your business.

① アポイントメントをとる → ③ アポイントメントの確認・変更 → ④ お礼
② 面会申し込みへの返信

---

Subject: RE: Visit to your company

Dear Ms. Ihara:

**Thank you very much for making time to see us** yesterday.

**I believe we were able to** satisfactorily answer all your questions regarding our new security system.

**I would like to express my deep appreciation to** everyone at your company **for** the kindness we received during our visit.

Sincerely yours,
Tim Wilder

---

### 結び ▶ あいさつを述べ，次へとつなげる

□ 皆様とお近づきになれてとてもうれしく思いました。
**We were extremely pleased to** make the acquaintance of you all.
□ 今後ともどうぞよろしくお願いいたします。
**We hope that we can continue to work together in the future.**
□ 同席された川本様，樋口様にもよろしくお伝えください。
**Please pass on my regards to** Mr. Kawamoto and Ms. Higuchi who attended the meeting.

---

#### ∴ Words & Phrases ∴
□ satisfactorily 十分に   □ just ちょうど今   □ despite ～にもかかわらず
□ repeated 繰り返される   □ erratic 不規則な
□ make the acquaintance of ～  ～と知り合いになる
□ regards よろしくというあいさつ

## Column 7

## 英語における Politeness についての考え方

　日本語では，相手の地位や年齢などに応じて尊敬語や謙譲語，丁寧語を使い分けます。たとえば，年少者と年長者とが話をする場合，年少者は年長者に対して「お元気でいらっしゃいますか」などと言い，年長者は年少者に対して「元気かい」などと言う，といった具合です。一方，**英語には日本語のような地位や年齢による言葉の区別はありません**。たとえば，年少者と年長者のどちらに対しても同じ How are you? で済んでしまいます。

　とは言え，英語に丁寧な表現がないというわけではありません。状況にそぐわない表現をすると，場合によっては失礼に聞こえてしまうこともあります。へりくだりすぎる必要はありませんが，逆に無礼だという印象を与えてもいけません。**相手との関係や状況によってふさわしい表現を選ぶようにしましょう**。

　「昨日の注文を取り消してください」という文を例に考えてみましょう。**Would it be possible to** cancel the order I made yesterday?　や **Could I** cancel the order I made yesterday? のように，助動詞の過去形を使うと現在形よりも比較的丁寧に聞こえると言われます。これは，現在形が相手の行動をある程度当然だと考え，過去形は実現するかどうかは相手次第だと考えているという印象を与えるためです。現実には起こりえないことを仮定法で表しますが，その際には助動詞の過去形を使いますね。丁寧な表現も「実際には難しいかもしれませんが」といった仮定法の発想で使われていると考えることができます。他に，**Would it be okay to** cancel the order I made yesterday? といった言い方も可能です。

　また，過去形を用いない，よりシンプルな言い方としては **May I** cancel the order I made yesterday? / **Please** cancel the order I made yesterday. / **Can I** cancel the order I made yesterday? などがありますが，これらは上記の例よりもやや丁寧度が下がります。

# 8 出張

① 出張関連の手配の依頼
　　　　手配を依頼する

② 手配の依頼への返信
　i. 手配完了を伝える
　ii. 手配できない旨を伝える

③ 出張手配の変更・取り消し
　　　　手配内容を取り消す

④ お礼
　　　　手配に対するお礼を述べる

## 的確に書く技術

✉ 書く前にチェック！

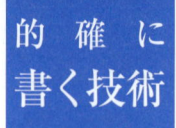

# 宿泊先の手配を頼む

······ p.164

　出張の際の宿泊先の予約を，現地にいる同僚に依頼するメールです。依頼のメールで大切なのは，頼まれた相手が快く引き受けてくれるよう，情報をわかりやすく伝えることです。具体的にポイントを確認していきましょう。

---

Subject: Request for the hotel reservation

Dear Paul:

★1 Hi, how is your work going these days? I have been busy preparing for the new project for the last month. At the end of this month, I will be visiting Detroit to see the motor show and then I have to write a report about the show. I think it will be useful for the project. Before coming back, I am going to visit the Detroit branch.

> 相手の Paul はデトロイト支社にいる人物なので，your office とするほうが自然です。

★2 Would you reserve a hotel room for me for two days from the 28th?

> ホテルや電車，飛行機を「予約する」という意味では，book もよく用いられます。

> 「2日間」では曖昧です。誤解を防ぐためにも「two nights（2晩）」としたほうがよいでしょう。

I will thank you for your kindness if you can help me. When you have finished the arrangement, please let me know.

> 「もし手伝ってくれるなら感謝します」となり，直接的すぎて失礼な印象です。It would be a big help if you could do this for me. などとしましょう。

> let me know the name of the hotel and the reservation number など，知らせてほしいことを具体的に示します。

Best regards,

Eri Hashimoto

> **場面設定**
> - 送信者：橋本えり（Eri Hashimoto）
> - 宛　先：デトロイト支社勤務の同僚 ポール・スミス（Paul Smith）
> - 要　旨：デトロイト出張の際に支社に寄るため，支社近くのホテルの予約（2泊）を同僚に依頼する。

## 必ずおさえたいポイント

　宿泊先の手配など相手に何かを依頼する場合は，条件や要望などの必要な情報をなるべく簡潔にまとめて伝えることが大切です。手違いが起こって再手配してもらうようなことにならないよう，正確に伝えるように心がけましょう。

### ★1 経緯の説明は必要最低限に
　ビジネスメールでは必要事項のみを簡潔に書くということが大原則です。このメールの目的は「予約の依頼」なので，それまでの経緯や理由などを長々と述べる必要はありません。依頼内容と「支社に寄りたい」ということに絞って書きましょう。

### ★2 依頼内容は誤解のないように書く
　依頼を実行してもらうための必要情報（ホテルの予約であれば，場所，滞在日数，宿泊人数，部屋数など）は漏らさず，誤解のないように書きましょう。この例では「支社の近く」という，場所に関する条件が不足しているので，near your office / within walking distance of your office などを加えるとよいですね。

---

**TIPS FOR BETTER BUSINESS E-MAILS**　　修飾関係に注意して書く

　英文を書く時には，読み手が誤解することのないよう，意味上のつながりや修飾関係に注意を払うようにしましょう。一例として，次の文を見てみましょう。

◇ She has been busy for the last month.
　（彼女はここ1カ月間忙しかった。）
◇ I have been busy preparing for [the new project for the last month].
　（私は［先月の新プロジェクト］の準備でずっと忙しかった）

　2つ目の文では，for the last month がどことつながるかによって，文意に違いが生じます。同様に，The newspaper says [that it snowed yesterday].（新聞によると［昨日雪が降った］そうだ）と，[Yesterday's newspaper] says that it snowed.（［昨日の新聞］によると雪が降ったそうだ）の2つの文も，yesterday の位置づけによって意味が異なります。後者の文では「いつ雪が降ったのか」がわかりません。このように，自分の意図と異なる解釈につながる箇所がないかを，送信前に確認するようにしましょう。

## ① 出張関連の手配の依頼　手配を依頼する

**件 名**　件名：ホテル予約のお願い

ポール様

**書き出し**　今月末にモーターショーの視察でデトロイトに出張した後，そちらに寄ろうと計画しています。

**主 文**　会社の近くのホテルに部屋を予約していただけませんか。28日からの2泊でお願いします。

**結 び**　決まったらホテルの名前と予約番号を知らせてください。

よろしくお願いします。
橋本えり

## 🔧 3ステップの置き換え例文

### 書き出し　出張する旨を伝える

- ☐ 来月の15日から1週間の予定でそちらに出張することになりました。
  **I will be visiting** you next month **for** one week **from** the 15th.
- ☐ 今週の木曜日から山川部長とチューリヒの見本市に行きます。
  **I'm going to** a trade show in Zurich **with** Department Chief Yamakawa **from** Thursday of this week.
- ☐ 4月3日から7日までワシントン本社で行われる役員会議に出席します。
  **I will be attending** a board meeting **at** the Washington Head Office from April 3 to 7.

### 主 文　手配を依頼する

- ☐ 駅に近いホテルのシングルルームを2部屋予約していただけませんか。
  **Would you mind reserving** two single rooms at a hotel near the station**?**
- ☐ 予算が限られているので，1泊100ドル以下のホテルを探して予約してください。
  Our budget is limited, so **please find and reserve a hotel that's under** $100 **a night**.
- ☐ パリ滞在中はレンタカーを借りたいのですが，手配していただけないでしょうか。
  I am hoping to rent a car while in Paris; **do you think you could arrange** that **for me?**

① 出張手配の依頼 → ③ 出張手配の変更・取り消し → ④ お礼
② 手配の依頼への返信

---

Subject: Hotel reservation

Dear Paul:

**I am planning to visit** your office after my business trip to Detroit to see the motor show **at** the end of this month.

**Could you reserve a room at** a hotel near your office for me? **I'd like to stay for two nights from** the 28th.

**Once it's confirmed, please let me know** the name of the hotel and the reservation number.

Thank you very much,
Eri Hashimoto

---

- □ ホテルからイベント会場までの車の手配を頼みます。
  **I'd like you to arrange for** a car to take us from the hotel to the event venue.
- □ 前回泊まったホテルは不便な場所にあったので，街の中心にあるホテルを予約してもらえるとありがたいです。
  The location of the hotel I stayed at last time was inconvenient, so **I'd be grateful if** you could reserve a hotel in the center of town.

### 結び　お礼を述べ，対応を促す

- □ お手伝いいただけましたら幸いです。
  **I would appreciate it if** you could help me with this.
- □ お引き受けいただけるなら大変助かります。
  **It would be a big help if** you could do this for me.

---

**∵ Words & Phrases ∵**

- □ reservation　予約
- □ trade show　見本市
- □ board　役員会
- □ rent　（自動車・ビデオなど）を賃借りする
- □ arrange for ～　～の手配をする
- □ location　場所
- □ inconvenient　不便な

## ② 手配の依頼への返信　　i. 手配完了を伝える

**件名** ▶ 件名：RE：ホテル予約のお願い

えり様

**書き出し** ▶ 頼まれていたホテルの予約がとれました。

**主文** ▶ イーストリバーホテルに28日から2泊です。部屋からの眺めがとてもよいところです。

**結び** ▶ 空港まで迎えに行くので，到着したら連絡をください。


ではまた。
ポール・スミス

## 🔧 3ステップの置き換え例文

### 書き出し ▶ 手配が完了した旨を伝える

- ☐ ホテルの手配が完了しましたのでお知らせいたします。
  **This is to let you know that** the hotel **arrangements have been made**.
- ☐ ご滞在中の移動用の車3台の手配が済みました。
  **I have arranged to have** three cars to take you around during your stay.

### 主文 ▶ 手配の内容を述べる

- ☐ チェックインは午後2時以降，チェックアウトは午前11時までとなります。
  **Check-in is from** 2:00 p.m. **and check-out is by** 11:00 a.m.
- ☐ ご希望通り，駅に近くてどこへ行くにも便利なホテルを予約しました。
  **As you requested, I have reserved** a hotel near the station that is convenient for visiting places both in and out of town.
- ☐ 予約番号は336NS1234です。
  **The reservation number is** 336NS1234.
- ☐ 宿泊代は税込みで1人1泊13,800円です。
  **The hotel charge for one night including tax is** 13,800 yen **per person**.
- ☐ 8月8日から1泊の予定でツインを2部屋予約しました。
  **I have made a reservation for** two twin rooms **for** one night **from** August 8.

① 出張手配の依頼 → ③ 出張手配の変更・取り消し → ④ お礼
② 手配の依頼への返信

---

Subject: RE: Hotel reservation

Dear Eri:

**I've made the reservation you asked for.**

**It's for** two **nights from** the 28th, **at** the East River Hotel. The view from the room is quite special.

**I will come to meet you at** the airport, **so please give me a call when** you touch down.

See you then,
Paul Smith

---

### 結び ▶ 補足事項を伝える

- □ ホテルのウェブページに地図が載っていますので見てください。
  **Please see** the hotel webpage **for the map**.
- □ 最寄り駅からホテルまではシャトルバスを利用するのが大変便利だと思います。
  **There is** a shuttle bus service **from** the nearest station **to** the hotel, **which I think is quite convenient**.
- □ 他にお手伝いできることがあればおっしゃってください。
  **If there is anything else I can** help you with, **please don't hesitate to ask**.
- □ 変更などがありましたら，すぐにご連絡をお願いいたします。
  **If there are** any changes, **could you contact me immediately?**

---

### ∵ Words & Phrases ∵

- □ give ～ a call　～に電話をかける
- □ touch down　(飛行機などが) 着陸する
- □ arrangements　準備，手配
- □ check-in　チェックイン
- □ check-out　チェックアウト
- □ convenient for ～　～にとって都合のよい
- □ per　～につき

## ② 手配の依頼への返信　　ⅱ. 手配できない旨を伝える

**件名** 件名：RE：ホテル予約のお願い

えり様

**書き出し** ホテルの予約の状況についてお知らせします。

**主文** 会社の近くにあるデトロイトシティービューホテルを当たったのですが，28日と29日は満室で予約がとれませんでした。

**結び** 会社から少し離れたところでもよければ，他を当たってみます。お返事をお待ちしています。

ポール・スミス

## 🔧 3ステップの置き換え例文

**書き出し** 手配依頼に対するあいさつを述べる

- □ 宿泊先手配のご依頼の件でご連絡いたします。
  **I am contacting you about** your request for a hotel reservation.

**主文** 手配できなかった旨を述べる

- □ 会場周辺でご希望の予算に見合うホテルを見つけることができませんでした。
  **I have been unable to find** a hotel in the area around the venue **that meets your budget**.
- □ シングルルームを3部屋というご希望でしたが，2部屋しか空いていません。
  **You wanted** three single rooms, **but only** two rooms **are available**.
- □ コンベンションがあるため，すでに当日の空き部屋がない状況です。
  Because of the convention, **I'm afraid there are no longer any rooms available on** that day.
- □ ツインルームを2部屋予約することは可能ですが，宿泊代金がかなり高めになります。
  **It is possible to reserve** two twin rooms; **however,** the room rate **is quite a bit more**.
- □ ご希望の車種は台数が少なく，すべて予約済みです。
  There were not many cars of the model you requested, and they **are fully booked**.

① 出張手配の依頼 → ③ 出張手配の変更・取り消し → ④ お礼
② 手配の依頼への返信

---

Subject: RE: Hotel reservation

Dear Eri:

**This is to keep you up to date regarding** your hotel reservation.

I contacted the Detroit City View Hotel which is near our office, but **I was not able to make a reservation as the hotel is fully booked on** the 28th and 29th.

**If you don't mind** being a little distance from the office, **I can have a look at some other** hotels.  I will wait for your reply.

Regards,
Paul Smith

---

- □ ご指定の日付が夏休みと重なるため，特急列車の切符はすでに売り切れです。
  As the date you specified is during the summer vacation season, all the express train tickets **are already sold out**.

### 結び 》 今後の対応を促す

- □ 他の選択肢も含めご検討いただけますでしょうか。
  **Perhaps you should consider** some other options.
- □ 必ずしもご希望通りにいかなくても構わないでしょうか。
  **Would you mind if not everything is exactly as** you wish**?**
- □ どのようにすればいいかご指示をいただければ助かります。
  **It would be helpful if you could give me** further instructions.

### ∵ Words & Phrases ∵

- □ up to date 最新の
- □ contact ～と連絡をとる
- □ reserve ～を予約する
- □ quite a bit かなり，相当
- □ option 選択肢
- □ instructions 指示

## ③ 出張手配の変更・取り消し　手配内容を取り消す

| 件　名 | 件名：出張スケジュールの変更 |
|---|---|

ポール様

| 書き出し | 営業全体会議が入ってしまい，デトロイトを予定より1日早く発たなければならなくなりました。 |
|---|---|

| 主　文 | 29日の宿泊予約をキャンセルしていただきたいのですが。 |
|---|---|

| 結　び | ご面倒をおかけしてすみませんが，よろしくお願いします。 |
|---|---|

橋本えり

## 🔧 3ステップの置き換え例文

### 書き出し ▶ 依頼変更・取り消しの旨を伝える

- ☐ 残念ながら出張予定が取り消しになってしまいました。
  **I am afraid** the business trip has been canceled.
- ☐ 出張のスケジュールに一部変更が生じましたのでお伝えいたします。
  **I am writing to tell you that there has been a slight change in** my business trip schedule.
- ☐ 大変残念なのですが，そちらにお伺いすることが叶わなくなってしまいました。
  **Unfortunately, I am no longer able to** visit you.

### 主　文 ▶ 変更・取り消しの内容を述べる

- ☐ 空港にではなく，会場に近いホテルに変えていただけるとありがたいです。
  **I would be grateful if you could change** the hotel **to** one that is near the venue rather than the airport.
- ☐ 会議が延期になって出張と重なってしまったのです。ホテルの予約をキャンセルしていただけますか。
  The meeting has been postponed, and this has led to a schedule conflict with our business trip. **Could you please cancel** the hotel reservation**?**
- ☐ 滞在中は車ではなく電車で移動することにしようと思います。
  While I am there, **I am thinking of traveling around by** train **rather than by** car.

① 出張手配の依頼 → ③ 出張手配の変更・取り消し → ④ お礼
② 手配の依頼への返信

---

Subject: Change in business trip schedule

Dear Paul:

As I have to attend a general sales meeting, **I'll have to leave** Detroit **one day earlier than I planned**.

**Would you mind canceling** my hotel reservation **for** the 29th**?**

**I'm sorry for the trouble, but I really appreciate you doing this for me.**

Regards,
Eri Hashimoto

---

- □ 坂本さんが一緒に行けなくなったので，ツインルームは不要になりました。シングルルームに変更可能かホテルに問い合わせていただけますか。
  Since Ms. Sakamoto will not be coming with me anymore, I no longer require a twin room. **Would you mind asking** the hotel **if it would be possible to change to** a single room**?**
- □ そちらでの滞在をもう１日延ばそうと思います。同じホテルにもう１泊できるよう手配していただけますか。
  I am considering staying there for one day longer. **I would appreciate it if you could arrange for me to stay at** the same hotel **for another night**.
- □ フライトの変更でそちらに到着するのが翌朝になります。１泊目の予約をキャンセルしてもらえますか。
  **Due to** a flight **change, I will now arrive** there the following morning. **Can you cancel the reservation for** the first night**?**

### 結び　お詫びを述べ，理解を求める

- □ せっかく手配していただきましたのに申し訳ありません。
  **I am very sorry, especially after you have kindly** taken care of everything.

---

**∵ Words & Phrases ∵**

- □ trouble　面倒
- □ slight　わずかな
- □ change 〜 to ...　〜を…に変える
- □ while　〜している間に
- □ especially　特に
- □ kindly　親切にも

## ④ お礼　　　　　手配に対するお礼を述べる

**件名** ▶ 件名：28日の訪問について

ポール様

**書き出し** ▶ この度はいろいろと手配をしていただいて，本当にありがとうございます。

**主文** ▶ 28日の朝早くに着くので，ホテルのチェックインには十分間に合うと思います。

**結び** ▶ お言葉に甘えて，空港に着いたら連絡します。

ではその時にまた。
橋本えり

## 🔧 3ステップの置き換え例文

### 書き出し 　手配に対するお礼を述べる

☐ 迅速に手配をしていただいたおかげで，出張はスムーズに進みそうです。
**Thanks to** your arranging everything so quickly, **it looks like** the trip will proceed smoothly.

### 主文 　出張予定について確認する

☐ 当日は中央ゲートの出口に集合ということでよろしいですか。
**Am I correct in thinking that** on the day, we're meeting at the central gate exit**?**

☐ 会議は午前10時から8階の大会議室でということで間違いないでしょうか。
**Am I right in thinking that** the meeting will take place from 10:00 a.m. in the main conference room on the 8th floor**?**

☐ 念のため私の携帯電話の番号をお知らせしておきます。
**I'm letting you know** my cell phone number **just in case**.

☐ あなたの代わりに迎えに来てくださる方について教えていただけますか。
**Could you tell me about the person who** will come to meet me on your behalf**?**

☐ 当日の飛行機のスケジュールは今のところ変更ありません。
**As it stands there are no changes to** my flight schedule on the day.

① 出張手配の依頼 → ③ 出張手配の変更・取り消し → ④ お礼
② 手配の依頼への返信

---

Subject: About my visit on the 28th

Dear Paul:

**Thank you so much for arranging everything.**

I will arrive early in the morning on the 28th, so **I will be in plenty of time to** check-in at the hotel.

**Thanks for your offer. I will call you when I arrive at** the airport.

Until then,
Eri Hashimoto

---

- ホテルまでは地図を見て行きますので，迎えに来ていただかなくても大丈夫です。
  I will use a map to get to the hotel so **you don't need to** pick me up.

### 結び　あいさつを述べ，次へとつなげる

- よかったら 28 日，仕事が終わってから皆で食事でもしませんか。
  **If you like, after we are done with work on** the 28th**, we could all go out for** something to eat.
- お会いするのを楽しみにしています。
  **I'm looking forward to meeting you.**

---

**∴ Words & Phrases ∴**
☐ plenty of ~　十分な~　　☐ offer　申し出，提案　　☐ smoothly　円滑に
☐ right　正しい　　☐ just in case　念のため　　☐ on *one's* behalf　（人）の代わりに
☐ as it stands　現状では　　☐ pick up　~を車で迎えに来る

# Column 8

## 日本的儀礼は不要

### 「お疲れさまです」は日本特有

　日本語のメールは,「お疲れさまです」「いつもお世話になっております」「日頃のご愛顧誠にありがとうございます」といった文で始めることが多いですが,**英文ビジネスメールではこのような社交のあいさつは基本的に必要ありません**。初めてメールを送る場合は自己紹介をするのが一般的ですが,二度目以降のメールではすぐに本題に入りましょう。用件だけではそっけないと感じる日本人も多いようですが,英文ビジネスメールではそのほうが歓迎されます。忙しい相手の立場に立って,メールの目的と直接関係のないことは書かないようにしましょう。

### むやみに「謝る」のは誤り

　また,日本語のメールでは,「申し訳ありません」「すみません」「恐れ入ります」などと書くことで丁重な印象を与えます。たとえば「明日までに送付してください」とだけ書くよりも「お手数をおかけして申し訳ありませんが,明日までに送付していただけますか」と書く人が多いのではないでしょうか。相手からの依頼を断る際も,「お役に立てず申し訳ありません」と書きますが,このような「申し訳ありません」をそのまま英訳して **I am sorry.** と書くと,自分に何か非があるように聞こえます。本当に謝罪しなければならない場合を除き,**sorry** を多用しないようにしましょう。

### 文化の違いを意識する

　上記の例は文化の違いによるところが大きいと考えられます。日本文化は,自分は一歩下がって控えめにふるまうことを美徳とする謙遜の文化です。たとえば「つまらないものですが」などと言いながら贈り物を渡したり,「僭越ながら」と話し始めたりします。日本人同士なら謙遜しているだけだとわかりますが,これらをそのまま英訳すると文字通り受け取られ,「そんなに自信がないのか」などと疑われることにもなりかねません。アメリカ人なら Here is something for you. I hope you'll like it. と言いながら贈り物を渡したり,I'm happy to have this chance ～. などと話し始めたりするでしょう。

　このように,日本語をそのまま英語に訳しただけでは誤解が生じる場合もあるため,注意が必要です。日本語では常套句であったとしても,英語ではわざわざ言葉にする必要がない場合もあるし,相手の文化に合わせて訳す場合もあります。**言葉の違いだけではなく文化の違いを考慮することも大切ですね**。

# 9 クレーム

A ①納期に関するクレーム
　　　←── A　②納期に関するクレームへの返信

B ①誤発送・不良品などに関するクレーム
　　　←── B　②誤発送・不良品などに関するクレームへの返信

C ①請求に関するクレーム
　　　←── C　②請求に関するクレームへの返信

D ①サービスに関するクレーム
　　　←── D　②サービスに関するクレームへの返信

## 的確に書く技術

✉ 書く前にチェック！
# クレームに対応する

······ p.180

　顧客から商品の納品が遅れていることについてクレームを受け，それに対応するメールです。すばやい対応が求められる場面ですので，適切な返信のポイントを，以下の例を通して確認していきましょう。

---

Subject: Re: Order number 2468

Dear Mr. Tomita:

Thank you for your e-mail regarding the delay in receiving your <u>order items</u>.

> ここで伝えたい内容は「注文された品物」のことなので ordered items となります。日本語の「オーダー品」と混同しないようにしましょう。

According to our quick <u>confirmation</u> of the delivery, ★1 <u>it took some time for your items to pass through customs.</u>　<u>They are supposed to arrive</u> by the end of tomorrow.

> ここでは「状況の調査」という意味で investigation のほうが適切です。

> 推測を表す be supposed to ... では相手に不安を与えてしまいます。はっきりと They will arrive と伝えましょう。

★2 <u>We sincerely apologize.</u>　Would you wait a little longer for your items to be delivered?　<u>Thank you in advance.</u>

> apologize for 〜 の形で，後に謝罪内容も書くのが一般的です。

> 「前もって感謝します」の意味から，実行が前提となっている響きを持つため，状況によっては高圧的と思われる恐れがあります。使用には注意しましょう。ここでは Thank you for your cooperation. などが無難です。

Sincerely yours,
Mary Benson

> **場面設定**
> ■ 送信者：受注企業の担当者 メアリー・ベンソン（Mary Benson）
> ■ 宛　先：商品を発注した企業の富田勝（Masaru Tomita）
> ■ 要　旨：未着商品の状況を調べたところ，通関に時間がかかっていたことがわかったと伝えて詫びる。

## 必ずおさえたいポイント

クレームのメールを受けたら，まずは連絡をもらったことに感謝しつつ，状況を簡潔かつ的確に説明することが大切です。そのうえでお詫びを述べます。

### ★1 簡潔に状況を報告する

ただ謝罪するだけではなく，そのような事態を引き起こした原因，現在の状況，今後いつまでにどのように対応するのかをわかりやすく説明することが重要です。

### ★2 お詫びの気持ちを表す表現を身につける

迷惑をかけたことに対し反省の意を伝える表現を覚えておきましょう。
・We are very sorry, but ～
・Please accept our deepest apologies for ～
・We sincerely regret causing you inconvenience ～

そして，事情説明とお詫びをした上で，下記のような表現を用いて理解を求めます。
・We hope that this will not affect our business relationship ～
・We ask for your understanding regarding ～

クレームへの対応が不十分な場合，会社の信頼を失うことになりかねませんので，常に誠実に対処したいですね。

---

**TIPS FOR BETTER BUSINESS E-MAILS**　期限を示す時の表現

何らかの締め切りや期限について相手に伝える時の表現として，by the end of tomorrow は間違いではありませんが，やや曖昧な印象を受けます。下の例のように，より具体的に「明日の何時までに」，「明日の業務時間内に」などと明確に伝えるほうが適切です。

◇ by 6:00 PM tomorrow（明日の午後6時までに）
◇ by the end of the workshift tomorrow（明日の業務時間中に）
◇ by the end of the day tomorrow（明日中に）

なお，the end of the day は「その日の終わり（＝深夜）」，the end of the workshift は「業務時間の終わり」です。締め切りとなる時間に違いがあることに気をつけましょう。相手と自分の間で誤解が生じないように，具体的な時間を示すと確実ですね。

## A ① 納期に関するクレーム

| 件名 | 件名：注文番号 2468 |
|---|---|
| | ベンソン様 |
| 書き出し | 注文番号 2468 の品物が 9 月 12 日現在まだ到着しておりませんので，取り急ぎお知らせいたします。 |
| 主文 | 得意先への納期まで間がないので大変困っています。 |
| 結び | 出荷の状況を至急お知らせください。 |
| | 富田勝 |

## 🔧 3ステップの置き換え例文

### 書き出し　納期が予定通りでない旨を伝える

- ☐ 注文したサーフボードは昨日届く予定だったのですが，まだ受け取っていません。
  The surfboard I ordered **was supposed to arrive** yesterday, **but I have not yet received** it.
- ☐ 注文した商品が納品予定日から大幅に遅れて今日やっと届きました。
  The products we ordered **finally arrived** today, **way past the scheduled date**.
- ☐ 2週間前に注文した DVD セットが，すでに納品予定日を3日過ぎているのに届きません。
  **It is already** three days **past the scheduled delivery date, yet** the DVD set I ordered two weeks ago **has not yet arrived**.

### 主文　予定通りでないことによる影響を述べる

- ☐ 納品期日に基づいて販売計画を立てていたのですが，納品の遅れのため支障が出始めています。
  **We established a** sales **plan based on** the delivery date, and this is being affected by the late delivery.
- ☐ 顧客からの問い合わせが相次ぎ，その対応に追われています。
  **We are busy answering** inquiry after inquiry from customers regarding delivery.
- ☐ 先週のメールでは予定通り納品できるということでしたので困惑しています。
  **We are a bit puzzled as** last week's e-mail said that you would be able to deliver on schedule.

① 納期に関するクレーム
② クレームへの返信

---

Subject: Order number 2468

Dear Ms. Benson:

**This is a quick note to let you know that** as of September 12 Order No. 2468 has not yet arrived.

**This poses a serious problem as** there is not much time before we are due to make a delivery to a customer.

**Can you contact us immediately regarding** the shipment status?

Sincerely yours,
Masaru Tomita

---

- □ 今週末までに弊社に品物が届かない場合は，注文をキャンセルせざるを得ません。
  **If** we do not receive the items by the end of this week, **we will have no choice but to cancel** the order.
- □ 注文した品物が来ないと作業を進められないので大変困ります。
  **If** the ordered item does not arrive soon, **we will be placed in a difficult situation as** we will be unable to proceed with our work.

### 結び　早急な対応を促す

- □ どんなに遅くても来週末までに納品するようにしてください。
  **Please be sure to** complete the delivery **by** the end of next week **at the latest**.
- □ 今後の友好な取引のためにも，できるだけ早いご回答をお願いいたします。
  In order for our good business relationship to continue, **we hope you will** respond **as quickly as possible**.
- □ 遅延の原因を調査し，その結果をできるだけ早くお伝えください。
  **We ask that you investigate** the reasons for the delay **and inform us of the result** as soon as possible.

---

**∴ Words & Phrases ∴**
□ pose　（問題など）を引き起こす　　□ be due to *do*　…する予定だ
□ status　状況　　□ be supposed to *do*　…することになっている　　□ way　はるかに
□ affect　～に影響する　　□ investigate　～を調査する

## A ② 納期に関するクレームへの返信

| 件名 | 件名：RE：注文番号 2468 |
|---|---|

富田様

| 書き出し | ご注文の品の納期の遅れについてご連絡いただき感謝いたします。 |
|---|---|

| 主文 | さっそく調査いたしましたところ，税関を通過するのに少し時間がかかっていたことがわかりました。明日の午後6時までには御社にお納めできると思います。 |
|---|---|

| 結び | 納品が遅れまして誠に申し訳ございませんでした。 |
|---|---|

メアリー・ベンソン

## 🔧 3ステップの置き換え例文

### 書き出し ▶ 指摘に対するお礼を述べる

□ 注文番号 888YP の納期遅れに関するメールをありがとうございました。
 **Thank you for your e-mail regarding the delay in the delivery of** order number 888YP.

### 主文 ▶ 納期が遅れた理由などを述べる

□ 製造工場における品質検査の遅れにより，このような結果になったと考えられます。
 **We believe this situation is due to** the delay in the quality inspection at the manufacturing plant.

□ この商品は予想以上に注文が殺到したため，予定通りに納品することができなくなってしまったのです。
 **We have received far more orders for** this product **than we expected to**, and therefore we have been unable to complete deliveries on time.

□ 当社配送部のミスで納期を間違えておりました。23日にはお手元にお届けできるはずです。
 Our distribution section **made a mistake in the estimated delivery date**. You should receive your order on the 23rd.

□ 弊社でも調べてみましたが，ご注文の品は納品予定日にすでに御社に到着している模様です。
 We have checked and **it appears that** the ordered product **was delivered to** your company **on the scheduled delivery date**.

① 納期に関するクレーム
② クレームへの返信

Subject: RE: Order number 2468

Dear Mr. Tomita:

**Thank you for contacting us in regard to** the delay in your receiving the items you ordered.

I looked into the matter immediately and found that it has taken some time for your items to pass through customs. **I think you should receive** them **by** 6:00 p.m. tomorrow.

**We sincerely apologize for** the delay in delivery.

Sincerely yours,
Mary Benson

## 結び お詫びを述べ，理解を求める

- □ ご連絡が遅くなりましたことをお詫び申し上げます。
  **Please accept our apologies for not contacting you sooner.**
- □ すでに御社に届いていないかご確認いただければ幸いです。
  **Could I ask you to check whether** the item has already arrived at your company**?**
- □ もしよろしければ代替品をお送りさせていただきますのでご検討ください。
  **We can send you** a replacement product **if you wish**. Please let us know if you would like us to do so.
- □ 納品が遅れまして申し訳ございません。商品到着までもうしばらくお待ちください。
  We are very sorry for the delay. **Please wait a little while longer for** your items to be delivered.

### ∴ Words & Phrases ∴

- □ it takes ~ to *do* …するのに（時間）がかかる
- □ pass through ~ ～を通過する
- □ customs 税関
- □ manufacturing plant 製造工場
- □ distribution section 配送部
- □ replacement product 代替品

## B ① 誤発送・不良品などに関するクレーム

**件名** 件名：注文番号 2468

ベンソン様

**書き出し** 先日注文した品（注文番号 2468）を受け取りました。

**主文** 中身を確認したところ，1,000 枚のタイルのうち，弊社で注文したものとは異なる柄のものが 200 枚混ざっていました。

**結び** 至急注文通りのものと交換してくださいますようお願いいたします。

富田勝

## 🔧 3ステップの置き換え例文

**書き出し** ▶ 注文品を受領した旨を伝える

- ☐ 御社からお送りいただいた荷物の内容についてお伺いします。
  **I have an inquiry concerning the contents of** some packages sent from your company.

**主文** ▶ クレームの内容を述べる

- ☐ ボストンバックの黒を3つ注文したのですが，届いたのは黒1つと赤2つでした。
  **I ordered** 3 black Boston bags, **but I received** 1 black and 2 red.
- ☐ 実際の本棚はカタログで見たのとは色合いがかなり違っているように思います。
  The actual color of the bookcase **appears to be quite different from** the color I saw in the catalog.
- ☐ 私が注文したものとは異なる製品番号の商品が送られてきました。
  The product **I have received has a different** product number **to** the one I ordered.
- ☐ 少し力を入れるとすぐにネジが折れてしまい，予想より品質がかなり悪いと感じています。
  The screws snap with the application of just a little force. **The quality is** much worse **than I thought**.
- ☐ 昨日届いたパソコンが正しく作動しません。
  The PC that arrived yesterday **doesn't work properly**.

① 誤発送・不良品などに関するクレーム
② クレームへの返信

---

Subject: Order number 2468

Dear Ms. Benson:

**We received the items we ordered** (order number 2468) the other day.

We checked the contents and 200 of the 1,000 tiles **are of a different** design **to** what we ordered.

**We would like you to exchange** these **for** the ones we ordered **as soon as possible**.

Sincerely yours,
Masaru Tomita

---

**結び** ▶ 早急な対応を促す

- ☐ 手元にある不良品をどのようにしたらよいかご指示ください。
  **Please tell me what I should do with** the defective item I have here.
- ☐ 得意先への納品が間に合うよう，今週末までには正しい商品をお送りください。
  **Please send us** the correct product **by** the end of this week so that we may make delivery to our client in time.
- ☐ すべて返品したいと思います。返送費用は御社で負担していただけますか。
  **We wish to send everything back.** Can you confirm that you will bear the cost of return postage?
- ☐ なぜこのようなことになったのか原因を明らかにしてください。
  **Could you please clarify** why this happened?
- ☐ 急いでいるのですが，いつ不足分をお送りいただけるでしょうか。
  We are pressed for time. **When will you send** the remaining items?

---

**∴ Words & Phrases ∴**

| | | | | | |
|---|---|---|---|---|---|
| ☐ different | 違った | ☐ design | 模様 | ☐ package | 包装した商品 |
| ☐ actual | 実際の | ☐ snap | ポキンと折れる | ☐ defective | 欠陥のある |
| ☐ clarify | ～を明らかにする | ☐ be pressed for ～ | ～で困っている | | |

## B ② 誤発送・不良品などに関するクレームへの返信

| 件 名 | 件名：RE：注文番号 2468 |
|---|---|

富田様

| 書き出し | ご注文いただいたタイルに違うものが混ざっていたというメールを頂戴いたしました。 |
|---|---|

| 主 文 | 確認したところ，注文内容をほかのものと取り違えてお送りしていたことがわかりました。正しい品をただちにお送りいたします。 |
|---|---|

| 結 び | ご迷惑をおかけして大変申し訳ございません。今後このようなことが二度と起こらないよう努力してまいります。 |
|---|---|

メアリー・ベンソン

## 🔧 3ステップの置き換え例文

### 書き出し ▶ クレームに対するあいさつを述べる

☐ 当社製品の品質にご満足いただけなかった旨のメールを受け取りました。
　**We have received your e-mail expressing your dissatisfaction with** the quality of our goods.

☐ ご注文いただいた製品についてご迷惑をおかけしたことをお詫び申し上げます。
　**Please accept our deepest apologies for any trouble you may have been caused with regard to** the products you ordered.

### 主 文 ▶ クレームへの対応を述べる

☐ 現在原因を調査中です。わかり次第ご回答を差し上げます。
　We are currently looking into the cause of the problem. **As soon as we know anything, we will contact you.**

☐ お手数ですが，お手元の不良品はご返送いただけますでしょうか。送料は弊社で負担いたします。
　We are very sorry for the inconvenience, but could you send back the defective item? **We will cover the cost of postage.**

☐ ご返品はご容赦願います。品物をお送りいただければ無償で修理させていただきます。
　**I am afraid that** returns **cannot be accepted**. If you can send the item back to us, **we will** repair it **free of charge**.

① 誤発送・不良品などに関するクレーム
② クレームへの返信

---

Subject: RE: Order number 2468

Dear Mr. Tomita:

**We have received your e-mail regarding** the wrong tiles mixed in with the tiles you ordered.

**We have looked into the matter and discovered that** your order was confused with another order. We will send the correct items immediately.

We sincerely regret the inconvenience this mistake on our part has caused you. **We will do our utmost to ensure that** this kind of problem does not occur again in the future.

Sincerely yours,
Mary Benson

---

- □ 代替品でご了解いただけるのであれば，弊社の商品の中からご案内させていただきます。
  **If you wish to** receive a replacement item, **we can suggest** a selection of items from our product line-up.
- □ すぐにメンテナンス担当の者に連絡し，御社を訪問させるようにします。
  **I will** contact a maintenance representative immediately and **send** him **to** your company.

### 結び　あいさつを述べ，次へとつなげる

- □ 再度ご連絡いただき，ご注文内容をご確認いただければと存じます。
  **We ask you to kindly contact us once again to reconfirm** the details of your order.
- □ この度は大変申し訳ございませんでした。問題解決に努めますので何卒ご理解をいただきますようお願いいたします。
  We are extremely sorry. **We would like to ask for your kind understanding** as we work to resolve the problem.
- □ 今後さらにサービスの向上に努める所存です。
  **We are determined to make every effort to** further improve our services.

#### ∵ Words & Phrases ∵
- □ mix in 〜　〜を混ぜる
- □ dissatisfaction　不満
- □ free of charge　無料で
- □ be determined to *do*　…することを決意している

# C ① 請求に関するクレーム

| 件名 | 件名：請求書番号 030877 |

フォークナー様

| 書き出し | 本日請求書（請求書番号 030877）を受け取りました。 |

| 主文 | 請求内容を確認したところ，8月24日分の価格が見積もり価格と異なっているようです。請求書では 58,000 ドルとなっていますが，48,000 ドルの間違いではないでしょうか。 |

| 結び | 訂正の上，請求書を再送していただきますようお願いします。 |

吉岡有香

## 🔧 3ステップの置き換え例文

### 書き出し　請求に関する用件である旨を伝える

- □ 添付の2月10日付の請求書についてお尋ねいたします。
  **I have a query regarding the attached** invoice of February 10.
- □ お送りいただいた請求書（請求書番号 3579）の内容についてご連絡します。
  **I am contacting you about the content of** the invoice (invoice number 3579) I have received from you.

### 主文　クレームの内容を述べる

- □ 請求書では 10% の割引になっていますが，100 台以上購入すると 15% の割引が適用されることになっていたはずです。
  The invoice includes a 10% discount, but a discount of 15% **should have been applied** on a purchase of over 100 units.
- □ 請求書では単価が 300 ドルとなっていますが，正しくは 280 ドルだと思います。
  **The invoice gives** the unit price **as** $300, **but I believe that the correct unit price is** $280.
- □ 支払い期限を過ぎているという通知をいただきましたが，弊社の記録によれば7月10日に全額を払い込んでいます。
  We have been notified that payment is outstanding, but **according to** our records, **payment was made in full on** July 10.

① 請求に関するクレーム
② クレームへの返信

---

Subject: Invoice number 030877

Dear Ms. Faulkner:

**We received** your invoice (invoice number 030877) today.

We have checked the details of the invoice, and **the price for** August 24 **appears to be different from the price quoted**. **The price given in the invoice is** $58,000, **but shouldn't this be** $48,000?

**Could you please revise and resend** the invoice?

Respectfully yours,
Yuka Yoshioka

---

- ☐ 今回は送料を無料にしてくださるということでしたが，請求書には計上されています。
  On this occasion shipping was supposed to be free, but **the invoice includes** the cost of postage.
- ☐ 請求書に書かれた単価とこれに対する合計金額が合いません。計算間違いではないでしょうか。
  The unit price **given on the invoice does not tally with** the corresponding overall price. Isn't this a reckoning error?

### 結び ▶ 早急な対応を促す

- ☐ 金額を訂正して，正しい請求書を送り直してください。
  **Please fix the error in** the amount **and resend the correct** invoice.
- ☐ 見積書のコピーを添付しますので確認をお願いいたします。
  **I have attached** a copy of the written quotation **for confirmation**.
- ☐ 何かの間違いだと思いますので，善処を求めます。
  **We think that some kind of error must have occurred** and we ask you to remedy this.

---

**∴ Words & Phrases ∴**
☐ detail 　細目　　☐ revise 　～を修正する　　☐ according to ～ 　～によれば
☐ record 　記録　　☐ reckoning 　計算　　☐ remedy 　～を改善する

## C ② 請求に関するクレームへの返信

**件名** 件名：RE：請求書番号 030877

吉岡様

**書き出し** 請求内容の誤りに関してご指摘をいただきありがとうございました。

**主文** お送りした請求書の金額が間違っておりました。すぐに内容を訂正し，正しい請求書をお送りいたします。

**結び** 当方のミスによりご迷惑をおかけしましたことを心よりお詫び申し上げます。

スーザン・フォークナー

## 3ステップの置き換え例文

### 書き出し　指摘に対するあいさつを述べる

- □ 請求金額に誤りがありまして大変申し訳ございませんでした。
  **We are extremely sorry for the error in** the amount given in the invoice.
- □ 請求内容についてのミスにより，ご迷惑をおかけいたしました。
  **We sincerely regret any inconvenience you may have been caused as a result of the error we made in** the content of the invoice.

### 主文　誤りを認め，対応を述べる

- □ 弊社経理部に問い合わせたところ，確かにすでにご入金いただいていることがわかりました。
  **I have checked with** our accounting section **and have discovered that** the payment has already been made.
- □ 300本ご購入いただきましたので，おっしゃる通り10％の割引が適用されなければなりませんでした。すぐに訂正いたします。
  As you purchased 300 pieces, a 10% discount **should have been applied as you indicated.** We will correct this at once.
- □ 再発行する請求書は，今週末までには御社に届くと思います。
  The corrected invoice **should arrive at** your company **by** the end of this week.

① 請求に関するクレーム → ② クレームへの返信

---

Subject: RE: Invoice number 030877

Dear Ms. Yoshioka:

**Thank you for drawing our attention to** the error in the content of the invoice.

The amount given in the invoice we sent **was incorrect**. **We will adjust** the details **and send you the correct** invoice immediately.

**Please accept our deepest apologies for** causing you undue inconvenience as a result of our mistake.

Sincerely yours,
Susan Faulkner

---

- ☐ お手元にある請求書は破棄してください。
  **Please dispose of** the invoice you currently have in your possession.
- ☐ 弊社のミスで，割引を適用しない単価で請求書の金額を計算しておりました。
  **We mistakenly calculated** the amount for the invoice using the unit price without the discount applied.

### 結び ▶ 反省の意を伝え，理解を求める

- ☐ 今後はこのようなミスがないようチェック体制を強化してまいります。
  **We will improve** our checking system **to ensure that** this kind of mistake does not happen again.
- ☐ 今後とも変わらぬお付き合いをお願い申し上げます。
  **We hope that this will not affect our business relationship from here on.**
- ☐ この回答でご満足いただけますよう願っております。
  **We trust that you will be satisfied with** this response.

---

**∴ Words & Phrases ∴**
☐ draw *one's* attention to 〜　〜に（人）の注意を引く
☐ adjust　〜を調整する　　☐ undue　過度の，ひどい　　☐ at once　ただちに
☐ dispose of 〜　〜を処分する

## D ① サービスに関するクレーム

| 件名 | 件名：御社の社員の対応について |
|---|---|
| | ご担当者様 |
| 書き出し | 通知をいただいた口座引き落としの手続きに関する不備について問い合わせるため，先日御社に電話をしました。 |
| 主文 | 対応した御社の顧客サービス係の担当者はこちらの質問に十分に答えてくれず，とても不誠実な印象でした。 |
| 結び | 敬意と誠実さをもって顧客に対応するということは，顧客サービスの最も基本的なことの1つではないでしょうか。社員教育を適切に実施してほしいと思います。 |
| | 岩下はじめ |

### 🔧 3ステップの置き換え例文

#### 書き出し ▶ クレームへと至った状況を述べる

- □ 夏休みを利用して御社の経営する札幌シティーホテルに泊まりました。
  **During** my summer vacation**, I stayed at** the Sapporo City Hotel run by your company.
- □ 御社系列のレストランで食事をした時のサービスについて感想があります。
  **I have a comment I wish to make about** the service I received when I had a meal at one of your affiliated restaurants.
- □ 弊社にご提供いただいている御社のオフィス清掃サービスについてメールを差し上げます。
  **I am writing this e-mail in regard to** the office cleaning services your company is providing to our company.

#### 主文 ▶ クレームの内容を述べる

- □ 空いているテーブルがあったのに30分以上待たされ，とても不快な思いをしました。
  Even though there were empty tables, **we were made to** wait for over 30 minutes**, which I thought was** very disagreeable.

① サービスに関するクレーム
② クレームへの返信

Subject: Regarding treatment received from your staff

To whom it may concern:

**I** recently **had cause to telephone** your company **to inquire about** a problem with the processing of an account withdrawal of which I had been notified.

The person in charge of customer services to whom I spoke did not answer my questions adequately and **gave** a very insincere **impression**.

One of the most basic points of customer service is that customers should be treated with respect and sincerity. **I think you should** educate your staff **properly** in this regard.

Sincerely,
Hajime Iwashita

□ チェックアウトの時，フロントの対応が遅くてなかなか順番が回ってきませんでした。
When I was checking out, service at the front desk was quite slow and **it took a very long time for** me **to** check out.

□ 清掃後，くず入れや机の周りのものが元と違う場所にあってとまどうことが時々あります。
After the office had been cleaned, the wastebasket and items on and around the desk were often not in their original places, which **was a bit confusing at times.**

### 結び ▶ 善処を求める

□ このような状況に御社としてどのように対応なさるべきとお考えなのかお伺いします。
**I would like to know how you**, as a company, **think you should handle** this kind of situation.

□ この状況が迅速に解決されることを切に望みます。
**I sincerely hope that** this situation will be resolved shortly.

#### ❖ Words & Phrases ❖
□ run　（会社など）を経営する　　□ affiliated　付属の　　□ disagreeable　不愉快な
□ confusing　困惑させる　　□ handle　〜に対処する　　□ resolve　〜を解決する
□ shortly　すぐに

## D ② サービスに関するクレームへの返信

| 件名 | 件名：RE：御社の社員の対応について |
|---|---|

岩下様

**書き出し** ▶ 弊社の顧客サービス係の対応により不快な思いをされたというご連絡をいただき大変申し訳なく思っております。

**主文** ▶ 対応した者と話をし厳重に注意をいたしました。本人も対応が不十分だったことを認め深く反省しております。

**結び** ▶ 弊社といたしましても，今後社員教育をさらに徹底する所存です。今回は反省のきっかけとなる貴重なご指摘をいただき心から感謝申し上げます。

ジム・ホワイト

## 🔧 3ステップの置き換え例文

### 書き出し ▶ クレームに対するあいさつを述べる

- ☐ 当店をご利用いただいた際の出来事についてご連絡ありがとうございました。
  **Thank you very much for contacting us about the incident that** occurred when you used our store.
- ☐ この度は弊社社員の対応に不適切な部分があったことをお詫び申し上げます。
  **Please accept our apologies for** the inappropriate treatment you received from our staff.
- ☐ 弊社サービスについて率直なご意見をいただき，支配人としてお礼申し上げます。
  As the manager, **I would like to thank you for your frankness in regard to** our services.

### 主文 ▶ クレームの原因や対応を述べる

- ☐ スタッフの数が十分でなかったためにお客様のご要望にお応えしきれなかったようです。スタッフを増員することで対応していきたいと考えています。
  It appears that the number of staff was not sufficient to be able to respond adequately to your needs. **We will respond to this situation by** increasing the number of staff.
- ☐ ご指摘いただいた件についてさっそく社内で対策を検討したいと思います。
  **As a first step, we would like to consider measures in-house regarding** the matter you kindly pointed out.

① サービスに関するクレーム
② クレームへの返信

---

Subject: RE: Regarding treatment received from your staff

Dear Mr. Iwashita:

**We have received your e-mail and we sincerely apologize for** the unpleasant treatment you received from our customer service staff.

**We have talked to** the person who handled your inquiry **and issued a strict warning**. He admits that he handled the case inadequately and is deeply sorry for what he did.

**We will do our utmost from here on** to educate our staff **thoroughly** regarding such matters. We are very grateful for your valuable advice that has led to this opportunity for self-reflection.

Sincerely yours,
Jim White

---

☐ 今回の件は業務に慣れない新入社員が関係していたようです。新人研修の内容を見直すことをお約束いたします。
It seems that the trouble involved a new employee not yet used to operations. **We promise that we will review** our training program for new employees.

### 結び　反省の意を伝え，理解を求める

☐ お詫びの気持ちとしてギフト券をお送りします。善意の印としてお収めください。
**As a token of** apology**, we are sending you** a gift voucher; **we hope that you will accept** it as a gesture of goodwill.

☐ 弊社といたしましても，お客様にご満足いただけますよう努力してまいります。
**It is our desire to strive to** deliver excellent customer service.

☐ 今回の件についてご理解を賜り，今後とも当チェーンをご利用いただければ幸いです。
**We** ask for your understanding regarding what happened, and **would be most grateful if you would continue using** our franchise.

---

**∵ Words & Phrases ∵**

☐ unpleasant　不愉快な　　☐ treatment　待遇　　☐ admit　〜を認める
☐ inappropriate　不適当な　☐ sufficient　十分な　☐ point out　〜を指摘する
☐ review　〜を見直す　☐ as a token of 〜　〜の印に　☐ strive to *do*　…しようと努力する

# Column 9

## 主語の選択

　日本語では主語を省略することがありますが，英語では基本的に主語を省きません。主語の選択はメールを書く上でとても重要なポイントになります。ビジネスメールでは **I / we / you** を主語にすることが多いですね。**I** は個人の立場で書く場合，**we** は会社などの所属先を代表して書く場合に用い，**you** はメールを受け取る相手や，相手の会社を指します。感覚的に書くのではなく，内容をよく吟味して主語を選択するようにしましょう。

　また，全体のバランスも大切です。I や we を主語にした文が続くと，単調な文章になり幼稚な印象を与え，さらに場合によっては自己主張が強いメールと受け取られる可能性もあります。
【悪い例①】 **I** received your e-mail of March 20. **We** have reconsidered your request and agree to your request for a discount of 5%. **I** hope that the adjusted quotation price will be to your satisfaction. **We** would like you to complete the payment within a week from today. **We** ask for your understanding on this matter even though this is extremely short notice.

　一方，you ばかりを主語にしたメールでは，他力本願のような印象を与え，責任を転嫁しているように受け取られる可能性が考えられます。
【悪い例②】 In the e-mail of January 10, **you** wrote that you would like to meet me. **You** proposed that we should have a meeting when I visit our branch near your office next month. However, **you** did not write about the agenda. Would **you** provide me with more detailed information?

　上記のいずれの例も，印象をよくするためには，文の形を再検討し，多様性を持たせたほうがよいでしょう。
【改善例①】 Regarding your e-mail of March 20, we have reconsidered and agree to your request for a discount of 5%. We hope that the adjusted quotation price will be to your satisfaction. Please complete the payment within a week from today. We ask for your understanding on this matter even though this is extremely short notice.

【改善例②】 I received your e-mail stating that we should have a meeting when I visit our branch near your office next month. However, it did not include detailed information such as the agenda. Would you kindly provide me with more detailed information?

　まずは，英文ビジネスメールを書くことに慣れることが優先ですが，余裕が出てきたら，次の段階として，主語の選択や文の形にも気を配るよう心がけてみてください。

# 10 案内・通知

## A 社内へのお知らせ

a．募集のお知らせ
b．組織改編などのお知らせ
c．探し物などのお知らせ
d．実施のお知らせ

## B 社外へのお知らせ

a．新設・移転のお知らせ
b．連絡先変更などのお知らせ
c．休業日のお知らせ
d．不在のお知らせ
e．会社情報に関するお知らせ
f．会社へのアクセスのお知らせ
g．商品・サービス変更のお知らせ
h．選考結果のお知らせ

## 的確に書く技術

✉ 書く前にチェック！

# 休業日を知らせる

······▷ p.210

　会社や部署が長期の休業に入る予定があり，取引先に連絡を入れるためのメールを見てみます。業務に支障をきたさないために送るメールですので，必要な情報を整理して伝えましょう。

---

Subject: Notification of summer vacation

Dear all customers:

★1 We will be closed for the period during from August 12 to 18 for our summer vacation and return on August 19.

> 期間を表す要素が重複していて読みにくいので，during summer vacation, from August 12 to 18 のように整理しましょう。

If you have any questions while I'm away, ★2 please contact our head office e-mail address.

> 「ご質問があれば」と言う時は inquiries（問い合わせ）を用いるのが適切です。

> 自分自身の視点からではなく，during this period など顧客に向けて客観的に書きましょう。

> contact の目的語にメールアドレスは不適切。人や事務所などを置き，contact our head office by e-mail などとします。

Sorry for the inconvenience that may cause and thank you for your understanding.

> 顧客や取引先に送るメールでは，We are sorry ... と正式に主語を置いた文で記すほうが適切です。

Respectfully yours,
Yukina Yamanaka

---

196

> **場面設定**
> ■ 送信者：山中雪菜（Yukina Yamanaka）
> ■ 宛　先：取引のある顧客全員
> ■ 要　旨：夏期休業期間の連絡。休業中の問い合わせは本社代表メールアドレス宛に送るよう伝える。

## 必ずおさえたいポイント

　ビジネスシーンでは，例に挙げた休業日のお知らせのほか，連絡先変更のお知らせや募集要項の連絡など，複数の相手に一斉に事務的な連絡をすることも多いでしょう。下記の点に気をつけてメールを作成しましょう。

### ★1 連絡事項を整理して伝える

　伝えるべきことをまず整理し，ポイントをおさえてできるだけ簡潔に書くことを目指しましょう。一読してわかりやすいよう，まずは結論から伝え，期間，理由，目的，注意点，連絡先，連絡方法などの情報を続けて書きます。

### ★2 相手が対処しやすいよう配慮する

　メールを受け取った相手がどのように対応すべきかをわかりやすく示すことが重要です。返信が必要な場合は締め切りを設定し，担当部署名や担当者の名前などを伝えることも忘れずに。その他，In the case of an emergency, please ...（緊急の場合には…してください），Please arrange your schedule so that you can ...（…できるよう予定を調整してください）など，相手が次に何をすればよいのかを明記しましょう。そして最後に We ask for your cooperation.（ご協力よろしくお願いします。）など，相手の理解を求め次へとつなげましょう。

---

**TIPS FOR BETTER BUSINESS E-MAILS**　注意すべき頭語の使い分け

　メールを送る相手の名前がわからない場合，頭語（Dear ～）の部分にどう書けばよいか迷うことがありませんか。
　日本人が書くメールによく見受けられる例として To whom it may concern:（ご担当者様）が挙げられますが，これは推薦状や履歴書などの文書を送る際に使われることが多い頭語です。初めて問い合わせをする相手（会社）に対しては構いませんが，すでに取引のある相手に対しては使わないほうが無難です。
　相手の名前や性別がわからない際に便利な表現としては，「拝啓」といったニュアンスの Dear Sir or Madam: があります。特定の部署や役職に属する相手の場合には，Dear sales manager:（営業部長様）のようにするとよいでしょう。
　巻頭の「英文ビジネスEメールの書き方」の中でも紹介していますので，しっかり確認し，場合によって上手に使い分けられるようにしておきましょう。

## A 社内へのお知らせ　　a. 募集のお知らせ

| 件名 | 件名：キャンペーン企画案募集！ |
|---|---|

皆様

| 書き出し | 恒例の「春の新生活応援キャンペーン」の企画案を今年も募集します。 |
|---|---|

| 主文 | 毎年，新生活へのスタートを切る3月と4月に合わせたキャンペーン中は売り上げを伸ばしてきました。今回も，前向きで明るいイメージの企画案を期待しています。 |
|---|---|

| 結び | 皆さん，奮ってご応募ください。 |
|---|---|

よろしくお願いいたします。
藤本正

## 🔧 3ステップの置き換え例文

### 書き出し　募集の旨を伝える

- ☐ 来月開催される『個人情報保護法に関する社内講座』の受講申し込みを受け付けています。
  **We are accepting applications for participation in** the "In-house Seminar on Personal Information Protection Law" that is scheduled for next month.
- ☐ 社内報の『私の社内日記』に掲載する原稿を皆様から募集しています。
  **We would like everyone to send in** stories to run in the "My Office Diary" section of the in-house newsletter.
- ☐ 当社製品販売促進イベントのスタッフを募集します。
  **We are looking for** staff to participate in a promotional event for our products.
- ☐ 経費節減のために社内でできることについて皆様からのご提案をお願いいたします。
  **We welcome your suggestions for** ways to cut costs at our company.

### 主文　募集の詳細を述べる

- ☐ 締め切りは2月10日です。アイディアが採用された方には記念品が贈られます。
  **The deadline is** February 10. Staff members whose ideas are adopted will receive a commemorative gift.

Subject: Calling for promotion campaign ideas!

Everyone:

As usual, **this year we are again calling for promotion ideas for** the "Spring New Start Campaign."

Our sales have gone up every year during the campaign period in March and April, a time when people embark on new lifestyles.  This time around too, **we look forward to ideas that** have a forward-looking and cheerful image.

**Everyone, please send in your ideas.**

Thank you,
Tadashi Fujimoto

---

□ わが社の苦しい現状を打開するため，皆さんの斬新なアイディアに期待したいと思います。
**We are counting on you to** come up with original ideas to turn around our present tough situation.

□ スタッフの募集人数は30名です。申し込みは先着順に受け付け，定員になり次第締め切ります。
**We are looking for** 30 staff **members.  We will** accept applications in the order they are received and **cease accepting applications once the limit is reached**.

### 結び　今後の対応を促す

□ 当社内セミナーへの皆様の積極的なご参加をお待ちしております。
**We look forward to your** active **participation in** the in-house seminars.
□ 詳細については，プロジェクト開発部の坂田までお問い合わせください。
**For further details, contact** Ms. Sakata in the Project Development Department.

#### ∴ Words & Phrases ∴
□ send in ～　～を提出する　　□ application　申し込み　　□ commemorative gift　記念品
□ count on ～ to *do*　（人）が…するのを期待する　　□ turn around ～　～を好転させる

## A 社内へのお知らせ　　b. 組織改編などのお知らせ

| 件名 | 件名：社内組織改編のお知らせ |
|---|---|

社員各位

| 書き出し | 事業の複雑化に伴い，4月1日より社内組織の一部改編を実施することになりました。 |
|---|---|

| 主文 | 「営業部」が「営業管理部」「営業企画部」「海外営業部」に分かれ，所属の社員もそれぞれこの3つの新しい部署に分かれます。 |
|---|---|

| 結び | これにより，市場のニーズにきめ細かく対応した営業活動を行うことが期待されます。この変更について皆様の周知徹底をお願いいたします。 |
|---|---|

堀内知世

## 3ステップの置き換え例文

### 書き出し　組織を改編する旨を伝える

- □ 本日，当EW化学では海外支店も含めた大規模な組織改編を実施することを発表します。
  Today, **I wish to announce the implementation of** large-scale organizational restructuring at EW Chemicals, including our overseas branches.
- □ 来月1日付で行われるMODメディカルとの合併についてお知らせいたします。
  **I would like to inform you that a merger with** MOD Medical will take place on the 1st of next month.
- □ 当社はこの度やむを得ず過剰人員の削減に踏み切ることにいたしました。
  **We have decided that there is no choice but to take steps to** reduce surplus personnel.

### 主文　改編の内容を述べる

- □ 改編に伴い，生産部門で100名の人員を削減することになります。
  **The reorganization includes a reduction of** 100 personnel **in** the Production Section.
- □ 販売網の拡大を目指し，弊社は大阪グローバルテック社と円満のうちに合併の合意に至りました。
  **With the aim of** expanding the sales network**, we have** amicably **agreed to the merger with** Osaka Global Tech.

Subject: Notification of company reorganization

To all members of staff:

In view of the increasing complexity of our operations, **a partial reorganization of** the company **will be implemented from** April 1.

The "Sales Division" **will be divided into** the "Sales Management Division," the "Sales Planning Division" and the "Overseas Sales Division," and the staff of the "Sales Division" will be divided between these three new divisions.

It is expected that this will result in sales activities being more responsive to the needs of the market. **We ask you to ensure that everyone is informed of** this change.

Regards,
Tomoyo Horiuchi

---

□ 今後１年間にわたり検討し，成果目標に達しない部署があれば廃部を検討する予定です。
Over the coming year, **we plan to consider** the dissolution of any department that fails to meet the achievement targets.

□ MINインターナショナルの子会社であるMIN広島を近々当社が買収することに決定いたしました。
**We have decided to buy** MIN Hiroshima, a subsidiary of MIN International, in the near future.

### 結び ▶ 今後の対応を促す

□ 大変残念な措置ではありますが，皆様のご理解をお願いいたします。
This is a most regrettable measure, but **we ask for everybody's understanding**.

□ こうした事情を踏まえ，社員各位におかれましてはなお一層のご貢献をお願いいたします。
In circumstances such as these, **we would like to ask for a greater contribution from** all members of staff.

#### ∴ Words & Phrases ∴
□ reorganization 再編成　□ implement ～を実行する
□ responsive to ～ ～によく反応する　strategy 戦術，戦略　□ merger with ～ ～との合併　□ reduction 削減　□ subsidiary 子会社

## A 社内へのお知らせ　　c. 探し物などのお知らせ

**件名** ▶ 件名：カタログを探しています。

皆様

**書き出し** ▶ マーキュリーZ社の製品カタログを探しています。

**主文** ▶ 急いで注文しなければならない商品があり，カタログで確認したいのですが，どこにも見当たらないのです。

**結び** ▶ どなたかお持ちではないでしょうか。または，置いてある場所をご存じの方がいらっしゃいましたらご連絡ください。

よろしくお願いします。
菅原正人

## 🔧 3ステップの置き換え例文

### 書き出し ▶ 探している物などについて述べる

- □ 正常に動くマウスで余っているものがあったら教えてほしいのですが。
  **Please let me know if** anybody has an extra mouse that works properly.
- □ 会社の封筒に入った資料が昨日から会議室のテーブルに置かれたままになっています。
  **There are** some materials in a company envelope **that have been left on** the meeting room table **since** yesterday.
- □ 今朝届いたはずの宅配便の荷物の行方を探しています。
  **I am looking for** a parcel that should have been delivered this morning.
- □ お茶コーナーの入り口付近でUSBメモリースティックを拾いました。
  **I picked up** a USB memory stick **near** the entrance to the tea corner.

### 主文 ▶ 探している理由などを述べる

- □ その資料は明日の会議で使うものなのですが，どこかに置き忘れてしまったのかもしれません。
  I need to use the materials at tomorrow's meeting, but **I think I may** have left them somewhere.
- □ 宅配便の営業所に問い合わせたところ，すでに配達済みということでした。
  **When I inquired at** the office of the delivery company**, they said** it had already been delivered.

Subject: Searching for a catalog

To all:

**I am searching for** the Mercury Z product catalog.

I want to check the catalog for a product that has to be ordered quickly, but **I cannot find** the catalog **anywhere**.

Does anybody have the catalog? **If anybody knows** where it is**, please contact me**.

Thank you,
Masato Sugawara

---

- □ このまま廃棄してしまっていいのかどうか迷っています。
  **I'm not sure whether it's okay to** dispose of it as it is.

### 結び　今後の対応を促す

- □ お使いになられたカタログは，すぐに元の場所に戻しておいてください。
  **After using** the catalog**, please return** it **at once to** its original place.
- □ 荷物の差出人は CEM 企画です。見かけた方はご一報ください。
  The sender of the package is CEM Enterprises. **If anybody** has seen it**, please let me know**.
- □ 封筒は受付に預けてありますので，お心当たりの方はそちらまでお願いします。
  I have left the envelope at reception; **so, if you are the owner, please go** there **to pick** it **up**.

---

#### ⁘ Words & Phrases ⁘
- □ search for 〜　〜を探す　　□ extra　余分の
- □ be sure whether 〜　〜かどうか確信している
- □ return 〜 to …　〜を…に返す　　□ reception　受付　　□ owner　持ち主

## A 社内へのお知らせ　　d. 実施のお知らせ

**件名** ▶ 件名：メールサーバーメンテナンスのお知らせ

皆様

**書き出し** ▶ 12月6日（土）の午後1時から5時までの予定でメールサーバーのメンテナンス作業が行われます。

**主文** ▶ メンテナンス中はメールが使用できなくなります。

**結び** ▶ 土曜日ですが，出社される方がいらっしゃいましたらご注意ください。また，必要に応じて取引先にもその旨伝えておくようにしてください。

よろしくお願いします。
塚本まどか

## 🔧 3ステップの置き換え例文

### 書き出し ▶ 実施事項を伝える

□ 今週の金曜日に，社内の火災警報装置の定期点検が実施されます。
**On** Friday of this week, a routine inspection of the company fire alarm system **will be carried out**.

□ すでにお伝えしてありますが，明日から2カ月の予定で当ビルの耐震補強工事が始まります。
**I have already notified all of you about this, but** seismic reinforcement work of this building will commence from tomorrow and continue for 2 months.

□ 今年度の健康診断は6月12日に実施されます。
This year's physical checkups **will be conducted on** June 12.

□ 資材部のフロア移動により，本日午後3時から備品の搬送が行われます。
Office equipment **will be being transported** today **from** 3:00 p.m. as the Materials Division is relocating to another floor.

### 主文 ▶ 注意点などを述べる

□ 業務時間中，点検業者が各フロアの装置を点検して回ります。
The inspectors **will be inspecting** equipment **on all floors during** business hours.

□ 検査項目や時間などは添付の資料の通りです。
The inspection items and times **are given in the attached document**.

Subject: E-mail server maintenance

To everybody:

Maintenance work on the e-mail server **is scheduled for** December 6, Saturday, **from** 1:00 p.m. **to** 5:00 p.m.

E-mail **will not be available while** the maintenance is being carried out.

It is a Saturday, but anyone who will be in the office should be aware of this fact. Also, **you might want to pass this information on to** clients **if necessary**.

Thank you,
Madoka Tsukamoto

---

- □ 長期にわたるかなり大がかりな工事です。その間，工事関係者の出入りが予想されます。
  The construction is quite large-scale and will take a long time. During that time **it is likely that** construction workers will be going in and out of the building.
- □ できるだけ非常階段を使用する予定ですが，場合によってはエレベーターを使うこともあります。
  Use **will** be made of the emergency staircase **as far as possible; however,** the elevator **will also** be used for some items.

### 結び　各自の対応を促す

- □ 点検の妨げになる荷物などを事前に片づけておくようお願いします。
  **Please** tidy away **before** work **begins** any articles that may hinder the inspection.
- □ 工事に伴う騒音などでご迷惑をおかけするかもしれませんがご理解ください。
  **Please understand that** the construction work might create some noise or other disturbance that you may find inconvenient.
- □ 当日はなるべく受診できるよう各自予定を調整してください。
  **Please try to arrange your schedules so that you can** receive your checkup **on** the specified day.

#### ・ Words & Phrases ・
□ aware of 〜　〜に気づいて　　□ commence　始まる　　□ physical checkup　健康診断
□ business hours　営業時間　　□ construction　建築工事　　□ hinder　〜を妨げる

## B 社外へのお知らせ　　a. 新設・移転のお知らせ

**件名**　件名：会社移転のお知らせ

マーティン様

**書き出し**　セントラルイースト社は9月1日に移転する予定です。

**主文**　移転先の住所，電話番号，FAX番号は次の通りです。
住所：〒123-0000　東京都港区東赤坂1-2-3
電話番号：03-7654-4XX1　　FAX番号：03-7654-4XX2

**結び**　駅から近く便利なところです。こちらにおいでの際にはぜひお立ち寄りください。

高田美佐

## 🔧 3ステップの置き換え例文

### 書き出し　新設・移転などの旨を伝える

- ☐ 6月1日にサンライズ音楽事務所を設立し，業務を開始しましたのでごあいさつを申し上げます。
  **We would like to extend our warmest greetings to you following** the establishment of the Sunrise Music Office on June 1 and the commencement of our operations.
- ☐ 10年間勤務したゴールドスター証券を退職し，この度，志を同じくする者2名と共に会社を設立いたしました。
  I have resigned from Gold Star Securities after working for them for 10 years. **I have set up a new company in partnership with** two other likeminded colleagues.
- ☐ 弊社の中国における営業拠点として，北京に支店を開設いたしました。
  **We have opened a branch in** Beijing that will be our sales base in China.
- ☐ 弊社支店の統合についてご案内申し上げます。
  **I would like to inform you of the consolidation of** our branches.

### 主文　新設・移転などの詳細を述べる

- ☐ 資材部門は今まで通り横浜の社屋に残ります。
  The Supplies Division **will remain at** our Yokohama premises.

Subject: Notification of company relocation

Dear Mr. Martin:

Central East Company **is scheduled to relocate on** September 1.

The new address, telephone number and fax number **are as follows**.
Address: 1-2-3 Higashi-Akasaka, Minato-ku, Tokyo, 123-0000
Tel: 03-7654-4XX1  Fax: 03-7654-4XX2

The new location is conveniently situated near the station. **If you have the opportunity to visit the area, we hope you will stop by** our company.

Best regards,
Misa Takada

---

- □ 新住所は川崎市南川崎区 5-6-8 SKK ビル 5 階です。電話番号と FAX 番号は今までと変わりません。
  **The new address is** 5F, SKK Building, 5-6-8 Minami-Kawasaki-ku, Kawasaki. The telephone number and fax number **have not changed**.
- □ 子会社の名称はメープルファクトリーで，カナダの自然に囲まれた美しい場所にあります。
  **The name of** the subsidiary **is** Maple Factory, and it is in a beautiful location surrounded by the natural beauty of Canada.

### 結び　あいさつを述べ，次へとつなげる

- □ 新しいオフィスでお目にかかることを楽しみにしております。
  **I look forward to seeing you in** the new office.
- □ 移転に関するお問い合わせは弊社総務部（電話 03-4444-55XX）までお願いします。
  **Please contact** the General Affairs Section (TEL: 03-4444-55XX) **if you have any inquiries regarding** the relocation.

#### ∵ Words & Phrases ∵
- □ relocation　移転　　□ stop by ～　～に立ち寄る
- □ resign from ～　～を退職する　□ set up　（会社など）を設立する
- □ in partnership with ～　～と協力して　□ consolidation　合併

## B 社外へのお知らせ　b. 連絡先変更などのお知らせ

**件名** 件名：メールアドレスの変更

アリス様

**書き出し** プロバイダーを変えたので，メールアドレスが変更になりました。

**主文** 新しいメールアドレスは mori@bbzz.co.jp です。これからはこちらを使ってください。

**結び** よろしくお願いします。

森直樹

## 3ステップの置き換え例文

### 書き出し　連絡先の変更などを伝える

- □ 10月1日より弊社の電話番号とメールアドレスが変更になりますのでお知らせいたします。
  **This is to notify you that** the telephone number and e-mail address of our company **will change on** October 1.
- □ 弊社の営業時間の変更についてご案内申し上げます。
  **I wish to inform you of a change in** our business hours.
- □ 4月1日付で行われる組織改編により，私の所属部署の名称が現在の「営業1部」から「営業管理部」に変更となります。
  Following the organization restructuring that will be effective as of April 1, **the name of** the section in which I work, currently "Sales Section 1", **will change to** the "Sales Management Section."
- □ 御社の担当をさせていただく他のもう1名の者をご紹介いたします。
  **I would like to introduce you to** our other coordinator assigned to your company.

### 主文　変更内容などの詳細を述べる

- □ 12月1日以降はこのメールアドレスにメールをお送りいただくことができなくなります。
  **It will no longer be possible to send** e-mails **to** this address **from** December 1.

Subject: Change in e-mail address

Dear Alice:

I have changed providers and so my e-mail address **has changed**.

**The new** e-mail address **is** mori@bbzz.co.jp. **Please use** this address **from here on**.

**Thank you.**

Regards,
Naoki Mori

---

- ☐ 来月末までは新旧両方のアドレスを使えますが，それ以降は新しいアドレスのみを使うことになりますのでご留意ください。
  **Please note that**, although I will be able to use both my old and new e-mail addresses up to the end of next month, after that time I will be using only the new address.
- ☐ 現在は9時始業17時終業ですが，来月より9時30分始業17時30分終業となります。
  **Present** working hours **are** 9:00-17:00**; from** next month they **will change to** 9:30-17:30.
- ☐ 私の後任は長谷川誠という者です。先月名古屋支店から本社に戻ってまいりました。
  **The name of the person who will take over from** me **is** Makoto Hasegawa. He returned to the head office from the Nagoya branch last month.

### 結び　あいさつを述べ，次へとつなげる

- ☐ ご面倒をおかけいたしますが，ご理解のほどよろしくお願いいたします。
  I am sorry for the inconvenience, and **I ask for your understanding**.
- ☐ 変更により不都合などが生じましたら，ただちにお知らせください。
  **Should** this change **cause any inconvenience, please let me know right away**.
- ☐ 今後ともよろしくお付き合いくださいますようお願いいたします。
  **I hope that we may continue to do business together into the future**.

#### ∴ Words & Phrases ∴
☐ provider （インターネットの）プロバイダー　　☐ introduce ～ to ...　～を…に紹介する
☐ take over from ～　～から引き継ぐ　　☐ right away　すぐに

## B 社外へのお知らせ　c. 休業日のお知らせ

**件名** ▶ 件名：夏期休業のお知らせ

お客様各位

**書き出し** ▶ 弊社は8月12日から18日までの夏期休暇に伴い，この間を休業とさせていただきます。

**主文** ▶ 休業中の緊急のお問い合わせは，本社代表アドレス宛にご連絡ください。

**結び** ▶ ご不便をおかけしますが，どうぞよろしくお願いいたします。

山中雪菜

## 🔧 3ステップの置き換え例文

### 書き出し ▶ 休業の旨を伝える

- ☐ 当社は12月28日より1月4日まで年末年始休暇としてお休みをいただきます。
  **We will halt operations from** December 28 **to** January 4 **for** the New Year break.
- ☐ 来週金曜日の午後は棚卸しのため営業を休ませていただく予定です。
  **We plan to suspend business on** the afternoon of next Friday **for the purpose of** stocktaking.
- ☐ 4月29日から5月5日までは本支店ともに休業となります。
  Both the main office and branch offices **will be closed from** April 29 **to** May 5.
- ☐ 全社的なシステムメンテナンスを実施するため，3月5日は全日休業となります。
  **We will stop operations for one day on** March 5 **due to** the implementation of company-wide system maintenance.
- ☐ 内装工事のため，9月27日から29日までの間本社オフィスが閉鎖されます。
  The head office **will be closed from** September 27 **to** 29 **for** interior remodeling.
- ☐ 10月15，16日は社員旅行のため，企画開発部のオフィスは休業となります。
  The Project Development Division **will be closed on** October 15 and 16 **as** personnel will be for a staff trip.

Subject: Notification of summer vacation period

To all customers:

**We will suspend operations during** the summer vacation period from August 12-18.

**Should you have any urgent inquiries during** the break, **please contact us using** the head office e-mail address.

**We are sorry for the inconvenience. Thank you for your cooperation.**

Sincerely yours,
Yukina Yamanaka

## 主文 ▶ 休業中の対応などを述べる

- □ 明朝こちらからご連絡を差し上げることにいたします。
  **We will contact you** tomorrow morning.
- □ 顧客サービスセンターはこの期間中も24時間対応させていただく予定です。
  The customer service center **will be open 24 hours a day during** this period.
- □ 休業中は社員が交代で出社し，緊急の連絡に備えることになっております。
  Members of staff **will be taking turns to man the office during** the vacation period should you need to contact to deal with any urgent matters.

## 結び ▶ 理解を求める

- □ ご理解，ご協力のほどお願い申し上げます。
  **We would like to ask for your understanding and cooperation.**

### ❖ Words & Phrases ❖

- □ break　短い休暇
- □ head office　本社
- □ for the purpose of ～　～のために
- □ stocktaking　棚卸し
- □ implementation　実施
- □ open　営業中の
- □ take turns to do　交替で…する
- □ man　～を受け持つ

## B 社外へのお知らせ　　d. 不在のお知らせ

**件名** ▶ 件名：出張のお知らせ

トニー様

**書き出し** ▶ 今月の20日から23日まではイタリア出張のため会社におりません。

**主文** ▶ 出張中は all-staff@unwase.co.jp までメールをお送りくださいますようお願いします。

**結び** ▶ ご迷惑をおかけして申し訳ありません。出張から戻ったらまたお話しさせてください。

ではまた。
高橋真弓

## 🔧 3ステップの置き換え例文

### 書き出し ▶ 不在の旨を伝える

- ☐ 9月15日から24日まで遅めの夏期休暇をとります。
  **I will take a** late summer **vacation from** September 15-24.
- ☐ 3月に入りましたら少し長い休暇をとる予定でいます。
  **I am planning to take** quite **a** long **vacation in** March.
- ☐ 研修のため来週25日から7日間会社を留守にし，来月1日から出社します。
  **I will be absent from the office for** 7 days **from** the 25th of next week for training, **and I will be back in the office from** the 1st of next month.

### 主文 ▶ 不在中の対応などを述べる

- ☐ 私の不在中は，同僚の沢口健太が代わりに御社の担当をいたします。彼に何なりとお申し付けください。
  **While** I am away, **my colleague** Kenta Sawaguchi **will be in charge of liaison with** your company in my stead. Please feel free to ask him anything.
- ☐ 緊急の場合は，メールではなく直接私の携帯電話にご連絡ください。
  **In an emergency, please** call my cell phone directly **rather than** using e-mail.
- ☐ 休暇中の緊急のお問い合わせは，yamanaka@sott.com までご連絡ください。
  **For emergency inquiries while** I am away, **please contact** me **at** yamanaka@sott.com.

Subject: Notification of business trip

Dear Tony:

**I won't be in the office from** the 20th of this month **to** the 23rd **as** I will be in Italy on business.

**Please send e-mails to** all-staff@unwase.co.jp **while** I am away.

**I apologize for any inconvenience this may cause you.** I would like for us to talk when I return from my trip.

See you then,
Mayumi Takahashi

---

☐ 出張中はすぐにメールで返信を差し上げることが難しいと思います。代わりに佐藤綾乃に連絡していただけるとありがたいです。
It will be difficult for me to reply promptly by e-mail during my business trip. **I would be grateful if you could contact** Ayano Sato **instead**.

☐ お急ぎのご注文は出張前の8月24日までにご依頼いただけると大変助かります。日程的にもスムーズに対応させていただけると思います。
**It would be of great help if** you could place any rush orders by August 24, before I am due to leave on the business trip. I will be able to handle with no trouble any orders placed by then.

### 結び ▶ 理解を求める

☐ なるべくご迷惑のかからない形にしたいと考えています。ご理解のほどお願いします。
**I hope to cause you as little inconvenience as possible.** I ask for your understanding in this matter.

☐ 具体的な日程が決まり次第改めてご連絡いたしますので，もうしばらくお待ちください。
**I will contact you once again as soon as** my schedule has been decided. Please wait a little longer.

#### ∴ Words & Phrases ∴
☐ away　不在で，留守で　　☐ liaison with ～　～との連絡係　　☐ rush　大急ぎの
☐ handle　～に対処する

## B 社外へのお知らせ　　e. 会社情報に関するお知らせ

| 件名 | 件名：ウェブサイト開設のお知らせ |

ウォーカー様

| 書き出し | この度，弊社ではお客様に最新の情報を提供するためにウェブサイトを開設いたしましたのでお知らせいたします。 |

| 主文 | 当サイトでは弊社全商品や，お買い得情報，オンライン上でのご注文方法などについて詳しく掲載しております。 |

| 結び | 弊社ウェブサイトを末永くご活用いただければ幸いです。 |

荒川尚文

## 🔧 3ステップの置き換え例文

### 書き出し　会社情報提供の旨を伝える

- □ 新たに開設した弊社ウェブサイトのご紹介をいたします。
  **Allow me to introduce to you** our newly-established website.
- □ 長らくお待たせしておりましたが，弊社製品のカタログの最新版ができ上がりましたのでお知らせいたします。
  We are sorry to have kept you waiting, but **we are pleased to announce the release of** the latest version of our product catalog.
- □ お客様の日頃のご愛顧に感謝して弊社の会社案内をお送りいたします。
  **I am sending you** our company brochure **in thanks for** your long-standing loyal patronage.
- □ 当社ウェブサイトが装いも新たにリニューアルし，さらにご利用いただきやすくなりました！
  We have revamped our website and **it is now much easier to use**!

### 主文　情報の詳細を述べる

- □ カタログの最新版では検索機能を改善し，ご希望の商品を見つけやすくしました。
  **We have improved** the search function **in** the latest version of the catalog, **and it is now easier for you to** find the products you want.

Subject: Website launch

Dear Ms. Walker:

**I would like to inform you that we have launched a website in order to** provide customers with up-to-date information.

**On** the website **we have posted details about** all of our products, bargain information, the online ordering system, and so on.

**We hope that you will make active use of** our website **in the years ahead**.

Sincerely yours,
Naofumi Arakawa

---

- □ 営業内容や各営業所の紹介など，弊社をより深く知っていただく上で欠かせないものとなっております。
  **It includes information such as** our business operations, branch offices, etc. **that is essential for those who wish to know more about** our company.

### 結び　あいさつを述べ，次へとつなげる

- □ 次回ご用命の際には新カタログをご参照いただきますようお願いいたします。
  **Please refer to** the new catalog **the next time you wish to** take advantage of our services.
- □ ぜひ当ウェブサイトをご覧になり，ご利用ください。
  **We hope that you will drop by and use** our website.
- □ 便利な機能満載の新ウェブサイトをお気軽にお試しください！
  **Please feel free to visit** our new website, which is fully loaded with handy functions!
- □ 当サイトに関するご意見，ご要望などございましたら，カスタマーサービスまでご連絡ください。
  **If you have any opinions or requests regarding** this website, **please contact** customer services.

---

#### ･: Words & Phrases :･
- □ up-to-date　最新の
- □ long-standing　長年続く
- □ revamp　～を改造する
- □ take advantage of ～　～を利用する
- □ loaded with ～　～を満載した

## B 社外へのお知らせ　　f. 会社へのアクセスのお知らせ

**件名**　件名：弊社までのアクセスについて

ローレンス様

**書き出し**　来週初めてご来社いただく際のご参考に，弊社までのアクセス方法をご案内いたします。

**主文**　地下鉄西南線大阪御苑前駅西口を出て，中央通りの御苑1丁目の交差点を横断すると目の前にあります。

**結び**　当日お目にかかるのを楽しみにしております。

河田守

## 3ステップの置き換え例文

### 書き出し　アクセス案内の旨を伝える

□ 空港から弊社までのアクセスについてお問い合わせいただきありがとうございました。
**Thank you for your inquiry about how to get from** the airport **to** our company.

□ 明日弊社にお寄りいただくことになっていますが，念のため場所を説明しておこうと思います。
Since you will be visiting us tomorrow, **I would like to** explain where we are located, **just to make sure**.

### 主文　アクセス方法を伝える

□ 弊社は，山上線の西朝日が丘駅から歩いて約10分のところにあります。
**We are located** about 10 minutes' walk **from** Nishi-Asahigaoka Station on the Yamagami Line.

□ 空港からは，電車の場合は山下線で最寄りの朝日が丘駅まで約1時間，車で直接おいでいただく場合は約1時間20分です。
**From** the airport, **it takes** about 1 hour **by** train **to** Asahigaoka Station, the nearest station on the Yamashita Line, or it takes about 1 hour 20 minutes by car.

Subject: Directions to our company

Dear Mr. Lawrence:

**I would like to give you directions on how to get to** our company when you visit us next week as it will be your first visit.

**Come out of** the west exit of Osaka-Gyoen-Mae Station on the Seinan Subway Line, **cross the intersection at** Gyoen 1-chome on Chuo Street, **and you will see** our office **in front of you**.

**I look forward to seeing you on the day.**

Best regards,
Mamoru Kawada

---

- 前橋営業所の前に桜山というバス停があります。当日はそこでお待ちしております。
  **There is** a bus stop **called** Sakurayama **in front of** the Maebashi office. I will wait for you there on the day.
- 空港からたくさんバスが出ているので，それをご利用いただくのが一番便利かと思います。
  **I think** the bus **is the most convenient**, because there are many buses that depart from the airport.
- 御社から弊社までは1時間あれば十分お越しになれると思います。
  One hour **should be plenty of time to get from** your office **to** ours.

### 結び　あいさつを述べ，次へとつなげる

- 駅からお電話をいただければ，こちらからお迎えに伺います。
  **If you call me from** the station, **I will come to meet you**.
- ご不明な点があれば何なりとお尋ねください。
  **Please feel free to ask if there is anything about which you are uncertain**.
- 詳細については添付した地図をご覧ください。
  **Please see** the attached map **for the details**.

**∴ Words & Phrases ∴**
☐ directions　道順の説明　　☐ intersection　交差点　　☐ in front of ~　~の正面に
☐ inquiry　問い合わせ　　☐ uncertain　確信のない

## B 社外へのお知らせ　g. 商品・サービス変更のお知らせ

**件名** ▶ 件名：製品価格変更のお知らせ

フォンダ様

**書き出し** ▶ 10月1日より弊社製品の一部価格を添付の価格表の通り値上げさせていただきたくお知らせいたします。

**主文** ▶ これまで価格の据え置きに長い間努力してまいりましたが，昨今の原油価格の高騰により値上げに踏み切らざるを得なくなった次第です。

**結び** ▶ これからも今まで以上のサービスに努める所存ですので，どうかご理解賜りたく謹んでお願い申し上げます。

畑中浩

### 🔧 3ステップの置き換え例文

#### 書き出し　商品・サービス変更の旨を伝える

- □ 大変心苦しいのですが，当社パン製品の価格を引き上げなければならなくなりました。
  **We are very sorry to tell you this, but have to** inform you that we are obliged to raise the prices of our bread products.
- □ 弊社サービスの変更についてご案内申し上げます。
  **I wish to tell you about the changes we are making to** our services.
- □ この度，弊社携帯電話のモデルST-Ⅱシリーズの製造を中止することになりましたのでご連絡いたします。
  **I am contacting you to inform you that** the production of our ST-II Series cell phones will be discontinued.

#### 主文　変更の詳細や理由を述べる

- □ 当モデルは1990年の発売以来ご好評をいただいてきましたが，4月に発表予定の新型モデルに引き継ぐという方向で製造中止が決定いたしました。
  This model has been well received ever since its release in 1990; however, **we have decided to** halt its production due to the release in April of a new model that will be its successor.

Subject: Notification of product price change

Dear Ms. Fonda:

**I wish to inform you that as of** October 1 **the prices of** some of our products **will increase** as detailed on the attached price list.

Although we have made every effort to maintain prices for as long as possible, **we have had no choice but to** increase prices following the recent steep rise in the price of crude oil.

**We will continue to strive to make our services better than ever,** and ask for your kind understanding in this matter.

Sincerely yours,
Hiroshi Hatanaka

---

- ☐ 経営努力を重ねてまいりましたが，生産コストのたび重なる上昇により皆様にもその一部をご負担願う結果となってしまいました。
  **Our management has made every effort, but** as a result of the repeated increases in production costs, **we have decided we must** ask you to bear some of those increases.
- ☐ 日本円の高騰により，3000GN をメーター 30 ドルで出荷するのが難しくなったのです。
  **Because of** the sharp rise in the exchange rate of the Japanese yen, **it has become difficult for us to** ship the 3000GN at $30.00 per meter.

### 結び　▶　お詫びを述べ，理解を求める

- ☐ 今回の値上げの必要性をご理解いただければ幸いです。
  **We would be grateful for your understanding of** the necessity for the increase in prices.
- ☐ これまで同様，当社製品をご愛顧くださいますよう願っております。
  **We hope that you will continue to choose** our products.
- ☐ ご不明な点があれば直接私にお尋ねください。
  **If there are any points that are unclear, please ask** me directly.

**∴ Words & Phrases ∴**
☐ maintain　～を維持する　　☐ steep　急激な　　☐ discontinue　～の生産を中止する
☐ halt　～を停止する　　☐ successor　後継者

## B 社外へのお知らせ　　h. 選考結果のお知らせ

**件名**　件名：面接結果のお知らせ

ミラー様

**書き出し**　先日は面接にお越しいただきありがとうございました。

**主文**　履歴書や面接内容を検討した結果，当ホテルのフロントマネージャーとしての採用が決定いたしました。

**結び**　手続きなどのため今週中に一度ご来社いただけますでしょうか。よろしくお願いいたします。

小池佐枝子

## 3ステップの置き換え例文

### 書き出し　応募へのあいさつを述べる

□ この度は当社ウェブデザイナー募集にご応募いただきありがとうございました。
**Thank you very much for applying for** the position of website designer at our company.

□ 先週行われた企画の選考結果についてお知らせいたします。
**This is to inform you of the result of** the project screening held last week.

### 主文　選考の結果を述べる

□ ご経歴から判断し，総務部長の職を十分お任せできるという結論に達しました。
**Taking** your experience **into account, we have come to the conclusion that** you are eminently capable of undertaking the responsibilities of Administrative Manager.

□ 検討させていただきましたが，残念ながら今回は採用を見送らせていただくことになりました。
After careful consideration, **unfortunately we are unable to offer you** the position at this time.

□ せっかくご応募いただきましたが，残念ながら勤務条件についてご希望に添うことができません。
Thank you for your application. Unfortunately **we are not able to grant** the working conditions **you desire**.

Subject: Interview result

Dear Mr. Miller:

**We appreciated your coming to our office for** an interview.

**On the basis of** your résumé and the discussion we had at the interview**, we have decided to offer you the position of** front manager at our hotel.

**Would it be possible for you to come to our office** sometime this week **to** carry out the official procedures and other necessary steps**?** Thanking you in advance.

Sincerely yours,
Saeko Koike

- 営業スタッフとして来月からぜひ弊社にお迎えしたいと思っております。
  **We would like to welcome you as** our sales representative **from** next month.
- 厳正な審査の結果，貴殿の作品が雑誌『現代詩』の11月号掲載作品に選ばれました。
  **Following** rigorous examination, your work **has been selected for** publication in the November issue of "Modern Poetry" magazine.

### 結び　あいさつを述べ，次へとつなげる

- 来週から一緒に働くことができますことを楽しみにしております。
  **We are looking forward to** working with you from next week.
- 近々お目にかかれる日を一同楽しみにしております。
  **Everyone is looking forward to** meeting you in the near future.
- 今回はご希望に添えず申し訳ありません。今後のご活躍をお祈りしております。
  **We are sorry that we are not able to meet your expectations. We wish you all the best.**
- 詳細については追ってお知らせいたします。
  **We will let you know** the details **later**.

#### ∴ Words & Phrases ∴
- interview　面接　　□ résumé　履歴書　　□ come to the conclusion that ～　～という結論に達する　　□ undertake　～を引き受ける　　□ expectation　期待

# Column 10

## 日本人が間違えやすい英語①

　日本人が間違えやすい箇所は大きく分けて2種類あります。1つは，**日本語にはない考え方であるために間違えやすい場合**（名詞の数，冠詞，自動詞と他動詞の使い分けなど）。もう1つは，**日本語訳に惑わされる場合**（他動詞と目的語の組み合わせ，単語の組み合わせ，品詞の使い分けなど）です。ここではまず，前者の「日本語にはない考え方であるために間違えやすい例」を見てみましょう。

### 名詞の数
　英語の名詞には，**可算名詞と不可算名詞**があります。可算名詞の場合は，単数なのか複数なのかに注意しましょう。不可算名詞は water, advice のようにそれ自体は数えられないものを表していますが，a piece of advice のような形をとり数える場合もあります。それぞれの不可算名詞で数え方が違うので注意が必要です。
　中には，1つの名詞に可算名詞と不可算名詞の両方の用法があり，どちらの用法かによって意味が異なることもありますので，注意が必要です。たとえば work は不可算の「仕事」ですが，a work (works) は可算の「芸術作品」という意味になります。

### 冠詞（a / an / the）
　**a / an** は，初めて話題にのぼるなど，何を指しているのか特定できない場合に可算名詞の単数形の前に置きます。一方，**the** は何を指しているのか特定できる場合に，名詞の単数形，複数形の両方の前に用います。the の後に続くのは次のようなものが考えられます。① 一度話題にのぼった名詞，② 状況から特定される名詞，③ 1つしか存在しない名詞，④ only / same などと共に使われる名詞，⑤ 最上級の前など。この区別が曖昧な人は少なくないようです。改めて確認しておきましょう。

### 自動詞と他動詞の使い分け
　自動詞と他動詞の判断を誤り，その後の前置詞や目的語の置き方を誤る例もよく見られます。discuss や agree など，仕事上よく使う動詞についてはしっかり理解しておきましょう。

| 例 | | |
|---|---|---|
| | × discuss about the issue | ○ discuss the issue（他動詞なので前置詞は不要） |
| | × enjoy in NY | ○ enjoy my stay in NY（他動詞なので目的語が必要） |
| | × agree you | ○ agree with you（自動詞なので前置詞が必要） |

# 11 社交のあいさつ

- A　接待・贈答品などのお礼
- B　相手に対する称賛
- C　①訃報
    - ← C　②お悔やみ
- D　お見舞い・励ましなど
- E　①退職・異動などのあいさつ
    - ← E　②退職・異動などのあいさつへの返信
- F　記念日・受賞などのお祝い
- G　結婚・出産などのお祝い
- H　季節のあいさつ

## 的確に書く技術

✉ 書く前にチェック！

# 異動のあいさつをする

······ p.236

　異動や転勤が決まり，現在の業務から離れることになった時に，関係する取引先などにメールで連絡をする場合がありますね。どのような点に気をつけるとよいかを，「間違い例」を通して確認しましょう。

---

Subject: Notification of transfer

Dear Mr. Johnson:

I will get a transfer from the Osaka Branch to the Tokyo Head Office. I will begin to work at the new office from April 1.

> 〈動詞＋名詞〉では冗長なので，transfer と動詞1語で簡潔に書きましょう。

> 〈begin ～ on ＋日付〉とします。日本語の「～から」と混同しないように注意。

> 文頭を and や but で始めるのはなるべく避けましょう。

I am a bit worried about the new area. And I think I may face some difficult tasks there, but ★1 I will do my best more than ever.

> worried では何か問題があると誤解される可能性あり。nervous but excited とするとポジティブな印象になります。

★2 I really appreciate all your help and support. I would like to ask for your continued cooperation in the future and I pray for your happiness and continued success.

> この段落はすべての文が I で始まっていて単調なので，ここは Thank you for ～などとするとよいでしょう。

> 内容的には書いても問題ない文ですが，結びが長くなりくどい印象なので，省いてもよいでしょう。

Sincerely,

Minami Yamamoto

**場面設定**
- 送信者：山本みなみ（Minami Yamamoto）
- 宛　先：取引先企業のブライアン・ジョンソン
- 要　旨：大阪支社から東京本社に転勤になった旨と，これまでのお礼の気持ちを伝える。

## 必ずおさえたいポイント

　異動が決まり，ビジネスパートナーに挨拶をするメールでは，新たな勤務先などの事務的な連絡とともに，これまでの感謝の気持ちを伝えましょう。なお，可能な範囲で後任者についての情報も伝えると効率的です。

### ★1 前向きな気持ちを述べる
　差し支えない範囲で異動先での業務内容に触れつつ，新しい環境での仕事に臨む決意など，前向きな気持ちを述べましょう。I will be working on ～ . I think this is a big chance for me to ～ . のような表現が使えます。

### ★2 円滑な引き継ぎを図る
　これまでお世話になったことに対する感謝の気持ちを示すことも大切です。なお，appreciate は I appreciate you. のように人を目的語にとらないので，注意しましょう。また，Miho Tachibana will be taking over my position. She is well experienced in this business.（立花美穂が私の後を引き継ぎます。彼女はこの業務の経験が豊富です。）などと後任者についても軽く触れておくと引き継ぎがスムーズになるでしょう。

---

**TIPS FOR BETTER BUSINESS E-MAILS**　話題を切り出す時の表現

　メールを受け取った相手は，そのメールが送られてきた理由をまず知りたいと考えますので，メールの冒頭で相手にその用件の背景，詳細情報などを知らせる必要があります。話を切り出す時には，〈This is to notify you that + SV / of + 名詞～〉（これは～についてお知らせするためのメールです），〈I'm writing to do ...〉（…するためにメールを書いています）などの表現が役立ちます。

◇ This is to notify you that the color you ordered is no longer available.
　（ご注文いただいた色の商品は現在お取り扱いがないことをお知らせします。）
◇ I am writing to inquire about our order No.123.
　（注文番号 123 についてお伺いしたく，メールをお送りいたします。）

　上の例文の下線部には，confirm ～（～について確認する）/ let you know that ...（...ということを知らせる）/ apologize for ～（～についてお詫びする）/ comment on ～（～について意見を言う）/ apply for ～（～に応募する）なども当てはめることができます。応用のきく表現ですので，ぜひ覚えておきましょう。

## A 接待・贈答品などのお礼

**件名** ▶ 件名：いろいろありがとう。

エリザベス様

**書き出し** ▶ そちらに出張中は大変お世話になり，ありがとうございました。

**主文** ▶ 仕事だけでなく，あちこち案内していただきとても楽しく過ごせました。特に最後の晩に皆さんと一緒に食べて飲んでおしゃべりしたことが一番の思い出です。

**結び** ▶ また近いうちにお会いできるといいですね。皆さんにもよろしくお伝えください。

ありがとう。
久保田豊

## 🔧 3ステップの置き換え例文

### 書き出し ▶ 接待などに対するお礼を述べる

□ 先日は，打ち合わせ後にイタリア料理店ご招待いただきまして深く感謝申し上げます。
**I would like to express my deepest gratitude to you for inviting me to the meal at** the Italian restaurant after the meeting the other day.

□ 現地滞在中は御社工場施設をご案内いただき大変勉強になりました。
While I was staying in the area, **I learned a lot from** being shown around your plant premises.

□ 昨日あなたから私の昇進祝いに素晴らしいワインが届きました。感激しました。
I received your magnificent bottle of wine yesterday in celebration of my promotion. **I was very moved.**

□ 先日は私の結婚祝いに思いがけず素敵な贈り物を頂戴しありがとうございました。
**I would like to say thank you for** the most unexpected and very charming gift you gave me for my wedding.

### 主文 ▶ 接待などの感想を述べる

□ とても素敵なレストランで，料理も最高でした。何もかも素晴らしかったです。
The restaurant was wonderful, and the food was superb. **Everything was fantastic.**

Subject: Thank you for everything.

Dear Elizabeth:

**Thank you so much for the wonderful hospitality I enjoyed during** my business trip.

And not just in relation to work; I also **had a wonderful time** being shown around various places. In particular, the most memorable time was when I had dinner, some drinks and a nice chat with everyone on my last night.

I hope to see you in the near future. **Please give my regards to** everyone.

Thanks again,
Yutaka Kubota

---

- □ お宅に滞在中は地元の家庭料理をふるまっていただくなど，ご家族の温かいお心遣いに深く感謝しております。
  **Please accept my deepest gratitude for** your family's warm hospitality, including the local home-style food you served me while I was staying at your home.

### 結び　あいさつを述べ，次へとつなげる

- □ お忙しい中いろいろとご配慮いただいたことに重ねてお礼申し上げます。
  **I would like to thank you again for** making the various arrangements for me despite being so busy.
- □ 贈り物は大切に使わせていただきます。
  **I will cherish** your gift.
- □ ご厚意に感謝いたします。今後ともご支援をよろしくお願い申し上げます。
  **We thank you for your kindness.** Your continued support will be greatly appreciated.

---

#### ⁘ Words & Phrases ⁘
- □ hospitality　親切なもてなし
- □ show 〜 around ...　（人）に…を案内して回る
- □ premises　構内
- □ superb　極上の
- □ cherish　〜を大事にする
- □ support　支援

## B 相手に対する称賛

**件名** ▶ 件名：新製品展示即売会

鈴木様

**書き出し** ▶ 先週の新製品展示即売会におけるあなたのリーダーシップには目を見張るものがありました。

**主文** ▶ あなたは商品に対して情熱を注ぐだけでなく，スタッフ全員をまとめようと努力してくれました。即売会の成功はその努力によるところが大きいと感じています。

**結び** ▶ これからもわが社のために素晴らしい仕事を続けてください。

ありがとう。
ジョン・ムーア

## 🔧 3ステップの置き換え例文

### 書き出し ▶ 称賛する

- ☐ 先日の国際会議は，皆さんの万全な準備のおかげでとてもスムーズに進行することができました。
  The recent international conference **was able to proceed very smoothly as a result of** everyone's thorough preparations.
- ☐ ホワイト・アンド・グリーンのテイラー部長がわが社にいらしたとき，君の仕事ぶりに大変感心しておられました。
  Mr. Taylor, the Department Head from White and Green, **was very impressed with** your work performance when he visited our company.
- ☐ 新商品開発におけるあなたの企画力の高さには上層部も注目しています。
  The top management **is also now paying attention to** your considerable ability for new product development planning.
- ☐ 見落としがちなさりげない心遣いをありがとう。
  **Thank you for your attention to** details that are often overlooked.

### 主文 ▶ 称賛の具体的な内容を述べる

- ☐ 大会が大成功のうちに終わったのは，皆さんが毎日遅くまでいろいろな手配をしてくれた結果だと思います。
  **I think the fact that** the convention ended a great success **is the result of** everyone working late every day to arrange everything.

Subject: New product exhibition and sale

Dear Ms. Suzuki:

Your leadership at the new product exhibition and sale last week **was remarkable**.

**You** were not only passionate about the products but also **made efforts to** bring the staff together. I believe the success of the event was in large part the result of your efforts.

**Please continue** doing a great job **for** our company.

Thank you,
John Moore

---

- □ 考え方の柔軟さという点で君の右に出る者はいないと思います。
  **I don't think there is anybody who is as** flexible in their thinking **as you**.
- □ 君の的確なアドバイスが年度途中から売り上げの流れを大きく変えたと言っても過言ではないでしょう。
  **It is not going too far to say that** your explicit advice led to a turnaround in sales midway through the year.
- □ 皆さんのチームワークのよさこそがこのプロジェクトの最大の強みなのです。
  The excellence of everyone's teamwork **is the greatest strength of** this project.

### 結び　あいさつを述べ，次へとつなげる

- □ 皆さんと仕事ができることを誇りに思います。
  **I am proud to** have the opportunity to work with you all.
- □ これからもぜひ一緒に仕事をしていけたらいいなと思っています。
  **It would be great to be able to** continue working together.

---

**∵ Words & Phrases ∵**
- □ exhibition　展示会
- □ proceed　進行する
- □ thorough　徹底的な
- □ pay attention to ～　～に注目する
- □ overlook　～を見落とす
- □ explicit　明確な，わかりやすい
- □ turnaround　好転
- □ midway　中途に

## C ① 訃報

| 件名 | 件名：訃報 |
|---|---|
| | 冬山様 |
| 書き出し | 大変悲しいお知らせがあります。弊社ロサンゼルス支店長のエミリー・シュミットが交通事故のため4月18日に急逝しました。 |
| 主文 | ご家族から，お花は受け取らないとの申し出がありました。その代わりに，故人をしのんでセントメアリー教会宛に寄付を送ることはできます。 |
| 結び | 謹んで彼女の冥福を祈りたいと思います。 |
| | ローラ・グリーン |

## 🔧 3ステップの置き換え例文

### 書き出し ▶ 訃報を述べる

☐ TR&B 社のジョゼフ・マクドナルド氏が，かねてから病気療養中のところ，昨夜ご逝去されたとの連絡がありました。
**We have been informed that** Joseph McDonald of TR&B Inc., who had been receiving treatment for an illness, **passed away** last night.

☐ 吉田課長のお母様が昨日お亡くなりになったことを謹んでお知らせいたします。
**I wish to inform you that** the mother of Section Chief Yoshida **passed away** yesterday.

### 主文 ▶ 葬儀について述べる

☐ 葬儀はご親族の方だけで執り行われるそうです。ご家族の希望で，お花は受け取りますが香典は固く辞退するということです。
**It seems** the funeral **will take place with just** family members and relatives. According to the wishes of the family, flowers will be accepted but condolence money will be firmly declined.

☐ 葬儀の詳細はまだ決まっておりませんので，追ってお知らせいたします。
**As the details of** the funeral **have yet to be decided, I will contact you regarding these later**.

☐ 加藤副社長と杉山部長が会社を代表して葬儀に出席される予定です。
**It is planned for** Vice President Kato and Department Head Sugiyama **to represent** the company **at** the funeral.

① 訃報
② お悔やみ

Subject: Condolences

Dear Mr. Fuyuyama:

I have some extremely sad news. Emily Schmidt, Head of our Los Angeles Branch, **passed away suddenly on** April 18 **as a result of** a traffic accident.

The family **asked for no** flowers. Instead, we may send a donation to St. Mary's Church in her memory.

**We pray that** her **soul may rest in peace**.

Sincerely yours,
Laura Green

- ☐ 皆川圭子さんのお通夜または葬儀に出席される方は，添付の案内を参考にしてください。
  **Those wishing to attend** the wake or funeral for Keiko Minagawa **should refer to the attached notice**.
- ☐ 香典は故人の遺志により固辞されるとのことです。万一お届けいただいた場合でもお断りさせていただきたいとのことです。
  **In accordance with** the wishes of the deceased, condolence money **is being firmly declined**. The family will not accept condolence money even if it is offered.
- ☐ 葬儀は添付の案内の通り執り行われます。
  The funeral **will be held as shown on the attached notice**.

**結び**　哀悼の意を示す

- ☐ まだ信じられません。ただ彼のご冥福をお祈りするのみです。
  I still can't believe it. **We can only pray that** he **may rest in peace**.

### ∵ Words & Phrases ∵

- ☐ condolences　お悔やみの言葉，弔辞
- ☐ pass away　死去する
- ☐ donation　寄付
- ☐ funeral　葬儀
- ☐ firmly　固く
- ☐ represent　〜を代表する
- ☐ wake　通夜
- ☐ the deceased　故人

## C ② お悔やみ

| 件名 | 件名：お悔やみ |
|---|---|
| | グリーン様 |
| 書き出し | エミリー・シュミット氏の訃報に接し，大変驚くとともに悲しみの念を禁じ得ません。 |
| 主文 | 長年にわたり多大な貢献をされた彼女を失うことは，出版業界にとってもわが社にとっても大きな損失です。 |
| 結び | スターブック出版社スタッフ一同，心からお悔やみ申し上げます。 |
| | 冬山智彦 |

## 🔧 3ステップの置き換え例文

### 書き出し　お悔やみを述べる

- ☐ お父様を亡くされたと伺い，お慰めする言葉も見つかりません。
  **I cannot find the words to express my feelings upon hearing of** your father's passing.
- ☐ サムが亡くなったと知って，言いようのない悲しみに打ちひしがれています。
  **I have been stricken with** unspeakable **grief after hearing that** Sam passed away.
- ☐ 悲しいお知らせを伺い，ご遺族に対しても大変お気の毒に思います。
  I heard the sad news and **I feel extremely sorry for** the family.

### 主文　故人について語る

- ☐ 私が新入社員だった頃から今までずっと，サリーにはとてもよくしてもらいました。何でも話せる間柄だったのに残念でなりません。
  Sally had been so good to me ever since I first entered the company. **I felt** I could talk to her about anything; **it is extremely unfortunate**.
- ☐ 彼は仕事人としてはもちろんのこと，友人としても心の温かいかけがえのない存在でした。
  He was a good worker, of course, but **as** a friend his warm-hearted nature **was irreplaceable.**

① 訃報
② お悔やみ

---

Subject: Commiserations

Dear Ms. Green:

**I was extremely surprised and sad to receive word that** Emily Schmidt has passed away.

After all that she has contributed over many years, her passing **is a huge loss to** both the world of publishing and our company.

**Please accept the deepest sympathy of all the staff at** Star Book Publications.

Sincerely yours,
Tomohiko Fuyuyama

---

- □ 彼はよく私たちに娘さんのことを話していました。彼女をとても愛していたのだと思います。
  He **often spoke to** us **about** his daughter. I got the impression he loved her very much.
- □ 最近話をする機会があまりなかったのですが、まさかこんなことになろうとは思ってもいませんでした。
  We didn't have much opportunity to speak to each other of late, but **I never imagined anything like this would happen**.

### 結び ▶ 哀悼の意を示す

- □ どうか安らかに眠られますよう願っております。
  **I hope that he is able to rest peacefully.**
- □ ご遺族の皆様に謹んでお悔やみ申し上げます。
  **I wish to express my deepest commiserations to** the family.
- □ 私たちは決して彼を忘れないでしょう。
  **We will never forget** him.

#### ∴ Words & Phrases ∴
- □ commiserations　同情の言葉　　□ passing　死
- □ striken　（悲しみなどに）打ちひしがれた　　□ unspeakable　口に出せない
- □ irreplaceable　他と取り換えられない　　□ of late　最近

## D お見舞い・励ましなど

| 件名 | 件名：お加減いかがですか。 |
|---|---|

エドワード様

| 書き出し | 御社のスティーブンソン氏から，あなたが病気で入院されていると伺いました。 |
|---|---|

| 主文 | 長い間休む暇もなくプロジェクトに没頭されてきたので，疲れが出たのかもしれませんね。 |
|---|---|

| 結び | 十分に休養してください。回復されて，また一緒にお仕事ができる日を楽しみにしています。 |
|---|---|

海老原幸一

## 🔧 3ステップの置き換え例文

### 書き出し　連絡のきっかけを述べる

- ☐ 大型ハリケーンでそちらはかなりの被害があったとテレビのニュースで報じていました。
  **I found out on the TV news that** there's been quite a lot of damage there from the huge hurricane.
- ☐ 作業中に腕を骨折されたとのこと，お見舞い申し上げます。
  **I'm sorry to hear that** you broke your arm while on the job.
- ☐ 昨夜の地震はちょうど御社の工場がある辺りだと一同心配しております。
  **Everyone is worried as** last night's earthquake was right in the vicinity of your plant.
- ☐ 風の便りに，あなたがご病気だと知りました。
  **I heard on the grapevine that** you are not well.

### 主文　案じている旨を伝える

- ☐ そちらのほうは皆さんご無事でしょうか。
  **Is everyone there safe and well?**
- ☐ いつも前向きな君ですが，今回ばかりは落ち込んでいないか気がかりです。
  You are usually very positive, but **I'm worried that** you may be feeling down **at this time**.

Subject: How are you feeling?

Dear Edward:

**I heard from** Mr. Stephenson at your company **that** you are sick and in hospital.

**I imagine you are fatigued after** being so absorbed in the project for so long with no time off.

Be sure to make a full recovery. **I look forward to the day we can work together again** once you have recovered.

All the best,
Koichi Ebihara

---

- □ あなたとご家族がご無事かどうかとても心配しています。
  **I'm really concerned as to whether** you and your family are okay.

### 結び　お見舞い・励ましを述べる

- □ 1日も早いご回復をお祈りしております。
  **I wish for your speedy recovery.**
- □ ご主人が早くよくなられますように。
  **May** your husband **get well soon**.
- □ スポーツマンのあなたのことですから、きっとすぐに回復されると信じています。
  **I have no doubt that** you will soon recover; after all, you are a sportsman.
- □ 大きな被害に遭われていないことを願っています。
  **I hope that** you have not been badly affected.

---

**∴ Words & Phrases ∴**
□ fatigued　疲れ切った　　□ be absorbed in ~　~に没頭する　　□ recover　回復する
□ in the vicinity of ~　~の近くに　　□ hear on the grapevine that ~　~と風の便りに聞く
□ positive　積極的な、前向きな　　□ speedy　迅速な　　□ after all　何といっても

## E ① 退職・異動などのあいさつ

| 件名 | 件名：転勤のお知らせ |
|---|---|

ジョンソン様

| 書き出し | 4月1日付で，大阪支社から東京本社へ転勤することになりました。 |
|---|---|

| 主文 | 不慣れな土地で不安はありますが，今までの経験を生かしよいスタートを切ろうと思っています。 |
|---|---|

| 結び | これまで大変お世話になりありがとうございました。機会がありましたらぜひまた一緒にお仕事をさせてください。 |
|---|---|

重ねてお礼申し上げます。
山本みなみ

## 🔧 3ステップの置き換え例文

### 書き出し ▶ 退職・異動などを伝える

- □ この度，10月15日付にて横星製作所を退職いたします。
  **As of** October 15**, I will be resigning from** the Yokoboshi Manufacturing Plant.
- □ 突然ですが，来月1日から別の会社に転職します。
  This is quite sudden, but **from** the 1st of next month **I will be moving to** a different company.
- □ 3月末日付でニューヨーク支社勤務を終え，横浜本社に戻ることになりました。
  **On** the last day of March **I will be concluding my duties at** the New York Branch **and returning to** the Yokohama Head Office.
- □ お知らせするのが遅くなりましたが，先週資材部へ異動になりました。
  I am late in informing you of this, but **I was transferred to** the Supplies Division last week.
- □ この度，香川義彦の後任として営業管理部長となりましたのでごあいさつ申し上げます。
  **I would like to offer you my regards as I have recently taken over from** Yoshihiko Kagawa **as** the head of the Sales Management Section.

### 主文 ▶ 今後の展望などを述べる

- □ 大任に身の引き締まる思いですが，精一杯やっていこうと思います。
  Being assigned to such an important task has given me renewed determination. **I intend to give it my best**.

**①** 退職・異動などのあいさつ
**②** 退職・異動などのあいさつへの返信

---

Subject: Notification of transfer

Dear Mr. Johnson:

**On** April 1, **I will transfer from** the Osaka Branch **to** the Tokyo Head Office.

**I am a bit uneasy as** it's a new area for me, **but I'm hoping to** make a good start by making use of the experience I have gained so far.

**Thank you for all your help and support.** I would definitely like to work with you again should the opportunity arise.

Thank you again,
Minami Yamamoto

---

☐ 今度の会社では，以前から興味のあったゲームソフトの開発に携わります。
　**At** the new company **I will be working on** game software development, something that I have been interested in for some time.
☐ キャリアアップを目指すには大きなチャンスだと思っています。
　**I think this is a big chance for me to** improve my career.

### 結び　感謝の気持ちを述べ，次へとつなげる

☐ 今後ともどうぞよろしくお願い申し上げます。
　**I would like to ask for your continued cooperation in the future.**
☐ 皆様のお幸せと，ますますのご発展をお祈りしております。
　**I pray for your happiness and continued success.**

---

**∴ Words & Phrases ∴**
☐ transfer　転勤；転勤する［させる］　　☐ arise　生じる，起こる
☐ assign 〜 to ...　（人）を…に任命する　☐ renewed　増強した
☐ determination　決意

# E ② 退職・異動などのあいさつへの返信

| 件名 | 件名：RE：転勤のお知らせ |
|---|---|

山本様

| 書き出し | 東京本社へ転勤なさるとのお知らせを拝見しました。 |
|---|---|

| 主文 | さびしいですが，本社に行けばきっと活躍の場は今よりずっと広がることでしょう。 |
|---|---|

| 結び | こちらこそいろいろとお世話になりました。本社でのご活躍をお祈りしております。 |
|---|---|

ありがとう。
ブライアン・ジョンソン

## 🔧 3ステップの置き換え例文

### 書き出し　退職などの知らせに対するあいさつを述べる

- 別の会社に移られるとのこと，存じませんでしたので大変驚いています。
  **I was taken by surprise as I didn't know** you would be leaving for another company.
- 近々退職なさるとのご連絡をいただきありがとうございました。
  **Thank you for letting me know that** you will be retiring soon.
- シンガポールの子会社に出向なさるとのこと，初めての海外赴任ですね。
  I hear that you are going to the subsidiary in Singapore. **This is the first time you will** be stationed abroad, **right?**
- この度は営業副所長へのご昇進，誠におめでとうございます。
  **Congratulations on your promotion to** deputy sales office manager.

### 主文　はなむけの言葉などを述べる

- フィレンツェは何世紀も前からの文化がある美しい街だと聞いています。現地での生活も楽しみですね。
  I heard Florence is a beautiful city, with a culture that dates back centuries. **You must be looking forward to** living there.
- あなたはとても仕事ができる方なので，いつかは本社に移られるだろうと思っていました。
  **As** you do your job very well, **I thought** you would one day be transferred to the head office.

① 退職・異動などのあいさつ
② 退職・異動などのあいさつへの返信

Subject: RE: Notification of transfer

Dear Ms. Yamamoto:

**I read your e-mail announcing** your relocation to the Tokyo Head Office.

Although I will miss you, going to the head office **will give you more opportunities to** take more of an active role.

**I really appreciate everything you have done for me. I wish you success at** the head office.

Thank you,
Brian Johnson

- ☐ 今回のご昇進は，しごく当然の結果だと思っております。
  **I believe** this promotion **is well-deserved**.
- ☐ いよいよ得意な語学力を発揮できるチャンスがやってきたのですね。
  **This is a chance for you to** exercise your language skills**, isn't it?**

### 結び　今後の活躍などを期待する

- ☐ 健康に留意され，第二の人生でも大いにご活躍されることを願っております。
  **I hope you** will take care of yourself and **will be blessed with prosperity in** your new start.
- ☐ これからも変わらずお付き合いくださいますようお願いいたします。
  **I would appreciate it if we could continue to be friends in the years to come.**

#### • Words & Phrases •
- ☐ announce　～を知らせる　　☐ miss　(人) がいないのを寂しく思う
- ☐ station　～を配置する　　☐ deputy　副の　　☐ well-deserved　当然の，ふさわしい
- ☐ be blessed with ～　～に恵まれる　　☐ prosperity　繁栄

## F 記念日・受賞などのお祝い

**件名**：件名：20周年おめでとうございます！

畑中様

**書き出し**：この度は創業20周年誠におめでとうございます。

**主文**：御社とのこれまでの長いお付き合いを振り返ると，感慨深いものがあります。我々にとっても喜ばしいことです。

**結び**：御社のなお一層のご成功とご発展を弊社社員一同心からお祈りしております。

サミー・ハミルトン

## 🔧 3ステップの置き換え例文

### 書き出し ▶ 記念日などに対するお祝いを述べる

- □ 貴社の創立15周年にあたり心よりお祝いを申し上げます。
  **We heartily congratulate you on** your 15th anniversary.
- □ 御社の創立30周年の記念日に，弊社を代表してお祝い申し上げます。
  **On behalf of** our company, **I would like to express our congratulations on** the 30th anniversary of your founding.
- □ 「東京デザインコンテスト」パッケージ部門での大賞受賞おめでとうございます。
  **Congratulations on winning the grand prize in** the packaging division at the "Tokyo Design Contest."
- □ 今年でちょうど勤続20年と伺いました。心よりお喜び申し上げます。
  I just heard that this year marks the 20th anniversary of your joining the company. **Warmest congratulations on** this anniversary.

### 主文 ▶ 喜びの気持ちを伝える

- □ 弊社の創業時よりこれまで，御社と良好な取引を続けてこられましたことをうれしく思っております。
  **I am delighted we have been able to** continue such a good business relationship ever since the founding of our company.
- □ IT業界のパイオニアである御社が今日まで成功を収め続けてこられたことは，弊社にとっても大きな励みとなっております。
  The fact that your company has been a successful pioneer in the IT industry **is great encouragement for our company as well**.

Subject: Congratulations on your 20th anniversary!

Dear Mr. Hatanaka:

**Sincerest congratulations on** the 20th anniversary of the foundation of your company.

**Looking back on** the long-lasting relationship we have had with your company, **I am filled with deep emotion.** This is a joyous occasion for us too.

**All our employees are wishing for** the continued success and prosperity of your company.

Best regards,
Sammy Hamilton

---

- □ あなたの実力が今回の受賞によって正当に評価されたことを大変喜ばしく思います。
  **We are extremely pleased that** your ability has been properly recognized with the presentation of this award.
- □ あなたの受賞は，共に仕事をする私たちにさらなるやる気と希望をもたらしてくれました。
  Your winning of this award **has given further motivation and hope to** those of us who work with you.

### 結び ▶ 今後の活躍などを期待する

- □ これからも私たちの目標であり続けてください。さらなるご活躍を期待しております。
  I hope you will continue to be our role model. **Best wishes for your further success.**
- □ 御社との関係が今後ますます良好かつ堅固となりますよう願っております。
  **We trust** our relationship with your company **will grow** stronger and more favorable **in the future.**

#### ∵ Words & Phrases ∵
□ anniversary　記念日　　□ foundation　創立　　□ look back on ～　～を回想する
□ mark　～の記念である　　□ encouragement　激励　　□ role model　手本

## G 結婚・出産などのお祝い

**件名** ▶ 件名：結婚おめでとう！

キャサリン様

**書き出し** ▶ ご結婚なさったそうですね。おめでとう！

**主文** ▶ お相手が私のよく知っているデイビッドだと知り驚きました。うれしくてすぐにボストンまでお祝いに駆けつけたいくらいです。

**結び** ▶ お二人の末永いお幸せを心からお祈りしています。

もう一度，おめでとう。
太田文江

## 🔧 3ステップの置き換え例文

### 書き出し ▶ 結婚などに対するお祝いを述べる

- □ あなたと綾香が近々婚約すると伺い，とてもうれしく思っています。
  **I am very glad to hear that** you will soon be getting engaged to Ayaka.
- □ 女の赤ちゃんが誕生されたとのこと，おめでとうございます。
  **Congratulations on** the birth of your baby girl.
- □ お誕生日おめでとう！
  **Happy birthday!**
- □ ご結婚 25 周年だそうですね。なんて素晴らしいことでしょう。
  **It's your** 25th **wedding anniversary, right?** That's fantastic.

### 主文 ▶ 喜びの気持ちや激励の言葉などを述べる

- □ 赤ちゃんを囲んだご家族皆さんの笑顔が目に浮かぶようです。
  **I can picture** all of your happy faces gathered around the baby.
- □ いつもお互いを優しく支え合うお二人の姿は私たちにとってもよいお手本となっています。
  You two, always kindly supporting each other, **have become a role model for** us.
- □ 家族が増えることで，仕事人としても一層張り合いが出てくることでしょう。
  The growth of your family **must give** you **greater motivation to** be successful in your career.

Subject: Congratulations on getting married!

Dear Catherine:

**I heard you got married.** Congratulations!

I was surprised to learn your partner is David, who I also know really well. **I am so glad that I feel like** I want to rush over to Boston to celebrate with both of you.

**I hope that you two will be happy together for a long, long time.**

Once again, congratulations,
Fumie Ota

---

**結び ▶ 末永い幸せを願う**

☐ これからもお体に気をつけて，お幸せでありますように。
　Please take care of yourself, and **I hope you continue to be happy**.
☐ 赤ちゃんの健やかなご成長をお祈りしております。
　**I pray that** your baby **will grow healthy and strong**.
☐ お二人のこれからの人生に幸多からんことを願っています。
　**I hope that your life together will be full of happiness.**

---

**∴ Words & Phrases ∴**
☐ rush to 〜　〜に大急ぎで行く　　☐ get engaged to 〜　（人）と婚約する
☐ birth　誕生　　☐ fantastic　素晴らしい　　☐ picture　〜を想像する
☐ motivation　意欲

## H 季節のあいさつ

| 件 名 | 件名：楽しい休暇を！ |

ジャクソン様

| 書き出し | ホリデーシーズンのごあいさつを申し上げます。 |

| 主 文 | 仕事に家庭にと忙しく日々を過ごしているうち，気づいたらもう今年も終わりに近づいていました。 |

| 結 び | どうか楽しいお休みと実り多き新年を迎えられますように。 |

心を込めて。
児玉誠

## 🔧 3ステップの置き換え例文

### 書き出し 季節のあいさつである旨を伝える

- ☐ 季節のごあいさつを申し上げます。
  **I would like to pass on to you the season's greetings.**
- ☐ 皆様に新年のごあいさつを申し上げます。
  **New Year's greetings to you all.**
- ☐ 新年明けましておめでとうございます。
  **Happy New Year.**
- ☐ 年末にあたり，今年1年の皆様からのご愛顧に感謝いたします。
  **At** the end of the year, **I wish to express my gratitude to** you all for your loyal patronage.

### 主 文 季節の移り変わりなどを述べる

- ☐ いろいろなことがあったこの1年ももうすぐ終わり，間もなくホリデーシーズンがやってきます。
  This eventful year **will soon draw to an end, and** the holiday season **will very shortly be upon us**.
- ☐ 今年は例年と比べ寒さも厳しく，東京でもすでに雪が何回か降りました。
  **This year is** much colder **than usual**, and even in Tokyo it has already snowed a few times.

Subject: Have a fun holiday!

Dear Ms. Jackson:

**Holiday greetings.**

Being so busy both at work and at home, **I have only just noticed that** we are almost at the end of the year.

**I hope that you will have a good holiday and a fruitful new year.**

With lots of love,
Makoto Kodama

---

□ 間もなく桜をはじめとするいろいろな花が咲き始め，1年で最も美しい季節がやってきます。
　Numerous flowers such as the cherry blossoms will soon start to bloom, and the most beautiful season of the year **will be here**.

### 結び　相手の幸せを願う

□ 来年が皆様にとってよい年となりますよう願っております。
　**I hope that next year will be a great year for you all.**
□ どうぞよい休暇をお過ごしください。
　**Have a good holiday.**
□ ご家族と共に素晴らしいクリスマスをお迎えください。
　**Please have** a wonderful Christmas **together with** your family.

---

**∴ Words & Phrases ∴**
□ greetings　あいさつの言葉　　□ notice that ～　～だと気づく　　□ fruitful　実り多い
□ gratitude　感謝　　□ loyal　忠実な　　□ patronage　愛顧　　□ eventful　出来事の多い
□ draw to an end　終わりに近づく　　□ be upon ～　（人）に近づいている
□ numerous　多数の　　□ bloom　咲く

# Column 11

## 日本人が間違えやすい英語②

日本人が間違えやすい箇所について，①に引き続きもう1つのパターンの例を見ていきましょう。ここでは「日本語訳に惑わされて間違ってしまう例」を取り上げます。

### 他動詞と目的語の組み合わせ

「あなたの仕事を手伝う」という日本語を直訳し，help の目的語として your work を置いてしまうというような誤りは大変よく見られます。各動詞の性質を正確に理解しましょう。

例　× help your work　　　　　　○ help you with your work
　　× contact this address　　　　○ contact me at this address
　　× decrease 20% consumption　　○ decrease the consumption by 20%
　　× explain you a rule　　　　　○ explain a rule to you
　　× suggest you a plan　　　　　○ suggest a plan to you

### 単語の組み合わせ（コロケーション）

日本語の直訳から連想した結果，単語の選択を誤ってしまうという例です。連語の組み合わせで表現を覚えておくようにするとよいでしょう。

例　数が多い　　　× many number　　　　　○ large number
　　高額の費用　　× expensive cost　　　　○ high cost
　　少ない支出　　× little expense　　　　○ small / low expense
　　6時から始める　× start from 6：00 p.m.　○ start at 6：00 p.m.
　　夢を見る　　　× see a dream　　　　　○ have a dream

### 品詞の使い分け

下の例のように，接続詞と前置詞の区別が曖昧であるためのミスも，よく見られる誤りの例です。各単語の品詞を確実に覚えて，前置詞の後には名詞相当語句が，接続詞の後には節が続くということを踏まえて書きましょう。

例　× during you stay in Japan
　　○ during your stay in Japan（前置詞＋名詞）
　　○ while you stay in Japan（接続詞＋ S V ～）

# 12 その他

A　①売り込み
　　　←――　A　②売り込みへの返信

B　①人物照会
　　　←――　B　②人物照会への返信

C　①進捗状況の確認
　　　←――　C　②進捗状況の報告

D　①助言を求める
　　　←――　D　②助言を与える

E　返事の催促

## 的確に書く技術

✉️ 書く前にチェック！

# 返事の催促をする

⋯⋯ p.266

　仕事をスケジュールどおりに進めるために，相手に対応を急ぐよう求める場面もあるでしょう。応答のない相手に対し，再度状況を伝え，迅速に動いてもらえるよう働きかけるメールのコツをつかみましょう。

---

Subject: How about your progress?

> How about ～？は提案・勧誘の意味で用います。状況を確認するメールなので，How is ～？／ Have you read my e-mail? などとしましょう。

Dear Ms. Walker:

Thank you for your continued cooperation. Regarding the sales data that I requested on March 18, I couldn't confirm your reply.

> 社内の同僚宛なので，このようなあいさつは不要です。すぐに本題に入りましょう。

> 「確認できていない」のように曖昧な表現にするのではなく，haven't received ～ yet（まだ受け取っていない）とはっきり書きましょう。

★1 I would like to use the data at the Wednesday meeting. So could you send it to me at your earliest convenience?

> 相手への配慮は大切ですが，「ご都合のよい時に」とするよりも，具体的期限を示したほうがよいでしょう。

> So は口語的表現なので，相手によっては失礼にあたります。Therefore とするほうが適切です。

★2 I ask for your understanding and cooperation.

Best Regards,

Takagi

> 署名はフルネームが基本です。ただし親しい間柄では，Haruko のようにファーストネームだけ書く場合もあります。

### 場面設定

- 送信者：高木春子（Haruko Takagi）
- 宛　先：同じ企業に勤めるウォーカー氏（Ms. Walker）
- 要　旨：依頼した売上データが届いていない。水曜日の会議に使うため早く送るよう催促する。

## 必ずおさえたいポイント

　依頼や問い合わせのメールを送ったのに返事がなく，再度連絡するという場面では，催促をすることが第一目的ではありますが，直接的に「早く対応してほしい」と求めるのではなく，迅速に動いてもらえるよう上手に働きかけるのが得策です。

### ★1 相手の状況確認とともに要求を念押しする

　一方的に要求を押しつけるのではなく，相手の状況にも配慮しつつ，答えてほしいこと，送ってほしいものなどを念押ししましょう。優先的に対応してもらうため，例えばby 3:00 p.m. on March 25（3月25日の午後3時までに）などのように，「いつまでに」という具体的期限やその理由もあわせて明確に伝えることがポイントです。

### ★2 協力を求める一言を添える

　催促する言葉だけを並べると，相手に不快感を与えかねません。「協力をお願いしたい」という気持ちも伝えましょう。ただし，自分に落ち度がない場合には，日本的に「申し訳ありません」と謝罪の表現を書くのは不適切です。英文ビジネスEメールでは，軽い気持ちで形式的に謝罪の表現を多用するのは避けましょう。

---

### TIPS FOR BETTER BUSINESS E-MAILS　返答を促すメールのコツ

　同僚に宛てて催促のメールを送る場合には，用件を再度説明するなどあまり込み入った内容にせず，Have you had time to look into this?（こちらのメールは見ていただけましたか）として，最初に送ったメール文面を下に再掲すると効率的です。また，I have not received your reply to my request as of 日付．（○月○日に送った依頼のメールにまだお返事をいただいていません）のように送信日を示して問い合わせると，混乱を防いでスムーズに話が進むでしょう。

　文面では，返答を急ぐ理由や事情（相手からの返答がないと，自分が次の段階に進めないという状況など）を簡単に説明すると，与える印象が和らぎ，相手の対応も早くなるかもしれません。ただ，相手がすでにその用件に着手している可能性もありますので，If you haven't already, please take a moment to …（もしまだ…してくれていないようでしたら，時間を作っていただければと思います）のような一言を添えておくのもよいですね。

## A ① 売り込み

| 件名 | 件名：オンライン企業データベースサービスのご案内 |

お客様各位

| 書き出し | 神戸ビジネスリサーチは，皆様のお役に立つ国内外 300 万社以上の企業の最新情報をオンラインでいち早くご提供しています。 |

| 主 文 | 当社にはお客様のニーズに応え，成功をサポートしてきた 30 年以上にわたる実績があります。御社にも必ずご満足いただけることと確信しております。 |

| 結 び | 当社サービスにご関心をお持ちいただければ幸いです。ご連絡をお待ちしております。 |

佐藤陽子

### 🔧 3ステップの置き換え例文

#### 書き出し　会社・商品の案内をする

☐ EFG モーターズの吉田治郎と申します。当社人気商品の 1 つである「ビーグル」新型モデルのご紹介のためにメールを差し上げております。
I am Jiro Yoshida of EFG Motors. **I am writing to you to introduce** the new model of one of our leading products, the Beagle.

☐ セキュリティサービスの IFS では，最新版「PRO-SEC II」について皆様によくご理解いただくため，ご説明の機会をいただけないかと考えております。
**I would like to ask for an opportunity to** explain "PRO-SEC II", the latest version of the IFS security service, so that you can better understand it.

☐ 湘南 MS はマリンスポーツ用品の専門店です。当社では 8 月 31 日までサマーキャンペーンを展開中です。
Shonan MS is a store specializing in marine sports goods. **We are holding** a summer campaign **until** August 31.

#### 主 文　案内の詳細を述べる

☐ 日曜日に発表して以来，すでに多くのお問い合わせをいただいております。
**We have** already **received** quite a number of inquiries **since** the announcement on Sunday.

① 売り込み
② 売り込みへの返信

Subject: Online company database service

To our customers:

Kobe Business Research **provides you instantaneously with** up-to-date useful information online on over 3 million corporations in Japan and abroad.

**We have a track record of over** 30 **years** in meeting customer needs and providing support for their success. We are confident that you will be satisfied with our services.

We hope you will be interested in our services. **We look forward to hearing from you.**

Sincerely yours,
Yoko Sato

- ☐ 本日から3月末まで，製品サンプルを1週間無料でお試しいただけます。
  **From** today **up to** the end of March**, you can try out** a sample product **for** one week **free of charge**.
- ☐ 当商品は弊社銀座ショールームにてご覧いただけます。
  This product **can be viewed at** our showroom in Ginza.
- ☐ 価格表や商品の詳細などについての資料を添付しておりますのでご覧ください。
  **Please see the attached materials, which include** a price list and product details.

### 結び　将来の取引へとつなげる

- ☐ ご希望があれば喜んで直接製品の説明にお伺いいたします。ぜひご検討ください。
  **We would be more than happy to** visit you and explain the products in person **if you wish**. Do give this some consideration, by all means.
- ☐ 弊社ウェブサイト内の新商品紹介コーナーもぜひご覧ください。
  **Please feel free to have a look at** the new product page on our website.

**⁛ Words & Phrases ⁛**
☐ instantaneously　即座に　☐ track record　実績　☐ try out ~　~を試しに使ってみる
☐ free of charge　無料で　☐ in person　自ら，直接

## A ② 売り込みへの返信

| 件名 | 件名：RE：オンライン企業データベースサービスのご案内 |
|---|---|

佐藤様

| 書き出し | 御社のサービス案内を大変興味深く拝見いたしました。 |
|---|---|

| 主文 | サービス内容や利用方法についてさらに詳しい話をお聞きしたいと思っています。近々一度お会いすることはできますか。 |
|---|---|

| 結び | 折り返しご連絡をお願いいたします。 |
|---|---|

ディック・ウィルソン

## 🔧 3ステップの置き換え例文

### 書き出し　案内に対するあいさつを述べる

- ☐ 御社新商品についての資料に一通り目を通しました。
  **I have looked through** the materials on your new products.
- ☐ 御社からご案内のあったパソコンの新型モデルについて大変興味があります。
  **We are very much interested in** the new PC model you showed us.

### 主文　案内に対する対応を述べる

- ☐ 商品について詳しく知りたいと思いますので，一度担当の方からお電話くださるようお願いできますか。
  I would like to find out more about the product. **Could you have** the person in charge **call me some time?**
- ☐ 残念ですが，ご案内いただいたサービスを利用する予定はありません。
  **Unfortunately, we are not planning to** use the service you proposed.
- ☐ 当方が関心を抱いているサービスについて具体的な提案をしていただくことは可能でしょうか。
  **Could you provide a concrete proposal for** the service we are interested in**?**
- ☐ ご提示の価格は高すぎて，弊社ではご希望に添うことができません。
  The price you specified **is too** high **for us to meet**.

① 売り込み
② 売り込みへの返信

---

Subject: RE:Online company database service

Dear Ms. Sato:

**I read through** the details of your services **with great interest**.

I would like to hear more about the details of the services and how to use them.
**Would it be possible to meet with you some time soon?**

**I look forward to your reply.**

Sincerely yours,
Dick Wilson

---

- ☐ 弊社顧客のニーズから考えて，ご案内の商品を取り扱う可能性は極めて低いと考えています。
  **Considering** the needs of our customers**, we believe the possibility of** our handling the proposed products **is slim**.
- ☐ 新商品のカタログと価格表を送ってください。
  **Please send us** the catalog and price list for the new products.

### 結び　あいさつを述べ，次へとつなげる

- ☐ 今回はお取り引きができず残念ですが，またの機会を期待しております。
  We are sorry we are unable to do business with you on this occasion, but **we look forward to** doing so **in the future**.
- ☐ お返事をお待ちしています。
  **We are looking forward to your reply.**

---

**∴ Words & Phrases ∴**

☐ read through ～　～を通読する　　☐ look through ～　～に目を通す
☐ person in charge　責任者，担当者　　☐ concrete　具体的な
☐ slim　（可能性が）薄い

## B ① 人物照会

| 件名 | 件名：福田佳代子さんについて教えてください。 |
|---|---|

北原様

| 書き出し | 福田佳代子さんが弊社アリゾナ支社の営業職に応募されています。同氏より照会先として北原様のお名前とご連絡先を伺いました。 |
|---|---|

| 主文 | 福田さんについて，いくつかお伺いしたいことがあるのですがよろしいでしょうか。 |
|---|---|

| 結び | 一両日中にご連絡をいただければ幸いです。 |
|---|---|

マーサ・シュルツ

### 3ステップの置き換え例文

#### 書き出し　人物照会のためのメールである旨を伝える

☐ 高梨良文氏が当社の求人に応募し，照会先としてあなたのお名前を挙げています。
Mr. Yoshifumi Takanashi has applied for a position at our company, and **has named** you **as a reference**.

☐ 弊社のプログラマー職に応募なさっている小柳真理さんが，前職の勤務態度について御社に問い合わせることを希望しています。
Ms. Mari Koyanagi, who has applied for a position as a programmer at our company, **expressed the wish that we contact** your company **for a reference regarding** her work attitude while in her former position with you.

#### 主文　照会内容を述べる

☐ 彼女は御社にてどのくらいの期間勤務していましたか。
**How long did** she **work for** your company**?**

☐ 御社にいた時の同氏の勤務態度と退職理由についてお聞かせいただけますか。
**Could you tell us** about his work attitude during his employment at your company, and clarify the reason for his resignation**?**

☐ 彼女の営業職としての適性についてどのように思われますか。
**What do you think of** her suitability as a sales representative**?**

☐ 岩崎氏の人柄について共に仕事をされた時に受けた印象はどうでしたか。
**What was your impression of** Mr. Iwasaki **as a person** when you were working with him**?**

① 人物照会
② 人物照会への返信

Subject: Can you tell me about Kayoko Fukuda?

Dear Mr. Kitahara:

Ms. Kayoko Fukuda is applying for a sales position at our Arizona Branch. She **has given us** your name and contact information **as a reference**.

**Would you mind if we asked some questions about** Ms. Fukuda**?**

**We would appreciate it if you could contact us within** the next couple of days.

Respectfully yours,
Martha Schultz

- □ 関口さんについて他にお知らせいただけることはありませんか。
  **Is there anything else you can tell me about** Ms. Sekiguchi**?**

### 結び　あいさつを述べ，次へとつなげる

- □ ご提供いただいた情報は選考の参考にのみ用い，第三者に漏らすことはございません。
  **We guarantee that** the information you provide us **will be used only as** a reference for the screening process, **and will not be given out to** any third party.
- □ 率直なご意見をいただけると大変うれしいです。
  **We would be very grateful if** you could give us your candid opinion.
- □ 急なお願いで恐縮ですが，今週の金曜日までにお返事をいただければ幸いです。
  We are sorry for the rush, but **we would be most grateful if you could reply by** Friday of this week.

---

**∴ Words & Phrases ∴**
- □ name　（人）の名前を挙げる
- □ attitude　態度
- □ former　以前の
- □ resignation　退職
- □ suitability　適性
- □ sales representative　販売外交員
- □ guarantee that ...　…だと保証する
- □ screening　選考
- □ give out　（情報など）を漏らす

## B ② 人物照会への返信

| 件名 | 件名：RE：福田佳代子さんについて教えてください。 |
|---|---|

シュルツ様

| 書き出し | 御社からのお問い合わせに喜んで回答いたします。 |
|---|---|
| 主文 | 福田さんは明るく積極的な性格で，営業職としての仕事ぶりは素晴らしいものでした。御社でもきっと期待に応える働きをしてくれるでしょう。 |
| 結び | 御社の営業職として福田佳代子さんを自信をもって推薦いたします。 |

北原太郎

## 🔧 3ステップの置き換え例文

### 書き出し　人物照会に対するあいさつを述べる

- ☐ 田中さんについてのお問い合わせにお答えする機会をいただき光栄に存じます。
  **I am honored to have the opportunity to** answer questions regarding Mr. Tanaka.
- ☐ 石原章吾さんのことは今でもよく覚えております。
  **I still remember** Shogo Ishihara **very well**.

### 主文　問い合わせに回答する

- ☐ 同氏の仕事ぶりは真面目で，勤務態度は極めて良好でした。
  He **engaged in** his **work** earnestly **and** his **work attitude was** extremely favorable.
- ☐ 彼女はとても穏やかで口数の少ない方だったと記憶しております。
  **I remember** she **was** very composed and spoke little.
- ☐ 彼は法律に関する知識が豊富で，弊社法務部でも大変活躍していました。
  He **has a good knowledge of** the law **and was a key player in** our Legal Department.
- ☐ 彼女にはユーモアと協調性があり，職場での人間関係も実に円満だったことを強調しておきたいと思います。
  **I would like to stress the fact that** she has a great sense of humor and can work well in a team, and she had a very amicable relationship with her co-workers.
- ☐ 小寺由夏さんは弊社の経理部に4年3カ月の間勤務しておりました。
  Ms. Yuka Kodera **worked in** the Accounting Department of our company **for** 4 years and 3 months.

① 人物照会
② 人物照会への返信

---

Subject: RE: Can you tell me about Kayoko Fukuda?

Dear Ms. Schultz:

**We are happy to answer your questions.**

Ms. Fukuda **has a** very cheerful and positive **nature**, and she did a fantastic job as a sales representative. I am sure she will live up to your expectations.

**I have every confidence in recommending** Ms. Kayoko Fukuda **as** a sales representative for your company.

Sincerely yours,
Taro Kitahara

---

- 彼は仕事に対しては前向きでしたが，体を壊されてからは休みがちでした。
  He had a very positive attitude to work, but **after** he became ill**,** he **became prone to take time off**.
- 退職した従業員に関する個人情報を含むお問い合わせはすべてお断りしております。
  **We decline to answer any inquiries regarding** former employees if they involve personal information.

### 結び ▶ 結論を述べる

- 吉田一氏は御社にとってきっと有能な社員となることと思います。
  **We are confident that** Mr. Hajime Yoshida **will be** a competent worker **at your company**.
- お役に立てず申し訳ありませんが，ご理解のほどよろしくお願いいたします。
  **We are sorry that we are not able to be of help**, and thank you for your understanding.

---

**∴ Words & Phrases ∴**
- live up to ~　（期待など）に応える
- engage in ~　~に従事する
- earnestly　真面目に
- composed　落ち着いた
- amicable　友好的な
- be prone to do　…しがちである
- take time off　休みをとる

## C ① 進捗状況の確認

| 件名 | 件名：三社共同プロジェクト |
|---|---|

チャーリー様

| 書き出し | 部長会議が今週金曜日にあるので，プロジェクトの進捗状況について報告してください。 |
|---|---|
| 主文 | 作業はスケジュール通りに進んでいますか。何か問題があったら早めに解決策を考えるようにしてください。 |
| 結び | 水曜日中に報告してもらえますか。 |

よろしく。
戸田健二

## 🔧 3ステップの置き換え例文

### 書き出し　進捗状況を尋ねる

- □ お願いしている作業の状況はいかがでしょうか。
  **How is** the work I asked you to do **coming along?**
- □ システムプログラムの開発が順調に進んでいるかどうか確認したいと思います。
  **I just want to make sure** the development of the system program is proceeding smoothly.
- □ 今後の作業の進行を検討するため，途中経過を確認させてください。
  **I would like to confirm progress midway in order to** consider the direction of the work from here on.
- □ 前回のミーティングの際に出た検討課題について，その後の最新状況をお知らせください。
  **Regarding** the points for consideration that came up at the last meeting, **could you bring me** up-to-date on the situation since then?

### 主文　作業内容などについて確認する

- □ 先週から1カ月の予定で人員を増やしましたが，状況は実際に改善しているのでしょうか。
  We increased the number of personnel for a period of one month from last week, but **has the situation actually improved?**
- □ 現時点での問題点を洗い出し，解決に向けた優先順位を明らかにしてください。
  **Please clarify** the problem areas **at the present time** and make clear the order of priority for their resolution.

① 進捗状況の確認
② 進捗状況の報告

---

Subject: Three-way collaboration project

Dear Charley:

There is a department head meeting on Friday this week, so **please provide a report on the state of progress situation of** the project.

**Is** the project **proceeding according to schedule?** If there are any problems, please think of some solutions quickly.

**Can you provide me with the report by** the end of Wednesday**?**

Thank you,
Kenji Toda

---

- □ 前回の報告ではスケジュールよりやや遅れ気味とのことでしたが，その点についての現状も忘れずに報告してください。
  In the previous report, things were proceeding a bit slower than scheduled. **Please don't forget to report on** the present situation in regard to this point.

### 結び ▶ 報告期限などについて補足する

- □ なるべく早く報告書を提出してほしいのですが，いつまでに用意できますか。
  **I want you to** submit the report **as soon as possible.** When do you think it will be ready?
- □ 長期にわたるプロジェクトですのでかなり大変な仕事になるかもしれませんが，ご協力をよろしくお願いします。
  This project will take a long time to complete and so it may prove to be quite tough, but **I would like to ask for your cooperation**.
- □ その作業は来週の金曜日までに仕上げてほしいのですが，大丈夫でしょうか。
  **I would like you to finish up** that job **by** Friday of next week. Would that be okay?

---

**∵ Words & Phrases ∵**
- □ three-way　三者の
- □ progress　進捗
- □ think of ～　～を思いつく，考え出す
- □ come along　はかどる
- □ from here on　今から
- □ priority　優先

## C ② 進捗状況の報告

| 件名 | 件名：RE：三社共同プロジェクト |
|---|---|

戸田課長

| 書き出し | 了解しました。報告書は水曜日中には提出します。 |
|---|---|

| 主文 | 作業については若干改善が必要な点もありますが，全体的には順調に進んでいます。 |
|---|---|

| 結び | 詳しくは報告書でお知らせします。 |
|---|---|

取り急ぎお返事まで。
チャーリー・バーカー

## 🔧 3ステップの置き換え例文

### 書き出し　進捗状況報告の旨を伝える

□ 現在開発中の新製品の耐久テストの結果についてお知らせします。
**I wish to inform you of the results of** the durability tests for the new products currently under development.

□ 頼まれている作業についての中間報告書お送りします。
**I am sending you a progress report on** the work I was asked to carry out.

□ 現在実施中の新入社員教育の経過報告をいたします。
**I would like to report on the progress of** the new employee education program currently being implemented.

□ 定例会で話し合いを重ねている懸案についてざっと説明します。
**I will briefly explain** the pending matters being discussed at the regular meetings.

### 主文　作業の現状などについて報告する

□ 現時点では大きな問題もなく進んでおり，8月末の納期には十分間に合うと考えています。
At the moment matters are proceeding with no major problems, and **I think we will be in plenty of time for** the deadline at the end of August.

□ 現在生じている問題点をまとめたものを添付します。
**I have attached material summarizing** the present problem.

① 進捗状況の確認
② 進捗状況の報告

---

Subject: RE: Three-way collaboration project

Section Chief Toda:

**I understand.** I will submit the report by the end of Wednesday.

**There are some points with respect to** the work **that** require a slight improvement, but overall things are proceeding smoothly.

**I will notify you of the details in** the report.

Please excuse the brief response,
Charley Barker

---

- □ スケジュールよりもやや遅れ気味なので，改善策について話し合う必要があります。
  **As** we are slightly behind schedule, **we need to** discuss measures for improvement.
- □ 経費がすでに予算をオーバーしているので，他のところで調整できないか検討中です。
  Since we are already over budget, **we are considering whether** we can make some adjustments in other areas.

### 結び　補足事項を述べる

- □ 遅くとも今週末までには報告書を提出するようにいたします。
  **I will submit** the report **by** the end of this week **at the very latest**.
- □ 検討事項について話し合う機会を近々設けていただけますか。
  **Would you be able to make time** in the near future **to** discuss the items to be studied**?**
- □ 修正後のスケジュールについては後日報告します。
  **I will report to you later regarding** the schedule after it has been revised.

#### ∵ Words & Phrases ∵
- □ overall　全体として
- □ excuse　〜を許す
- □ durability　耐久性
- □ briefly　手短に
- □ pending matter　懸案
- □ summarize　〜を要約する
- □ adjustment　調整
- □ at the very latest　遅くとも

## D ① 助言を求める

| 件名 | 件名：人員の追加について |
|---|---|

ルイス部長

| 書き出し | 進行中の再開発プロジェクトに現在かなりの遅れが出ています。 |
|---|---|

| 主文 | 今の段階で人員を増やすほうがよいでしょうか。人員を増やすと経費が余計にかかってしまうので，どうするか迷っています。 |
|---|---|

| 結び | 何かアドバイスをいただけると大変助かります。 |
|---|---|

よろしくお願いいたします。
西野里美

## 3ステップの置き換え例文

### 書き出し　現状を報告する

- □ 創立30周年記念のパーティーの会場を決めなければなりません。
  **We have to decide the venue for** the 30th founding anniversary party.
- □ ABC社とXYZ社からパソコン10台分の見積もりを出してもらいましたが，どちらに決めるか迷っています。
  ABC Co. and XYZ Co. have provided estimates for 10 computers, but **I am not sure which one to** choose.
- □ アトランタ支店のジェーン・ハドソン支店長が来社されるので，歓迎会を開きたいと思います。
  Jane Hudson, Manager of the Atlanta Branch, is coming to visit us so **we are going to hold** a welcoming party.

### 主文　懸案事項などを伝える

- □ セミナーの講師をあと一人誰かにお願いしたいのですが，適当な人が思い当たりません。
  **I would like to ask** one other person to be an instructor at the seminar, **but I can't think of** anyone suitable.
- □ 宴会をする店を探しているのですが，年末なのでなかなか空いていません。
  **I'm searching for a place to hold** the banquet, **but** it's the end of the year and **nowhere seems to be available**.

① 助言を求める
　② 助言を与える

Subject: Regarding an increase in personnel

Department Head Lewis:

The redevelopment project currently underway **is quite a bit behind schedule at present**.

**Would it be better to** increase the number of staff at this stage**?** Increasing the number of staff would involve extra cost, and so I'm not sure what to do.

**I would greatly appreciate** any advice you might have.

Thank you very much,
Satomi Nishino

---

- □ 見積価格は両社ともほぼ同じなので，アフターサービスのことも含めて考えようと思っています。
  The quotation prices from both companies are more or less the same, and so **I would also like to consider** their after-sales service.
- □ 彼女の好きな食べ物をご存じですか。日本食はお好きでしょうか。
  **Do you know** what she likes to eat**?** Does she like Japanese food?

### 結び ▶ 助言を求める

- □ ご存じでしたらぜひ教えてください。
  **If you know, please let me know.**
- □ よい案があれば教えてください。
  **Please let me have your advice if** you have any good ideas.
- □ この件についてご意見をお聞かせいただけないでしょうか。
  **Could I ask your opinion on** the subject**?**

---

#### ∴ Words & Phrases ∴

- □ personnel　人員
- □ redevelopment　再開発
- □ underway　進行中の
- □ at present　現在は
- □ involve　〜を伴う
- □ banquet　宴会
- □ more or less　ほとんど
- □ after-sales service　アフターサービス

# D ② 助言を与える

**件名** 件名：RE：人員の追加について

西野さん

**書き出し** 再開発プロジェクトの人員についてですが，増やすべきだと思います。

**主文** 確かに経費はかかりますが，今は納期に間に合わせることを第一に考えたほうがいいと思うのです。

**結び** 終了までもう少しですね。頑張ってくれてありがとう。

では。
ブライアン・ルイス

## 3ステップの置き換え例文

### 書き出し アドバイスをする

- □ 岩田システムサービスの島田徹部長に話をしてみるといいと思います。
  **I think it would be good to try to** speak to Toru Shimada, Section Head at Iwata System Services.
- □ ご相談いただいた件についてですが，価格が同じということであれば，ABC社を選ぶことを勧めます。
  With regard to the matter you asked me about, if the prices are the same, **I recommend** choosing ABC Co.
- □ 彼女は日本食も大丈夫ですが，シーフードと甘いものを多く用意するべきでしょう。
  She is okay with Japanese food, but **you should have plenty of** seafood and sweet stuff **prepared**.
- □ パーティー会場として丸の内にあるバークレーホテルはどうでしょうか。
  **How about** Barclay Hotel in Marunouchi **as** the party venue?

### 主文 アドバイスの理由を述べる

- □ これまでの付き合いから判断すると，あそこはとてもサービスがいいですよ。
  **Judging from** our dealings up to now, the service **there is** extremely good.

① 助言を求める
② 助言を与える

---

Subject: RE: Regarding an increase in personnel

Dear Ms. Nishino:

**On the subject of** the staff for the redevelopment project, **I think we should** increase the number of staff.

It would certainly increase the cost, but **I think** meeting the deadline **is most important now**.

The end of the project is near. **I appreciate your hard work.**

Regards,
Brian Lewis

---

- 以前同じ職場だった時，よく一緒に昼食を食べたものです。
  **When** we worked at the same place a while ago, **we often** had lunch **together**.
- そこの支配人とは知り合いなので尋ねてみたところ，親切にも会議用の部屋を用意してくれると言ってくれました。
  I know the manager there, and when I asked him, he **kindly said that** he would arrange a room for the meeting.

### 結び　あいさつを述べる

- 首尾よくいくことを願っています。
  **I hope that everything goes well.**
- 必要なら彼にコンタクトをとりますので，声をかけてください。
  I will contact him if necessary. **Please let me know.**
- 知り合いに当たってみるので，少し時間をもらえますか。
  I will try to contact my acquaintance. **Could you wait a little while?**
- 私のアドバイスが役に立てばうれしいのですが。
  **I hope** my advice **is of some use**.

#### ∴ Words & Phrases ∴
- certainly　確かに
- recommend　～を勧める
- choose　～を選ぶ
- stuff　食べ物
- dealings　付き合い，取引
- acquaintance　知人

# E 返事の催促

**件名** ▶ 件名：メールを読んでいただけましたか。

ウォーカー様

**書き出し** ▶ 3月18日付のメールで売上データをお送りいただくようお願いしたのですが、まだ届いていません。

**主文** ▶ 私のメールは届いているでしょうか。

**結び** ▶ 水曜日の会議の時に使うので、できるだけ早くいただきたいと思います。お返事をお待ちしています。

ご協力よろしくお願いします。
高木春子

## 🔧 3ステップの置き換え例文

### 書き出し ▶ 返事がない旨を伝える

☐ こちらからお送りした見積書のお返事をいただいておりません。
**We have received no reply regarding** the quotation we sent to you.

☐ あなたに連絡をとろうと何度も試みているのですが、まだとれずにいます。
**I have tried many times to** get in touch with you, **but I haven't managed to** make contact **yet**.

☐ ご執筆をお願いした原稿を本日午後4時の締め切りに間に合わせていただけるのか案じております。
**We are anxious as to whether** you can make the 4:00 p.m. deadline today for the draft we asked you to write.

☐ 社内で生じたシステムトラブルに対し御社に早急な対応を求めましたが、回答に時間がかかりすぎています。
**We requested you to** deal promptly with the system trouble at our company, **but your response has been too slow**.

### 主文 ▶ 状況を確認する

☐ ひょっとして、こちらからのメッセージが届いていないのでしょうか。
**Maybe** the message I sent **did not arrive. Could that be the case?**

☐ 私からのメールをお読みいただいていないのではないかと心配しています。
**I am worried that** perhaps you have not read the e-mail I sent.

Subject: Have you read my e-mail?

Dear Ms. Walker:

**I sent you an e-mail on** March 18 **asking you to** send me the sales data; however, **I haven't received** any data **yet**.

**Did you receive** my e-mail**?**

**I would like you to** send me the data **as soon as possible** as I will need to use it at the Wednesday meeting. I will be waiting for your reply.

I appreciate your help with this.
Haruko Takagi

---

- □ メールの送受信がうまくいっていないのかもしれません。
   **Perhaps we are having some trouble** sending and receiving e-mails.

### 結び　早急な対応を促す

- □ データは8月12日までに送っていただけますか。
   **Can you send** the data **by** August 12**?**
- □ 何か問題が生じているのでしたら，その旨ご連絡ください。
   **If there are** any problems**, please contact me**.
- □ このメールをお読みになったら，すぐに返信をください。
   **Please reply as soon as** you read this e-mail.
- □ 資料はあさってまでに必要なのです。よろしくお願いします。
   **I need** the material **by** the day after tomorrow. Thank you.

---

### ∴ Words & Phrases ∴

- □ not ... yet　まだ…でない
- □ get in touch with 〜　〜と連絡をとる
- □ manage to *do*　どうにかして…する
- □ anxious　心配して
- □ draft　草稿
- □ deal with 〜　〜に対処する

## Column 12

# よりよいメールを書くために

　瞬発力が求められる会話と違い，メールは返答するために考える時間があるため，英語を母語とする相手ともある程度対等に仕事ができる手段だと言えるでしょう。その特徴を活かし適切なメールを書くためのヒントを紹介します。

### 明確かつ具体的に，かつポジティブに書く

　日本語は肯定とも否定とも取れるような曖昧な言い方でやんわりと意図を伝えることができます。しかし，英語ではそれは通じません。**できるだけ明確に書きましょう**。たとえば，I am interested in seeing you. だけでは「あ，そうですか」で終わってしまう可能性があるので，I would like to see you to discuss this problem some time while you are in Tokyo. のように，どうしたいのかということを**具体的に伝え**，相手の予定などを確認しましょう。

　また，**ポジティブな姿勢を示す**ことも重要です。I am not sure if I can do it, but I will try to help you. と控えめな言い方よりも，I will be happy to help you. と前向きに書いたほうが好印象です。

### なるべく簡潔に書く

　冗長な文は読みにくいため，なるべく簡潔でシンプルに書くようにしましょう。「一文一意」が基本です。特に，**事実と意見を同じ文の中に書かないようにしましょう**。

### 時制に注意する

　時制が正しく書かれていないと，相手を迷わせることになってしまいます。たとえば「〜コンピュータを使っています」という日本語に引きずられて，現在形で書くべきところを現在進行形で書くようなことがないようにしましょう。

　　He is using a computer to write emails.《たった今使っている》
　　He uses a computer to write emails.《習慣的に使っている》

　また，現在完了形は過去の出来事が現在も影響を及ぼしていることを表します。日本語では1文で表すことが難しい状況を簡単に伝えられるので，使いこなせると便利です。

　　We confirmed that ....《過去に確認したという事実。現在とのつながりはない》
　　We have confirmed that ....《現在もその影響が続いている》

### 上手なメールを参考にする

　相手から受け取ったメールもよい学習材料になります。相手が使っている表現で，「こんなふうにも言えるんだ」と新たに気づいたものを集めて自分専用の**「使える表現集」**を作ると便利ですね。もちろん，本書の中から自分に合った「使える表現」をピックアップしてまとめておくのもおすすめです。

# 目的別表現索引

### ● 意見を述べる

あいにくですが…まで…ほどお時間をいただきます。
I am afraid that it will be about ... before ....
　　　　　　　　　　　　　　　　　　　問い合わせ 34

…方向で考えています。
we would like to consider ....　　　　　見積もり 38

…は厳しいだろうと考えております。
we find that it would be difficult for us to ....
　　　　　　　　　　　　　　　　　　　見積もり 44

…という結論に達しました。
We have come to the conclusion that ....
　　　　　　　　　　　　　　　　　　　見積もり 44

…できないと考えております。
We believe that we would not be able to ....
　　　　　　　　　　　　　　　　　　　見積もり 44

…予想をかなり上回っています。
... is much higher than we expected.
　　　　　　　　　　　　　　　　　　　見積もり 44

これは私どもが精一杯の努力をした末の…です。
After taking everything into consideration, this is our final ... .　　　　　　　　　見積もり 48

…納品までには…かかります。
... time to delivery is ....　　　　　　　見積もり 48

…と確信しております。
we are confident that ....　　　　　　　見積もり 49

弊社では…を通じてのみご注文をお受けしております。
We accept orders through ... only.　　注文 58

…の件で御社との良好な関係が損なわれることのないよう願っております。
We hope that no harm has been caused to our cordial relationship as a resulf of ....
　　　　　　　　　　　　　　　　　　　支払い 79

…間期限の延長をいたします。
We will extend the due date by ....　　支払い 80

…する用意があります。
we are prepared to ....　　　　　　　　支払い 81

…されない場合は…せざるを得ません。
Should you be unable to ...., we will have no choice but to ....　　　　　　　　　　　支払い 83

…でも十分受け入れられるものと確信しております。
We are confident that ... would be well received in....　　　　　　　　　　　　　契約 88

もし…御社と提携させていただけるのであれば，…を大幅に強化できるだろうと考えております。
We think ... would be greatly strengthened if we were to enter into an alliance with you ....
　　　　　　　　　　　　　　　　　　　契約 89

…関係を築くことができるのではないかと考えております。
We believe that we may be able to form a ... relationship.　　　　　　　　　　　　契約 90

弊社では…現地業者を探しております。
We are looking for local distributors ....
　　　　　　　　　　　　　　　　　　　契約 90

弊社としましても，…と考えます。
We are also of the opinion ... that ....
　　　　　　　　　　　　　　　　　　　契約 91

検討の結果，…という結論に達しました。
Following deliberations, we have decided that ....　　　　　　　　　　　　　　　　契約 91

…ことは時期尚早と考えております。
we feel that it is too early for us to ....
　　　　　　　　　　　　　　　　　　　契約 92

…について契約を結びたいと思います。
We would like to conclude a contract with ... with respect to ....　　　　　　　　契約 94

…このまま進めていただいて結構です。
we are happy to proceed with ... as it is.
　　　　　　　　　　　　　　　　　　　契約 96

当方で…いただきたい…が全部で…あります。
There are ... in total to which we would like to ....　　　　　　　　　　　　　　　　　契約 97

今後は…尽力していく所存です。
We are committed to working hard ....
　　　　　　　　　　　　　　　　　　　契約 101

…よう精一杯努めたいと思います。
We will do our utmost to ....　　　　　依頼 109

…なしではあり得なかったと思っています。
We really think ... would not have been possible without ....　　　　　　　　　依頼 113

…はとても効果が大きかったと思っています。
We think ... produced very significant results.
　　　　　　　　　　　　　　　　　　　依頼 120

…とても有意義だったと思います。
I believe it was beneficial ....　　　　会議 134

…は，…のための最適な場となるかと存じます。
We believe that ... can be perfect venue for .... 　イベント 136

…へ向けてまたがんばっていく所存です。
We intend to do our best looking forward toward .... 　イベント 143

…ことができたと思っております。
I believe we were able to .... 　アポイント 158

…までには…にお納めできると思います。
I think you should receive ... by .... 　クレーム 180

…により，このような結果になったと考えられます。
We believe this situation is due to .... 　クレーム 180

…に努める所存です。
We are determined to make every effort to .... 　クレーム 185

…よう…を強化してまいります。
We will improve ... to ensure that .... 　クレーム 189

…について感想があります。
I have a comment I wish to make about .... 　クレーム 190

今後…をさらに徹底する所存です。
We will do our utmost from here on ... thoroughly .... 　クレーム 192

…を見直すことをお約束いたします。
We promise that we will review .... 　クレーム 193

弊社といたしましても，…努力してまいります。
It is our desire to strive to .... 　クレーム 193

これからも今まで以上のサービスに努める所存ですので，…。
We will continue to strive to make our services better than ever. .... 　通知 218

…から，…という結論に達しました。
Taking ... into account, we have come to the conclusion that .... 　通知 220

…として…からぜひ弊社にお迎えしたいと思っております。
We would like to welcome you as ... from .... 　通知 221

…のは…た結果だと思います。
I think the fact that ... is the result of .... 　あいさつ 228

…にとっても大きな損失です。
... is a huge loss to .... 　あいさつ 232

きっと…と信じています。
I have no doubt that .... 　あいさつ 235

…で不安はありますが，…と思っています。
I am a bit uneasy as ..., but I'm hoping to .... 　あいさつ 236

精一杯やっていこうと思います。
I intend to give it my best. 　あいさつ 236

…には大きなチャンスだと思っています。
I think this is a big chance for me to .... 　あいさつ 237

…しごく当然の結果だと思っております。
I believe ... is well-deserved. 　あいさつ 239

…から考えて，…可能性は極めて低いと考えています。
Considering ..., we believe the possibility of ... is slim. 　その他 253

…にのみ用い，…に漏らすことはございません。
We guarantee that ... will be used only as ..., and will not be given out to ... . 　その他 255

…として自信をもって…を推薦いたします。
I have every confidence in recommending ... as .... 　その他 256

…ことを強調しておきたいと思います。
I would like to stress the fact that .... 　その他 256

…は御社にとってきっと…となることと思います。
We are confident that ... will be ... at your company. 　その他 257

…には十分間に合うと考えています。
I think we will be in plenty of time for .... 　その他 260

…ので，…必要があります。
As ..., we need to .... 　その他 261

…のことも含めて考えようと思っています。
I would also like to consider .... 　その他 263

…を勧めます。
I recommend .... 　その他 264

今は…を第一に考えた方がいいと思うのです。
I think ... is most important now. 　その他 264

270

…を多く用意するべきでしょう。
you should have plenty of ...prepared.
その他 264

…から判断すると，あそこは…ですよ。
Judging from ..., ... there is ....
その他 264

● **依頼する**

…あれば教えてください。
Please let us know if ....
問い合わせ 31

…を FAX していただけると助かります。
We would be grateful if you could fax us ....
問い合わせ 31

…についてご検討いただければ幸いです。
We would greatly appreciate it if you could give some consideration to ....
問い合わせ 33

…についてもう少し教えていただけますか。
Could you tell us a little more about ...?
問い合わせ 37

…にて見積もりをお願いいたします。
Could you send us a quotation for ...?
見積もり 38

…で見積もりを出していただけますか。
Could you please provide an estimate for ...?
見積もり 38

…について正式な見積もりをお願いいたします。
We would like to request an official estimate for ....
見積もり 39

なるべく早くお返事をいただければ幸いです。
I look forward to hearing from you at your earliest convenience.
見積もり 39

…にご満足いただければ幸いです。
We hope that ... will be to your satisfaction.
見積もり 47

…をご理解いただければ大変助かります。
We very much appreciate your understanding of ....
見積もり 49

…を…宛にお送りください。
Could you please send ... to ...?
注文 54

…れば幸いです。
I would appreciate it if ....
注文 54

予定通り…の注文をお願いします。
We would like to order ... as planned.
注文 54

…次第，折り返しご連絡いただけますか。
Could you get back to me as soon as ...?
注文 55

…以内にお支払いをお願いします。
Please make the payment within ....
注文 62

…がお手元に届きましたらその旨お知らせいただけますか。
... could you let me know once ... arrive?
注文 63

…について，至急ご連絡をいただければと思います。
Could you please contact me as soon as possible regarding ...?
注文 65

…をお支払いくださいますようお願いいたします。
Please settle ....
支払い 70

…を確認され次第，ご連絡いただければ幸いです。
We would be grateful if you could let us know as soon as you confirm ....
支払い 72

…をすみやかにご確認いただきますようお願いいたします。
We ask you to confirm promptly that ....
支払い 73

…でご同意いただければ大変助かります。
we would greatly appreciate it if you could agree to ....
支払い 78

…をいただければ幸いです。
we would be very grateful if you could please allow us ....
支払い 79

この措置により，…がそれ以上滞ることなく… 手続きを完了することができます… 。
as a result of this measure, ... to complete the processing of ... without falling further into arrears.
支払い 80

契約通り早急に…くださいますようお願いいたします。
We ask that you ... promptly as per our contract.
支払い 82

ご参考までに，…をご覧いただきご検討いただければ幸いです。
For your reference, we would like to ask you to view ... and give this matter your kind consideration.
契約 88

…までに…をご連絡いただければ幸いです。
It would be most helpful if you could inform us by ....
契約 94

…を…までにお知らせいただければ幸いです。
We would be most grateful if you could inform us of ... by ....   契約 95

できるだけ早く…れば幸いです。
We would greatly appreciate it if you could ... as soon as possible.   契約 97

…に御社の署名をお願いします。
Could you please sign ... in ...?   契約 98

…について，…に異存がないかご確認をお願いします。
We ask you to read and make sure that you have no objections to ....   契約 99

…お手数ですがご連絡をお願いいたします。
I apologise for the inconvenience, but ... could you please contact us to ...?   契約 99

お受け取りになり次第…の確認をお願いいたします。
Upon receiving ..., could you please confirm that ...?   契約 100

…たらお知らせください。
Could you notify me when ...?   契約 100

…を返送する前に，…について…確認させてください。
Before we return ..., could you please confirm ... regarding ...?   契約 101

…に関する資料を作って…までにメールで送っていただけないでしょうか。
Could you put together some material regarding ... and e-mail it to me by ...?   依頼 106

…できてしまったので…てもらえないでしょうか。
... has come up, and I'd be happy if you could ....   依頼 106

代わりに受けておいてもらえますか。
Could you take the call in my place?   依頼 106

…をお願いしたいのですが。
I would like to ask you to ....   依頼 107

…を…教えていただけますか。
... could you please provide us with ...?   依頼 109

どなたか他の人に当たっていただけないでしょうか。
Is there anybody else you can ask?   依頼 110

もう少しお話を聞かせていただけますか。
Would you mind telling us some more about the job?   依頼 111

許可いただけないでしょうか。
I would like to ask for your permission to ....   依頼 114

ご理解を賜り…の許可をいただけましたら幸いです。
We would be extremely grateful to have your understanding and permission to ....   依頼 114

…許可をいただければと思います。
I would like permission to ....   依頼 115

参考にしていただければ幸いです。
I would be happy if you used ... for reference.   依頼 115

…を1部お送りいただけますか。
Could you send us a copy of ...?   依頼 117

…からも…へリンクしていただけますでしょうか。
Would you mind posting a link from ... to ...?   依頼 117

…ご配慮いただければ幸いです。
We would appreciate it if ... could make the necessary arrangements ....   会議 127

…を資料にまとめておいていただけるとうれしいです。
It would be great if you could prepare the materials on ....   会議 129

後で…を送ってもらえますか。
Could you send me ... later?   会議 130

…各自作業の調整をお願いします。
We ask everyone to make the necessary work arrangements to ....   会議 133

…がありましたら，…くださいますようお願いいたします。
If there is ..., please do so.   会議 135

…についてお目通しいただき，ご確認いただければ幸いです。
We would be grateful if you would look over ... and provide confirmation ....   会議 135

…までに出欠をお知らせいただければ幸いです。
I would be grateful if you could let me know by ... whether you plan to attend.   イベント 137

# 目的別表現索引

…ほどお時間をいただけますか。
Would you be able to spare me … or so?
`アポイント` 149

非常に急なのですが，…お目にかかれないでしょうか。
I apologize for the extremely short notice, but could you see me ….?
`アポイント` 149

できれば…にお願いいたします。
If possible, I would like to ….
`アポイント` 150

…の…に…までお越しいただけますか。
Could you please come to … at … on …?
`アポイント` 150

…に部屋を予約していただけませんか。
Could you reserve a room at …?
`出張` 164

…を予約していただけませんか。
Would you mind reserving …?
`出張` 164

…手配していただけないでしょうか。
do you think you could arrange … for me?
`出張` 164

…たら幸いです。
I would appreciate it if ….
`出張` 165

…なら大変助かります。
It would be a big help if ….
`出張` 165

…がありましたら，すぐにご連絡をお願いいたします。
If there are …, could you contact me immediately?
`出張` 167

…をいただければ助かります。
It would be helpful if you could give me ….
`出張` 169

…に変更可能か…に問い合わせていただけますか。
Would you mind asking … if it is possible to change to …?
`出張` 171

…てくださる方について教えていただけますか。
Could you tell me about the person who …?
`出張` 172

…を至急お知らせください。
Can you contact us immediately regarding …?
`クレーム` 178

…かご確認いただければ幸いです。
Could I ask you to check whether … ?
`クレーム` 181

…までもうしばらくお待ちください。
Please wait a little while longer for ….
`クレーム` 181

…をどのようにしたらよいかご指示ください。
Please tell me what I should do with ….
`クレーム` 183

…を明らかにしてください。
Could you please clarify …?
`クレーム` 183

再度ご連絡いただき，… をご確認いただければと存じます。
We ask you to kindly contact us once again to reconfirm ….
`クレーム` 185

…におかれましてはなお一層のご貢献をお願いいたします。
we would like to ask for greater contribution from ….
`通知` 201

…たら教えてほしいのですが。
Please let me know if ….
`通知` 202

…ので，お心当たりの方は…までお願いします。
…; so, if you are the owner, please go … to pick … up.
`通知` 203

…ると大変助かります。
It would be of great help if ….
`通知` 213

…をご理解いただければ幸いです。
We would be grateful for your understanding of ….
`通知` 219

一度…からお電話くださるようお願いできますか。
Could you have … call me some time?
`その他` 252

…について具体的な提案をしていただくことは可能でしょうか。
Could you provide a concrete proposal for …?
`その他` 252

…を送ってください。
Please send us ….
`その他` 253

…中にご連絡をいただければ幸いです。
We would appreciate it if you could contact us within ….
`その他` 254

…についてお聞かせいただけますか。
Could you tell us …?
`その他` 254

…までにお返事をいただければ幸いです。
we would be most grateful if you could reply by ….
`その他` 255

…について，…をお知らせください。
Regarding …, could you bring me …?
`その他` 258

…機会を…設けていただけますか。
Would you be able to make time … to …?
`その他` 261

273

…と大変助かります。
I would greatly appreciate …. 　その他 262
ご存じでしたらぜひ教えてください。
If you know, please let me know. 　その他 263
…ば教えてください。
Please let me have your advice if …. 　その他 263
…についてご意見をお聞かせいただけないでしょうか。
Could I ask your opinion on …? 　その他 263
少し時間をもらえますか。
Could you wait a little while? 　その他 265

● 受け取る

…に関する資料を受け取りました。
We received the material regarding …. 　問い合わせ 36
…航空便で届きました。
… arrived by airmail. 　問い合わせ 36
…付のメールを受領いたしました。
I received your e-mail sent on …. 　見積もり 46
…無事…に届きました。
… safely arrived at …. 　注文 64
…が…到着いたしましたのでご連絡します。
I am contacting you to let you know that … arrived …. 　注文 64
…を先ほど受け取りました。
We just received …. 　注文 64
…付の請求書を受け取りました。
We received the invoice you sent on …. 　支払い 72
…を受領したことをお知らせいたします。
I would like to notify you that … has been received. 　支払い 74
…からお送りいただいた…を受け取りました。
We have received … sent by …. 　支払い 74
…をまだ受け取っておりません。
we have still not received …. 　支払い 77
…付の督促のメールをいただきました。
We have received your reminder e-mail of …. 　支払い 78
…付の…を求めるメールを受け取りました。
We have received your e-mail of … requesting …. 　支払い 80

…受領後すみやかに…ください。
Upon receipt, please … without delay. 　契約 98
…を…に受け取りました。
We received … on …. 　契約 100
お受け取りになり次第…の確認をお願いいたします。
Upon receiving …., could you please confirm that …? 　契約 100
…の許可申請のメールを受け取りました。
We received your e-mail regarding application for permission to …. 　依頼 116
…届く予定だったのですが，まだ受け取っていません。
… was supposed to arrive …, but I have not yet received …. 　クレーム 178
…注文した品を受け取りました。
We received the items we ordered …. 　クレーム 182
…にご満足いただけなかった旨のメールを受け取りました。
We have received your e-mail expressing your dissatisfaction with …. 　クレーム 184
…を受け取りました。
We received …. 　クレーム 186

● お祝い

この度は…の開催おめでとうございます。
Congratulations on your organization of …. 　イベント 140
…を心からお喜び申し上げます。
Please accept our heartfelt congratulations on …. 　イベント 140
この度は…へのご昇進，誠におめでとうございます。
Congratulations on your promotion to …. 　あいさつ 238
この度は…誠におめでとうございます。
Sincerest congratulations on …. 　あいさつ 240
…にあたり心よりお祝いを申し上げます。
We heartily congratulate you on …. 　あいさつ 240
…に，…を代表いたしましてお祝い申し上げます。
On behalf of …, I would like to express our congratulations on …. 　あいさつ 240

…での大賞受賞，おめでとうございます。
Congratulations on winning the grand prize in ….　あいさつ 240

心よりお喜び申し上げます。
Warmest congratulations on ….　あいさつ 240

ご結婚なさったそうですね。
I heard you got married.　あいさつ 242

…とのこと，おめでとうございます。
Congratulations on ….　あいさつ 242

お誕生日おめでとう！
Happy birthday!　あいさつ 242

お二人の末永いお幸せを心からお祈りしています。
I hope that you two will be happy together for a long, long time.　あいさつ 242

ご結婚…だそうですね。
It's your … wedding anniversary, right?　あいさつ 242

これからも…お幸せでありますように。
… I hope you continue to be happy.　あいさつ 243

…の健やかなご成長をお祈りしております。
I pray that …will grow healthy and strong.　あいさつ 243

お二人のこれからの人生に幸多からんことを願っています。
I hope that your life together will be full of happiness.　あいさつ 243

● お悔やみ／お見舞い

…のため…に急逝しました。
… passed away suddenly on … as a result of ….　あいさつ 230

謹んで…の冥福を祈りたいと思います。
We pray that … soul may rest in peace.　あいさつ 230

…ご逝去されたとの連絡がありました。
We have been informed that … passed away ….　あいさつ 230

…お亡くなりになったことを謹んでお知らせいたします。
I wish to inform you that … passed away ….　あいさつ 230

ただ…のご冥福をお祈りするのみです。
We can only pray that … may rest in peace.　あいさつ 231

…に接し，大変驚くとともに悲しみの念を禁じ得ません。
I was extremely surprised and sad to receive word that ….　あいさつ 232

…スタッフ一同，心からお悔やみ申し上げます。
Please accept the deepest sympathy of all the staff at ….　あいさつ 232

…と伺い，お慰めする言葉も見つかりません。
I cannot find the words to express my feelings upon hearing of ….　あいさつ 232

…と知って，…悲しみに打ちひしがれています。
I have been stricken with … grief after hearing that ….　あいさつ 232

…に対しても大変お気の毒に思います。
I feel extremely sorry for ….　あいさつ 232

…としても…かけがえのない存在でした。
… as … was irreplaceable.　あいさつ 232

どうか安らかに眠られますよう願っております。
I hope that he is able to rest peacefully.　あいさつ 233

…に謹んでお悔やみ申し上げます。
I wish to express my deepest commiserations to ….　あいさつ 233

私たちは決して…を忘れないでしょう。
We will never forget ….　あいさつ 233

…とのこと，お見舞い申し上げます。
I'm sorry to hear that ….　あいさつ 234

…と一同心配しております。
Everyone is worried as ….　あいさつ 234

そちらの方は皆さんご無事でしょうか。
Is everyone there safe and well?　あいさつ 234

今回ばかりは…か気がかりです。
I'm worried that … at this time.　あいさつ 234

…かどうかとても心配しています。
I'm really concerned as to whether ….　あいさつ 235

一日も早いご回復をお祈りしております。
I wish for your speedy recovery.　あいさつ 235

…早くよくなられますように。
May … get well soon.　あいさつ 235

## ● 送る

…をさっそく発送いたします。
We will immediately send you .... 問い合わせ 32

喜んで…をお送りさせていただきます。
It would be a pleasure to send you .... 問い合わせ 32

…は別途航空便にてお送りいたします。
We will send you ... separately by airmail. 問い合わせ 32

…お送りいただけないでしょうか。
we would be most grateful if you could send ... to us. 問い合わせ 36

…までにお届けすることができます。
We can deliver ... by .... 見積もり 41

…に出荷予定です。
... will be shipped on .... 注文 56

…次第、発送いたします。
We will ship ... as soon as .... 注文 56

ご注文の品は…に発送、…に着の予定です。
We expect your order to ship ...and to arrive at... on .... 注文 56

発送は…のお客様へのみとさせていただいております。
we deliver only to customers in .... 注文 59

…に出荷し…に…着の予定です。
... will be shipped on ... and are due to arrive in ... on .... 注文 62

…は別途お送りします。
I will send ... separately. 注文 62

…を船便で発送いたしました。
We shipped ... by sea mail. 注文 62

…は…に…から…に向けて航空便にて出荷いたしました。
We sent ... from ... to ... by air on .... 注文 62

…遅くとも…には出荷いたします。
... will be sent by ...at the latest . 注文 62

…を添付してお送りいたします。
I am sending ... as an attached document.
支払い 70

…の請求書を... 航空便にてお送りしました。
We airmaled to you the invoice for ....
支払い 70

…は…以内にお手元に届く予定です。
You should receive ... within .... 支払い 71

…へ送金いたしました。
we made a remittance to .... 支払い 72

…から…にご請求金額を送金しました。
We remitted the invoiced amount from ... to .... 支払い 72

…の小切手を郵送する予定です。
we plan to send a check for ...by post... 支払い 72

…に…までにご送金いただくことになっています。
remittance to ... was to have been made by .... 支払い 76

…ための第一歩として…をお送りします。
As the first step to ..., we are sending you .... 契約 95

…を近日中にお送りいたします。
In a few days we will send you .... 契約 95

先日は…をお送りいただきありがとうございました。
Thank you for ... you sent to us the other day. 契約 96

…をお送りいただければすぐに…いたします。
If you can send ... to us, we will ... without delay. 契約 96

…を郵送いたします。
We will send you by postal mail .... 契約 98

…をご返送ください。
please send ... back to us. 契約 98

…には…に届くと思います。
We expect it to arrive at ... on .... 契約 100

なるべく早く…ご返送します。
We will send ... back to you as soon as possible. 契約 101

…を返送する前に，…について…確認させてください。
Before we return ..., could you please confirm ... regarding ...? 契約 101

…に関する資料を作って…までにメールで送っていただけないでしょうか。
Could you put together some material regarding ... and e-mail it to me by ...? 依頼 106

…には…にお送りできるのではないかと思います。
I think I will be able to send ... to ... by .... 依頼 108

…を1部お送りいただけますか。
Could you send us a copy of ...? 依頼 117

# 目的別表現索引

後で…を送ってもらえますか。
Could you send me ... later?　　　会議 130
…を添付してお送りします。
I have attached ... to this e-mail.　　　会議 134
添付の通り…をお送りいたします。
I am sending you ... as an attachment.
　　　会議 134
もしよろしければ…をお送りさせていただきます
…。
We can send you ... if you wish.　　　クレーム 181
…とは異なる…が送られてきました。
... I have received has a different ... to ....
　　　クレーム 182
…までには…をお送りください。
Please send us ... by ....　　　クレーム 183
いつ…をお送りいただけるでしょうか。
When will you send ...?　　　クレーム 183
訂正の上，…を再送してくださるようお願いします。
Could you please revise and resend ...?
　　　クレーム 186
…を訂正して，正しい…を送り直してください。
Please fix the error in ... and resend the correct
....　　　クレーム 187
…を訂正し，正しい…をお送りいたします。
We will adjust ... and send you the correct ....
　　　クレーム 188
…までには…に届くと思います。
... should arrive at ... by ....　　　クレーム 188
…の気持ちとして…をお送りします。… お収めください。
As a token of ..., we are sending you ...; we
hope that you will accept ....　　　クレーム 193
…以降は…に…をお送りいただくことができなくなります。
It will no longer be possible to send ... to ...
from ....　　　通知 208
…中は…までメールをお送りくださいますようお願いします。
Please send e-mails to ... while ....
　　　通知 212
…に感謝して…をお送りいたします。
I am sending you ... in thanks for ....
　　　通知 214
…を送ってください。
Please send us ....　　　その他 253

…は…までに送っていただけますか。
Can you send ... by ...?　　　その他 267

● 回答する

…により適切にお答えできるかと存じます。
we would be able to respond more
appropriately to ....　　　問い合わせ 33
…の件についてお答えします。
I am responding to you in regard to ....
　　　問い合わせ 34
…について回答させていただきます。
I am contacting you in response to ....
　　　問い合わせ 34
お問い合わせの…は…となっております。
... about which you inquired is ....
　　　問い合わせ 34
彼らに聞いてわかり次第すぐにご連絡いたします。
We will contact you as soon as we hear from
them.　　　問い合わせ 35
ご回答をお待ちしております。
I look forward to your reply.　　　問い合わせ 37
…こちらからご連絡します。
We will contact you ....　　　問い合わせ 37
お返事をお待ちしています。
We look forward to your reply.　　　見積もり 38
…までにご回答いただけますか。
I would be most grateful if you could reply by
....　　　見積もり 39
…の見積もりご依頼の件について回答させていただきます。
This is in reply to your request for a quotation
for ....　　　見積もり 42
…についてご連絡させていただきます。
I am contacting you in regard to ....
　　　見積もり 42
…のご依頼にお返事申し上げます。
I am contacting you in response to your
request for ....　　　見積もり 48
御社からの…要請のメールについて回答いたします。
I am replying to you in regard to your request
....　　　支払い 82

277

…のお願いに対するお返事をありがとうございました。
Thank you for your reply to our request for ….　　`支払い` 82

…からよいお返事がいただけることを期待しております。
We look forward to receiving a positive reply from ….　　`契約` 89

…につきましては後日改めてご連絡を差し上げます。
We will contact you once again at a later date regarding ….　　`契約` 91

早めのお返事をお待ちしています。
We await your early reply.　　`依頼` 107

…に対し回答いたします。
I am responding to you regarding ….　　`依頼` 118

…決まり次第連絡いたします。
I will contact you as soon as … have been decided.　　`会議` 133

いただいたメールにお返事申し上げます。
This is in reply to your e-mail.　　`アポイント` 150

わかり次第ご回答を差し上げます。
As soon as we know anything, we will contact you.　　`クレーム` 184

…次第改めてご連絡いたします…。
I will contact you once again as soon as ….　　`通知` 213

お返事をお待ちしています。
We are looking forward to your reply.　　`その他` 253

…までにお返事をいただければ幸いです。
we would be most grateful if you could reply by ….　　`その他` 255

御社からのお問い合わせに喜んで回答いたします。
We are happy to answer your questions.　　`その他` 256

…のお返事をいただいておりません。
We have received no reply regarding ….　　`その他` 266

● 確認する

…の在庫はありますか。
Do you have … in stock?　　`問い合わせ` 31

…に代理店はお持ちですか。
do you have a branch in …?　　`問い合わせ` 31

…はありますか。
Do you have …?　　`問い合わせ` 36

…込みで見積もっていただくことはできますか。
Would it be possible for you to provide an estimate that includes …?　　`見積もり` 38

…までにご回答いただけますか。
I would be most grateful if you could reply by ….　　`見積もり` 39

…から…値引きしていただけませんでしょうか。
Would it be possible for you to allow us a … discount on … ?　　`見積もり` 44

…は無料になりませんか。
would it be possible for … to be made free of charge?　　`見積もり` 45

…には何が利用できますか。
What kinds of … are available?　　`注文` 55

…分割払いはできますか。
Can I pay in installments …?　　`注文` 55

…を…早めていただきたいのですが可能ですか。
Would it be possible to move … forward by …?　　`注文` 60

… いつ…かをご連絡ください。
Please …, … let us know when … .　　`支払い` 77

あと… 待っていただくことは可能でしょうか。
would it be possible for you to wait …?　　`支払い` 78

…を…としてご検討いただける可能性はありますか。
Is there any possibility that you might consider … as …?　　`契約` 88

いつまでに…ればよろしいですか。
By when would you like us to …?　　`契約` 91

どなた宛にすればよろしいでしょうか。
Could you tell us the name of the person to whom we should address it?　　`契約` 98

…人物をどなたかご存じないでしょうか。
Do you know of anyone who …?　　`依頼` 107

…ことは可能でしょうか。
Could you …?　　`依頼` 107

…に…から…を使用させていただいてもよろしいでしょうか。
Would it be possible for us to use … from … in …?　　`依頼` 114

# 目的別表現索引

…のですが，許可をいただけますか。
Would it be possible to receive permission to …?　依頼 114

…を引用させていただけないでしょうか。
I was wondering if it would be all right to quote ….　依頼 115

…機会をいただけないでしょうか。
would it be possible for us to …?　アポイント 148

…から…までの間でご都合はいかがでしょうか。
Could you fit me into your schedule sometime between … and ….　アポイント 148

…のご予定はいかがですか。
Could you fit me into your schedule …?　アポイント 149

時間は…からということでいかがでしょうか。
How about from …?　アポイント 151

…で間違いありませんか。
Am I correct in thinking that …?　アポイント 154

…ばよろしいですか。
will it be okay if …?　アポイント 154

…どなたをお訪ねしていけばよいでしょうか。
Who should I ask to see …?　アポイント 154

…で話せば取り次いでいただけるのでしょうか。
Should I ask at …to be directed to …?　アポイント 154

必ずしも…通りにいかなくても構わないでしょうか。
Would you mind if not everything is exactly as …?　出張 169

当日は…に集合ということでよろしいですか。
Am I correct in thinking that on the day, we're meeting at …?　出張 172

…ということで間違いないでしょうか。
Am I right in thinking that …?　出張 172

いつ…をお送りいただけるのでしょうか。
When will you send …?　クレーム 183

添付の…についてお尋ねいたします。
I have a query regarding the attached … .　クレーム 186

請求書では…となっていますが，…の間違いではないでしょうか。
The price given in the invoice is …, but shouldn't this be … ?　クレーム 186

…のため…ご来社いただけますでしょうか。
Would it be possible for you to come to our office … to …?　通知 220

近々一度お会いすることはできますか。
Would it be possible to meet with you some time soon?　その他 252

…について，いくつかお伺いしたいことがあるのですがよろしいでしょうか。
Would you mind if we asked some questions about …?　その他 254

…にてどのくらいの期間勤務していましたか。
How long did … work for …?　その他 254

…についてどのように思われますか。
What do you think of …?　その他 254

…の人柄について…受けた印象はどうでしたか。
What was your impression of … as a person …?　その他 254

…について他にお知らせいただけることはありませんか。
Is there anything else you can tell me about …?　その他 255

…スケジュール通りに進んでいますか。
Is … proceeding according to schedule?　その他 258

…に報告してもらえますか。
Can you provide me with the report by …?　その他 258

…の状況はいかがでしょうか。
How is … coming along?　その他 258

…かどうか確認したいと思っています
I just want to make sure ….　その他 258

…状況は実際に改善しているのでしょうか。
… has the situation actually improved?　その他 258

…ほうがよいでしょうか。
Would it be better to …?　その他 262

…をご存じですか。
Do you know …?　その他 263

…は届いているでしょうか。
Did you receive …?　その他 266

ひょっとして，…が届いていないのでしょうか。
Maybe … did not arrive. Could that be the case?　その他 266

…は…までに送っていただけますか。
Can you send … by …?　その他 267

279

## ● 感謝する

…についてお問い合わせいただきありがとうございます。
Thank you for your inquiry regarding ….
　　　　　　　　　　　　　　　問い合わせ 32

…にご関心をお寄せいただき大変光栄です。
We very much appreciate your interest in ….
　　　　　　　　　　　　　　　問い合わせ 32

…についてのお問い合わせをいただき感謝いたします。
We are very grateful for your inquiry concerning ….
　　　　　　　　　　　　　　　問い合わせ 32

…付のメールをどうもありがとうございました。
Thank you very much for your e-mail of ….
　　　　　　　　　　　　　　　問い合わせ 34

…をお送りいただきありがとうございました。
Thank you very much for sending ….
　　　　　　　　　　　　　　　問い合わせ 36

迅速にご対応いただきどうもありがとうございました。
Thank you very much for your quick response.
　　　　　　　　　　　　　　　問い合わせ 37

見積もりのご依頼をいただきどうもありがとうございました。
Thank you very much for requesting a quotation.
　　　　　　　　　　　　　　　見積もり 40

…に関心をお寄せいただき光栄です。
We very much appreciate your interest in ….
　　　　　　　　　　　　　　　見積もり 40

…の機会をいただきお礼申し上げます。
Thank you for the opportunity to ….
　　　　　　　　　　　　　　　見積もり 40

…の見積もりのご用命をいただきどうもありがとうございました。
Thank you very much for requesting a quotation for ….
　　　　　　　　　　　　　　　見積もり 42

…の見積もりをお送りいただき，どうもありがとうございました。
Thank you very much for sending the quotation for ….
　　　　　　　　　　　　　　　見積もり 44

…に対するご返信をどうもありがとうございました。
Thank you very much for your reply regarding ….
　　　　　　　　　　　　　　　見積もり 46

…たら大変ありがたく存じます。
We would be obliged if you could ….
　　　　　　　　　　　　　　　見積もり 47

…に応じていただきどうもありがとうございました。
Thank you very much for agreeing to…
　　　　　　　　　　　　　　　注文 54

…のご注文をいただきありがとうございました。
Thank you for placing an order for….
　　　　　　　　　　　　　　　注文 56

…大変感謝いたします。
We appreciate … very much.
　　　　　　　　　　　　　　　注文 56

初めてご注文をいただきありがとうございます。
Thank you for your first order.
　　　　　　　　　　　　　　　注文 56

…に重ねて深くお礼申し上げます。
Once again, we would like to express our deepest gratitude to you for ….
　　　　　　　　　　　　　　　注文 57

…をいただき誠にありがとうございました。
We extend to you our utmost appreciation for ….
　　　　　　　　　　　　　　　注文 57

ご利用ありがとうございます。
Thank you for using our services.
　　　　　　　　　　　　　　　注文 58

いつも柔軟に…いただき大変感謝しています。
We appreciate very much your flexibility in ….
　　　　　　　　　　　　　　　注文 61

いつもながら…いただきありがとうございました。
As always, thank you so much for ….
　　　　　　　　　　　　　　　注文 64

…をお送りいただきどうもありがとうございました。
I appreciate very much your sending ….
　　　　　　　　　　　　　　　注文 64

…大変助かりました。
…. You have been of great assistance.
　　　　　　　　　　　　　　　注文 65

毎度ご利用いただきまして誠にありがとうございます。
Please accept our deep gratitude for once again using our services.
　　　　　　　　　　　　　　　支払い 70

このたびはお引き立ていただき誠にありがとうございました。
Thank you very much for your custom.
　　　　　　　　　　　　　　　支払い 71

…の請求書をお送りいただきありがとうございました。
Thank you for sending us the invoice for ….
　　　　　　　　　　　　　　　支払い 72

# 目的別表現索引

…についてのメールをありがとうございました。
Thank you for your e-mail relating to ….　支払い 74

…感謝しております。
We greatly appreciate ….　支払い 74

…いただきありがとうございました。
Thank you very much for ….　支払い 75

…とのメールをありがとうございました。
Thank you for your e-mail regarding ….　支払い 78

…についての率直なメールをいただきをありがとうございました。
Thank you for your frank e-mail with regards to ….　支払い 80

…のお願いに対するお返事をありがとうございました。
Thank you for your reply to our request for ….　支払い 82

…付の…に関するご提案をありがとうございました。
Thank you very much for your proposal of … with respect to ….　契約 90

…に関心をお持ちいただき大変光栄に存じます。
We are honored to learn that you have an interest in ….　契約 90

…の件でご関心をお寄せいただき光栄に存じます。
We are very honored by your interest in ….　契約 92

…として…をご検討いただき感謝申し上げます。
We are very grateful to you for considering … as ….　契約 92

…のお申し出をいただきありがとうございました。
Thank you very much for your proposition of ….　契約 92

先日は…をお送りいただきありがとうございました。
Thank you for … you sent to us the other day.　契約 96

…付メールを拝見し、大変うれしく存じます。
We were very pleased to receive your e-mail of ….　契約 98

…をご確認いただきありがとうございました。
Thank you for confirming ….　契約 98

…親切にしていただきとても助かりました。
I was very grateful for your kindness ….　依頼 108

…依頼をいただきましてありがとうございます。
Thank you for asking me to ….　依頼 108

…の際にはお世話になりました。
Thank you for all your assistance at ….　依頼 110

…を聞き入れてくれてありがとう。
Thank you for helping me out ….　依頼 112

この度は…にご協力いただき感謝申し上げます。
Please accept our gratitude for your cooperation with ….　依頼 112

…に関して…をご紹介いただきありがとうございました。
We very much appreciate you introducing … to us in regard to ….　依頼 112

…を引き受けてくれてありがとう。
Thank you for taking on the task of ….　依頼 112

この度はお手伝いいただきありがとうございました。
I greatly appreciate your help on this occasion.　依頼 113

…したいという連絡をありがとうございました。
Thank you for contacting me regarding your wish to ….　依頼 116

…についてお問い合わせいただきありがとうございます。
We very much appreciate your inquiry regarding ….　依頼 118

この度は…許可をいただき誠にありがとうございました。
I would like to express my sincere gratitude to you for permitting us to ….　依頼 120

…に改めて深く感謝申し上げます。
Please accept once again our deep appreciation for ….　依頼 120

…の申請をご了承いただきありがとうございました。
I wish to express my appreciation for your approval of my application to ….　依頼 120

すぐに承諾していただき大変助かりました。
Your prompt consent was a great help.　依頼 121

281

…を承諾していただき大変感謝しております。
We are extremely grateful to you for consenting to .... 　　　　　　　　　依頼 121

…の連絡をありがとう。
Thank you for your message about .... 　　会議 128

…について念押しをしてもらって助かりました。
Thank you very much for reminding me of .... 　　会議 128

メールをありがとう。
Thank you for your e-mail. 　　　　　　　会議 130

…についてご連絡をいただきありがとうございます。
Thank you for contacting me about .... 　　会議 130

…ご出席いただきありがとうございました。
Thank you very much for attending .... 　　　会議 134

…いただき厚くお礼申し上げます。
Please accept our utmost appreciation for ....
　　　　　　　　　　　　　　　　　　イベント 142

おかげ様で，…無事閉幕することができました。
We are happy to say that ... we were able to bring the event safely to a close. 　イベント 142

お忙しいところ，…いただきましてありがとうございました。
We are most grateful to you for taking the time out of your busy schedule to ....
　　　　　　　　　　　　　　　　　　イベント 142

…とのご連絡をありがとうございました。
Thank you for contacting me regarding ....
　　　　　　　　　　　　　　　　　　アポイント 150

…面会のお時間を作っていただきありがとうございました。
Thank you very much for making time to see us .... 　　　　　　　　　　　アポイント 158

…に…ことに重ねてお礼申し上げます。
I would like to express my deep appreciation to ... for .... 　　　　　　アポイント 158

今日はいろいろとお世話になりました。
Thank you for everything today.
　　　　　　　　　　　　　　　　　　アポイント 158

…中はいろいろとご配慮いただきありがとうございました。
I very much appreciate all the kindness I received during .... 　　　アポイント 158

…ていただき恐縮しております。
I must express my gratitude to you for ....
　　　　　　　　　　　　　　　　　　アポイント 158

この度はいろいろと手配をしていただいて本当にありがとうございます。
Thank you so much for arranging everything.
　　　　　　　　　　　　　　　　　　出張 172

…についてご連絡いただき感謝いたします。
Thank you for contacting us in regard to ....
　　　　　　　　　　　　　　　　　　クレーム 180

…の納期遅れに関するメールをありがとうございました。
Thank you for your e-mail regarding the delay in the delivery of .... 　　クレーム 180

…に関してご指摘をいただきありがとうございました。
Thank you for drawing our attention to ....
　　　　　　　　　　　　　　　　　　クレーム 188

…の出来事についてご連絡ありがとうございました。
Thank you very much for contacting us about the incident that .... 　　　クレーム 192

…について率直なご意見をいただき，…お礼申し上げます。
... I would like to thank you for your frankness in regard to .... 　　　クレーム 192

…から…までのアクセスについてお問い合わせいただきありがとうございました。
Thank you for your inquiry about how to get from ... to .... 　　　　　通知 216

先日は…にお越しいただきありがとうございました。
We appreciated you coming to our office for ....
　　　　　　　　　　　　　　　　　　通知 220

この度は，…にご応募いただきありがとうございました。
Thank you very much for applying for ....
　　　　　　　　　　　　　　　　　　通知 220

…中は大変お世話になり，ありがとうございました。
Thank you so much for the wonderful hospitality I enjoyed during .... あいさつ 226

…にご招待いただきまして深く感謝申し上げます。
I would like to express my deepest gratitude to you for inviting me to the meal at ....
　　　　　　　　　　　　　　　　　　あいさつ 226

…しありがとうございました。
I would like to say thank you for ….　　あいさつ 226

…に深く感謝しております。
Please accept my deepest gratitude for ….　　あいさつ 227

…ことに重ねてお礼申し上げます。
I would like to thank you again for ….　　あいさつ 227

ご厚意に感謝します。
We thank you for your kindness.　　あいさつ 227

…心遣いをありがとう。
Thank you for your attention to….　　あいさつ 228

これまで大変お世話になりありがとうございました。
Thank you for all your help and support.　　あいさつ 236

こちらこそいろいろとお世話になりました。
I really appreciate everything you have done for me.　　あいさつ 238

…とのご連絡をいただきありがとうございました。
Thank you for letting me know that ….　　あいさつ 238

…にあたり，…に感謝いたします。
At …, I wish to express my gratitude to ….　　あいさつ 244

…する機会をいただき光栄に存じます。
I am honored to have the opportunity to ….　　その他 256

● 季節のあいさつ

ホリデーシーズンのごあいさつを申し上げます。
Holiday greetings.　　あいさつ 244

どうか楽しいお休みと実り多き新年を迎えられますように。
I hope that you will have a good holiday and a fruitful new year.　　あいさつ 244

季節のごあいさつを申し上げます。
I would like to pass on to you the season's greetings.　　あいさつ 244

皆様に新年のごあいさつを申し上げます。
New Year's greetings to you all.　　あいさつ 244

新年明けましておめでとうございます。
Happy New Year.　　あいさつ 244

…もうすぐ終わり，間もなく…がやってきます。
… will soon draw to an end, and … will very shortly be upon us.　　あいさつ 244

今年は例年と比べ…。
This year is … than usual.　　あいさつ 244

来年が皆様にとってよい年となりますよう願っております。
I hope that next year will be a great year for you all.　　あいさつ 245

どうぞよい休暇をお過ごしください。
Have a good holiday.　　あいさつ 245

…と共に…をお迎えください。
Please have … together with ….　　あいさつ 245

● 検討する

よろしくご検討のほどお願い申し上げます。
We appreciate your kind consideration.　　見積もり 41

…についてご検討，ご了解いただければ幸いです。
We ask for your kind consideration and understanding regarding ….　　見積もり 45

…を慎重に検討いたしました…。
We have considered … at great length ….　　見積もり 48

ご参考までに，…をご覧いただきご検討いただければ幸いです。
For your reference, we would like to ask you to view … and give this matter your kind consideration.　　契約 88

…についてご検討なさったことはありますか。
Have you ever considered …?　　契約 88

ぜひ…を…としてご指定いただきますようご検討ください。
We hope you will consider designating … as ….　　契約 89

本案件について引き続き検討させていただきます。
We would like to give the matter further study.　　契約 90

検討の結果，…という結論に達しました。
Following deliberations, we have decided that ….　　契約 91

検討した結果，…にすべて同意いたします。
After due consideration, we agree with all of ….　　契約 96

…について修正を加えましたのでご検討ください。
We have made some amendments to …which we would like you to consider. 契約 96
…について前向きにご検討いただけることを願っております。
We would like to ask for your constructive consideration of …. 契約 97
…を検討する予定です。
we will talk about …. 会議 127
…かどうかさらに検討してみます。
I will find out if it's possible for me to …. 会議 131
…も含めご検討いただけますでしょうか。
Perhaps you should consider …. 出張 169
…についてさっそく社内で対策を検討したいと思います。
As the first step, we would like to consider measures in-house regarding …. クレーム 192
…を検討する予定です。
we plan to consider …. 通知 201
…を検討した結果，…としての採用が決定いたしました。
On the basis of … we have decided to offer you the position of…. 通知 220
…か検討中です。
we are considering whether …. その他 261

● 断る／反対する

弊社では…を現在製造しておりません。
we do not manufacture … at this present time. 問い合わせ 34
ご要望にお応えすることができず申し訳ございません。
We apologize for not being able to meet your request. 問い合わせ 34
…は一時取り扱いを中止しています。
we have temporarily stopped handling …. 問い合わせ 34
…の提供は行っておりません。
… is not offerd …. 問い合わせ 35
…に添えず大変残念です。
We are very sorry that we are not able to meet …. 見積もり 42

残念ながら…できないことをお伝えしなければなりません。
Unfortunately, we must inform you that we are unable to …. 見積もり 42
大変残念ながら，今回は…ことができません。
Unfortunately, we are unable to … on this occasion. 見積もり 48
ご希望に添えず申し訳ありません。
We apologize for our inability to respond to your wishes. 見積もり 48
…値引きは…までしかご提案できません。
… is the largest discount we are able to offer. 見積もり 48
…に関する値引きは一切行なっておりません。
We do not grant discounts for …. 見積もり 48
…には応じられません。
We do not accept …. 見積もり 48
…できず残念です。
We apologize for our inability to …. 見積もり 49
…に応じることができなくなりました。
we cannot supply …. 注文 58
…に添えず申し訳ありません。
Please accept our apologies for not being able to meet…. 注文 58
…のご注文にはお応えできない状況です。
it is not possible for us to accept orders from …. 注文 58
…にはご同情申し上げますが，残念ながら…ことができません。
We are sympathetic with respect to …, but unfortunately we are unable to …. 支払い 82
…はご容赦いただきたく存じます。
we regret that we are unable to meet any request for …. 支払い 82
…には応じられません。
It is not possible for us to permit …. 支払い 82
…のは今回が初めてではありませんので，…ことはできません。
Since this is not the first time that … , we are unable to …. 支払い 83
申し訳ございませんが，…ことは不可能です。
Unfortunately we are not able to …. 支払い 83

目的別表現索引

…をお断りしなければならず申し訳ありません。
We are very sorry that we must decline …. 契約 92

せっかくのお申し出ですが，当社は…と考えております。
Thank you for your kind proposition; however, we believe …. 契約 92

…辞退させていただきたいと思います。
we would like to respectfully decline …. 契約 92

今のところ弊社は…を予定しておりません。
At the current time we have no plans to …. 契約 93

…の都合によりお応えできそうにありません。
I'm afraid … prevent us taking you up on your offer. 契約 93

残念ながら…られそうにありません。
unfortunately I am unable to …. 依頼 110

…でよろしければ…できますが，今はちょっと無理です。
If you wish, I can …, but I can't really help you at the present. 依頼 110

…は経験がないので自信がありません。
I have no … experience so I am not really confident …. 依頼 110

…の事情には詳しくないのです。
I don't know much about …. 依頼 110

…の面で折り合いがつきませんでした。
we have been unable to come to an arrangement in terms of …. 依頼 111

…はお断りさせていただきます。
I am afraid we must decline …. 依頼 111

あいにく，その時期は…にはおりません。
Unfortunately, I will be out of … at that time. 依頼 111

せっかくのお申し出ですが，…を認めておりません。
It is a kind proposition; however, I cannot permit …. 依頼 118

…に関する権利は…に属しておりません。
The right to …do not belong to …. 依頼 118

…のご使用はすべてお断りしています。
We do not permit any use of …. 依頼 118

…が不十分なようですので，…を許可することはできません。
We are unable to grant permission for … as … appears to be incomplete. 依頼 118

弊社は…する立場にありません。
We are not in a position to …. 依頼 119

…について合意を得ることができませんでした。
we were not be albe to obtain his agreement for …. 依頼 119

…できそうにありません。
I won't be able to …. 会議 130

…からは…が出られません。
… won't be available from …. 会議 130

…を欠席せざるを得ません。
I will have to be absent from …. 会議 130

申し訳ありませんが，…を欠席します。
I'm sorry, but I won't be attending …. 会議 130

…には間に合いそうにありません。
it looks like I won't make it in time for …. 会議 130

…スケジュールの都合がつかず…ことができません。
… we are unable to … owing to a schedule conflict. イベント 140

…は先約が入っていて，…ことができません。
I have a previous engagement on …, and therefore I will not be able to …. イベント 140

残念ですが…へのお誘いを辞退します。
Unfortunately, I have to decline the invitation to …. イベント 140

大変残念なのですが，…ことができません。
Unfortunately, I am unable to …. イベント 140

あいにく仕事が忙しいため伺えないのです。
… unfortunately the pressure of work prevents me. イベント 141

あいにく…から…までは予定が詰まっています。
… Unfortunately, my schedule is quite tight from … to …. アポイント 152

…できず大変残念です。
I'm sorry we will not be able to …. アポイント 152

その期間は…にはおりません。
I will not be in … at that time. アポイント 152

…にはあいにく別の打ち合わせが入ってしまっています。
Unfortunately, I have another meeting planned for …. アポイント 152

…で忙しく，今はとても時間がとれません。
I really can't take any time at the moment as

285

I'm busy with ....　　　　　　　`アポイント` 152
…は辞退させていただきます。
We feel we must respectfully decline ....
　　　　　　　　　　　　　　　　`アポイント` 153
…があるため，そちらにお伺いすることができません。
I am afraid I will not be able to visit you as I have ....　　　　　　　　　　`アポイント` 153
仕事が重なってしまい，…そうにありません。
Due to pressure of work, I will not be able to leave ....　　　　　　　　　　`アポイント` 157
…に行かなければならなくなりました。
I have been called to ....　　　　`アポイント` 157
…は満室で予約がとれませんでした。
I was not able to make a reservation as the hotel is fully booked on ....　　`出張` 168
ご希望の予算に見合う…を見つけることができませんでした。
I have been unable to find ... that meets your budget.　　　　　　　　　　　　`出張` 168
…という希望でしたが，…しか空いていません。
You wanted ..., but only ... are available.
　　　　　　　　　　　　　　　　　　`出張` 168
すでに…の空き部屋がない状況です。
I'm afraid there are no longer any rooms available on ....　　　　　　　　　`出張` 168
…ていただかなくても大丈夫です。
... you don't need to ....　　　　　`出張` 173
…ご容赦願います。
I am afraid that ... cannot be accepted.
　　　　　　　　　　　　　　　　　　`クレーム` 184
残念ながら…を見送らせていただくことになりました。
unfortunately we are unable to offer you ....
　　　　　　　　　　　　　　　　　　`通知` 220
…についてご希望に添うことができません。
... we are not able to grant ... you desire.
　　　　　　　　　　　　　　　　　　`通知` 220
今回はご希望に添えず申し訳ありませんでした。
We are sorry that we are not able to meet your expectations.　　　　　　　　`通知` 221
残念ですが，…する予定はありません。
Unfortunately, we are not planning to ....
　　　　　　　　　　　　　　　　　　`その他` 252
…すぎて，弊社ではご希望に添うことができません。
... is too ... for us to meet.　　　　`その他` 252

…に関するお問い合わせはすべてお断りしております。
We decline to answer any inquiries regarding ....　　　　　　　　　　　　　　`その他` 257

● 誘う／招待する

…にご招待申し上げます。当日のご来場を心よりお待ち申し上げます。
We would like to invite you to ..., and we dearly hope to see you on the day.
　　　　　　　　　　　　　　　　　　`イベント` 136
…もお招きして盛大に開催する予定です。
... will be held in grand style, with ....
　　　　　　　　　　　　　　　　　　`イベント` 137
…謹んでご招待申し上げます。
We humbly request the pleasure of ....
　　　　　　　　　　　　　　　　　　`イベント` 137
…にご招待いただきありがとうございます。
Thank you very much for your kind invitation to ....　　　　　　　　　　　　`イベント` 138
喜んでご招待をお受けいたします。
We are very pleased to accept the invitation.
　　　　　　　　　　　　　　　　　　`イベント` 138
…にお招きいただき恐縮です。
I must thank you for your invitation to ....
　　　　　　　　　　　　　　　　　　`イベント` 138
…へお誘いいただき光栄に存じます。
I am honored to recieve your invitation to ....
　　　　　　　　　　　　　　　　　　`イベント` 138
…にお招きいただき感謝いたします。
We are grateful for the invitation to ....
　　　　　　　　　　　　　　　　　　`イベント` 140
残念ですが…へのお誘いを辞退します。
Unfortunately, I have to decline the invitation to ....　　　　　　　　　　　　`イベント` 140
よかったら…，仕事が終わってから皆で…でもしませんか。
If you like, after we are done with work on ..., we could all go out for ....　　`出張` 173
…でご接待いただきまして深く感謝申し上げます。
I would like to express my deepest gratitude to you for inviting me to the meal at ....
　　　　　　　　　　　　　　　　　　`あいさつ` 226

## 目的別表現索引

### ● 自己紹介

弊社は…を扱っている会社です。
We are a company dealing in .... 　　問い合わせ 30

私は…に勤務している…と申します。
My name is ... and I work in .... 　　問い合わせ 30

弊社は…を扱う企業です。
We are a company dealing in .... 　　契約 88

私は…の…と申します。
My name is ... and I work for .... 　　依頼 106

私は…で…を担当しております…と申します。
My name is ... and I am in charge of ... at ....
　　依頼 114

…に携わっている者です。
I am involved in .... 　　依頼 114

…でお目にかかりました…と申します。
My name is ...; we met at .... 　　アポイント 148

### ● 指示する

…いつでもお気軽にお問い合わせください。
... please feel free to contact us at any time.
　　問い合わせ 32

…をご覧ください。
Please refer to .... 　　問い合わせ 32

…の内容と費用を教えてください。
Please tell me what is included in ... and how much it would cost. 　　見積もり 38

…についてもお知らせください。
Please also let me know about .... 　　見積もり 39

…は…までお願いいたします。
Please send ... to .... 　　注文 55

…に対しては…が適用されておりますのでご確認ください。
Please confirm that ... has been applied to ....
　　注文 56

…に関するご質問などありましたらご遠慮なくお問い合わせください。
If you have any questions regarding ..., please do not hesitate to contact me. 　　注文 62

…に…を同梱していますので，到着次第ご確認ください。
... is included in ..., so please confirm ... on arrival. 　　注文 62

詳細については…をご参照ください。
Please refer to ... for the details. 　　注文 63

万一…場合は，…までメールでご連絡ください。
In the event if ..., please e-mail us at .... 　　注文 63

…に不都合がありましたら，…にお問い合わせください。
If there are any problems with ..., please contact .... 　　注文 63

…に…をお振り込みください。
please remit ... to .... 　　支払い 70

…受領後…以内に代金をお支払いください。
We ask you to pay the amount within ... of receiving .... 　　支払い 70

ご不明な点がありましたら，…までご連絡ください。
Should you have any questions, please contact ....　　支払い 71

…まで至急ご連絡ください。
please contact ... immediately. 　　支払い 73

…に関するお問い合わせはすべて…までお願いいたします。
Please direct all inquiries concerning ... to ....
　　支払い 73

もし…以降にお支払いいただいている場合には，本メールは無視してくださいますようお願いいたします。
Should payment have been made after ..., please ignore this mail. 　　支払い 76

…までに，未払い分の…をお支払いください。
Please complete payment of the outstanding balance of ... by .... 　　支払い 77

…理由があればお知らせください。
Please inform us if there is any reason ....
　　支払い 77

…を添えてご返信ください。
Please send us by attachment .... 　　契約 95

…を添付いたしますのでご確認ください。
I am attaching ... for your confirmation.
　　契約 96

…についての…をお寄せください。
We hope you will give us your opinion of ....
　　契約 97

…に…がすべて反映されておりますことをご確認ください。
Please confirm that all of ... are reflected in ....
　　契約 98

287

受領後すみやかに…ください。
Upon receipt, please ... without delay.　　契約 98

他に私が…できるようなことがあれば，気軽に声をかけてください。
If there is anything else I can ..., please feel free to contact me.　　依頼 108

…私どもでわかることであれば何なりとお問い合わせください。
If there is anything we can help you with ..., please contact us.　　依頼 108

…があればお知らせください。
Please inform me of any ...　　依頼 115

…には…を必ず掲載してください。
please be sure to include ... in ....　　依頼 117

お問い合わせなどは…までお願いいたします。
If you have any inquiries, please contact us at ....　　依頼 117

直接…にお問い合わせください。
please inquire of ... directly.　　依頼 118

…までに…にお集まりください。
Please come to ... by ....　　会議 126

出欠を確認したいと思いますので…までにお知らせください。
Please let me know by ... whether or not you will be able to attend.　　会議 126

…があればどんどん発言してください。
If you have ..., please feel free to speak up.　　会議 127

…までに…を…に提出してください。
You are expected to submit ... to ... by ....　　会議 127

…ばお知らせください。
Please let us know if ....　　会議 129

…があれば，…に連絡しておいてください。
If there are ..., please contact ....　　会議 131

改めて…についてご連絡ください。
Please let me know once again as to ....　　会議 132

詳しくは…をご覧ください。
Please see ... for details.　　会議 133

…がありましたら…までにお知らせください。
If there are ..., please let me know by ....　　会議 134

…をまとめましたので，次のリンク先をご覧ください。
Please see the link below for a summary of ....　　会議 135

…を…と差し替えてください。
Please replace ... with ....　　会議 135

…のに都合のよい日時をお知らせください。
Please let me know a convenient date and time for us to ....　　アポイント 149

ご都合が悪いようでしたらお知らせください。
If this doesn't look convenient for you, please let me know.　　アポイント 151

…までは…を参考にお越しください。
To get to ..., please refer to ....　　アポイント 155

何かありましたら，…に伝言を頼むようお願いいたします。
If anything comes up, please leave a message at ....　　アポイント 155

決まったら…を知らせてください。
Once it's confirmed, please let me know ....　　出張 164

…1泊…以下のホテルを探して予約してください。
... please find and reserve a hotel that's under ... a night.　　出張 164

…まで迎えに行くので，…たら連絡をください。
I will come to meet you at ..., so please give me a call when ....　　出張 166

…に地図が載っていますので見てください。
Please see ... for the map.　　出張 167

…を訂正して，正しい…を送り直してください。
Please fix the error in ... and resend the correct ....　　クレーム 187

…を添付しますので確認をお願いいたします。
I have attached ... for your confirmation.　　クレーム 187

…は破棄してください。
Please dispose of ....　　クレーム 189

皆さん，奮ってご応募ください。
Everyone, please send in your ideas.　　通知 198

詳細については，…までお問い合わせください。
For further details, contact ....　　通知 199

…をご存じの方がいらっしゃいましたらご連絡ください。
if anybody knows ..., please contact me.　　通知 202

お使いになられた…は，すぐに…に戻しておいてください。
After using …, please return … at once to …. 通知 203

…方はご一報ください。
If anybody …, please let me know. 通知 203

必要に応じて…にもその旨伝えておくようにしてください。
you might want to pass this information on to … if necessary. 通知 204

事前に…ようお願いします。
Please … before … begins …. 通知 205

…がご理解ください。
Please understand that …. 通知 205

…は…できるよう各自予定を調整してください。
Please try to arrange your schedules so that you can … on …. 通知 205

…に関するお問い合わせは…までお願いします。
Please contact … if you have any inquiries regarding …. 通知 207

…により不都合などが生じましたら，ただちにお知らせください。
Should … cause any inconvenience, please let me know right away. 通知 209

…中の緊急のお問い合わせは，…にご連絡ください。
Should you have any urgent inquiries during …, please contact us using …. 通知 210

…中は…までメールをお送りくださいますようお願いします。
Please send e-mails to … while …. 通知 212

緊急の場合は，…ではなく…ください。
In an emergency, please … rather than …. 通知 212

…中の緊急のお問い合わせは，…までご連絡ください。
For emergency inquiries while …, please contact … at …. 通知 212

…に関するご意見，ご要望などございましたら，…までご連絡ください。
If you have any opinions or requests regarding …, please contact …. 通知 215

ご不明な点があれば何なりとお尋ねください。
Please feel free to ask if there is anything about which you are uncertain. 通知 217

詳細については…をご覧ください。
Please see … for the details. 通知 217

ご不明な点があれば…にお尋ねください。
If there are any points that are unclear, please ask …. 通知 219

これからも…のために…続けてください。
Please continue … for …. あいさつ 228

…に出席される方は，添付の案内を参考にしてください。
Those wishing to attend … should refer to the attached notice. あいさつ 231

…についての資料を添付しておりますのでご覧ください。
Please see the attached materials, which include …. その他 251

…もぜひご一読ください。
Please feel free to have a look at …. その他 251

…の進捗状況について報告してください。
please provide a report on the state of progress situation of …. その他 258

…も忘れずに報告してください。
Please don't forget to report on …. その他 259

現時点での…を洗い出し…てください。
Please clarify … at the present time …. その他 258

声をかけてください。
Please let me know. その他 265

…が生じているのでしたら，その旨ご連絡ください。
If there are …, please contact me. その他 267

…たら，すぐに返信をください。
Please reply as soon as …. その他 267

● 謝罪する

ご要望にお応えすることができず申し訳ございません。
We apologize for not being able to meet your request. 問い合わせ 34

お待たせして申し訳ありません。
We thank for your patience. 問い合わせ 35

…に添えず大変残念です。
We are very sorry that we are not able to meet …. 見積もり 42

大変申し訳ありませんが，…。
We are very sorry, but …. 見積もり 42

残念ながら…できないことをお伝えしなければなりません。
Unfortunately, we must inform you that we are unable to …. 　見積もり 42
ご希望に添えず申し訳ありません。
We apologize for our inability to respond to your wishes. 　見積もり 48
…できず残念です。
We apologize for our inability to …. 　見積もり 49
この度はご迷惑をおかけして申し訳ございません。
I apologize for any inconvenience. 　注文 61
…が滞っておりまして申し訳ございません。
Please accept our apologies for the delay in …. 　支払い 78
…を心よりお詫び申し上げます。
Please accept our profound apologies for …. 　支払い 79
…大変申し訳なく存じます。
We are deeply sorry for …. 　支払い 79
申し訳ございませんが、…ことは不可能です。
Unfortunately we are not able to …. 　支払い 83
…をお断りしなければならず申し訳ありません。
We are very sorry that we must decline …. 　契約 92
急なお願いですみません…。
I am sorry to ask this of you out of the blue …. 　依頼 106
申し訳ありませんが、…を欠席します。
I'm sorry, but I won't be attending …. 　会議 130
大変残念なのですが、ことができません。
Unfortunately, I am unable to …. 　イベント 140
…できず大変残念です。
I'm sorry we will not be able to …. 　アポイント 152
この件でご迷惑をお掛けしていないことを祈っております。
I hope I am not causing you too much inconvenience. 　アポイント 156
急で申し訳ありませんが、…をキャンセルさせてください。
I apologize for the short notice, but would you mind if we canceled …? 　アポイント 156

心よりお詫びを申し上げます。
Please accept my sincere apologies. 　アポイント 156
ご面倒をおかけしてすみませんが、よろしくお願いします。
I'm sorry for the trouble, but I really appreciate you doing this for me. 　出張 170
せっかく…いただきましたのに申し訳ありません。
I am very sorry, especially after you have kindly …. 　出張 171
…て誠に申し訳ございませんでした。
We sincerely apologize for …. 　クレーム 180
ご連絡が遅れましたことをお詫び申し上げます。
Please accept our apologies for not contacting you sooner. 　クレーム 181
…についてご迷惑をおかけしたことをお詫び申し上げます。
Please accept our deepest apologies for any trouble you may have been caused with regard to …. 　クレーム 184
…に誤りがありまして大変申し訳ございませんでした。
We are extremely sorry for the error in …. 　クレーム 188
…についてのミスにより、ご迷惑をおかけいたしました。
We sincerely regret any inconvenience you may have been caused as a result of the error we made in …. 　クレーム 188
…を心よりお詫び申し上げます。
Please accept our deepest apologies for …. 　クレーム 188
…というご連絡をいただき大変申し訳なく思っております。
We have received your e-mail and we sincerely apologize for …. 　クレーム 192
この度は…ことをお詫び申し上げます。
Please accept our apologies for …. 　クレーム 192
ご迷惑をおかけして申し訳ありません。
I apologize for any inconvenience this may cause you. 　通知 212
大変心苦しいのですが、…なければならなくなりました。
We are very sorry to tell you this, but have to …. 　通知 218

今回はご希望に添えず申し訳ありませんでした。
We are sorry that we are not able to meet your expectations. 通知 221
お役に立てず申し訳ありません…。
We are sorry that we are not able to be of help, .... その他 257

● 称賛する

…のおかげで，…。
Thanks to ...., ..... 依頼 112
あなたにお願いしてよかったです。
I am glad that I asked you. 依頼 113
…のおかげで大成功のうちに終わりました。
Thanks to ...., ... was a huge success.
会議 134
これも皆様のご理解とご協力の賜物と存じます。
This was a result of everyone's understanding and cooperation. イベント 142
…いただいたおかげで，…そうです。
Thanks to ...., it looks like ..... 出張 172
感激しました。
I was very moved. あいさつ 226
何もかもすばらしかったです。
Everything was fantastic. あいさつ 226
…には目を見張るものがありました。
... was remarkable. あいさつ 228
…のおかげでとてもスムーズに進行することができました。
... was able to proceed very smoothly as a result of ..... あいさつ 228
…に大変感心しておられました。
... was very impressed with ..... あいさつ 228
…には…も注目しています。
... is also now paying attention to ..... あいさつ 228
あなたは…ようと努力してくれました。
You ... made efforts to ..... あいさつ 228
…という点で君の右に出る者はいないと思います。
I don't think there is anybody who is as ... as you. あいさつ 229
…と言っても過言ではないでしょう。
It is not going too far to say that ..... あいさつ 229
…の最大の強みなのです。
... is the greatest strength of ..... あいさつ 229

…ことを誇りに思います。
I am proud to ..... あいさつ 229
…にとってもよいお手本となっています。
... have become a role model for ..... あいさつ 242
…に関する知識が豊富で，…でも大変活躍していました。
... has a good knowledgeable of ... and was a key player in ..... その他 256

● 承諾する

…を承諾いたします。
we agree to ..... 見積もり 44
ご要望どおり…に同意いたします。
We agree to your request for ..... 見積もり 46
…を承諾いたします。
We are able to agree to ..... 見積もり 46
ご要望にお応えして…の値引きをいたします。
We will meet your request and grant a discount of ..... 見積もり 46
…を確かに承りました。
We have received ..... 注文 56
…事情がよくわかりました。
we understand the circumstances ..... 支払い 80
ご要望の通り…の…延長に同意いたします。
We agree to extend ... by ... as you request. 支払い 80
やむを得ず…を承諾することにいたします。
we are obliged to consent to ..... 支払い 80
…を考慮し…を認めることといたしました。
Taking into account ...., we have decided to permit ..... 支払い 80
…については…支払期限を遅らせることに同意します。
we can agree to postpone the due date for ... by ..... 支払い 81
検討した結果，…にすべて同意いたします。
After due consideration, we agree with all of ..... 契約 96
…の件，了解しました。
Regarding ...., no problem. 依頼 108
…の件，喜んでお引き受けします。
I would be happy to ..... 依頼 109

…という条件で，…を許可いたします。
On the condition that …, I give you permission to …. 依頼 116

…場合に限り…いただけます。
… is permitted for …only. 依頼 116

喜んで…を許可いたします。
We are pleased to grant you permission to … . 依頼 116

…ということでしたら喜んで…を承諾します。
If it is for …, we are happy to agree to …. 依頼 116

個人的な使用に限り，…を認めることにいたします。
It has been decided to permit … for personal use only. 依頼 116

…の申請が承認されました。
Your application for …has been approved. 依頼 116

…で今のところ OK です。
At the moment … are fine with me. 会議 128

…の件，すべて了解しました。
I understand all the points regarding …. 会議 128

何とか都合をつけて…します。
I will try my best to …. 会議 128

…からは全員会議に出席できると思います。
I think everyone from … will be able to attend the meeting. 会議 128

喜んでご招待をお受けいたします。
We are very pleased to accept the invitation. イベント 138

喜んで…します。
I would be glad to …. イベント 138

いずれの…でも大丈夫です。
Any of … would be fine with me. アポイント 150

ご希望があれば喜んで…いたします…。
We would be more than happy to … if you wish. その他 251

了解しました。
I understand. その他 260

● 知らせる（感想）

…を拝見し，…に興味を持ちました。
We saw … and are interested in …. 問い合わせ 30

…欲しい情報を得られませんでした。
… did not contain the information we wanted. 問い合わせ 37

…について拝見し，興味を持っています。
We are interested in … after seeing …. 見積もり 38

…についてご満足いただけなかったことを遺憾に思います。
We are sorry that … does not meet your requirements. 見積もり 46

… 御社には… を守っていただくようお願いしなければなりません。
… we find it necessary to ask you to adhere to … . 支払い 82

…で…を拝見し好印象を持ちました。
We … saw … at … and were greatly impressed. 契約 88

…にとりましても十分満足できるものです。
We find … to be quite satisfactory. 契約 96

…末までには…れることと期待しております。
It is our hope that we will be able to … before the end of …. 契約 99

満足のいく…となりました。
I am very satisfied with …. 依頼 121

…で…にお目にかかれて大変うれしかったです。
I was very glad to see … at …. 会議 134

…するのは初めてなので，今からとても楽しみです。
As it will be the first time for me to …, I am looking forward to it very much. イベント 138

…への出席を心待ちにしております。
I am delighted that I will be attending …. イベント 139

…充実した時を過ごせたらと思っています。
I think it will be an enriching experience …. イベント 139

…は…でお会いすることができて大変うれしかったです。
I was extremely glad to meet you at … on …. イベント 142

…いただきとても感激しました。
It was really great to see …. イベント 142
…時間を過ごすことができました。
We were able to spend a … time …. イベント 142
…で，…安堵しております。
… it was a great relief to …. イベント 142
…も…との時間を…楽しんでおられたようでした。
It seemed that … also … enjoyed the time spent with …. イベント 142
…をご紹介いただき大変有意義でした。
Your introduction to … was immensely significant. イベント 143
…を今後の活動に存分に生かそうと思っております。
We will make full use in our future activities of … . イベント 143
…とうれしく思いました。
I was very pleased to …. アポイント 152
…ていただき大変参考になりました。
… gave us many great ideas. アポイント 158
…を案内していただきとても楽しい時間を過ごせました。
We very much enjoyed being shown around …. アポイント 158
…いただき，大変よい印象を持ちました。
We were greatly impressed by …. アポイント 158
…てとてもうれしく思いました。
We were extremely pleased to …. アポイント 159
…よう努力してまいります。
We will do our utmost to ensure that …. クレーム 184
…な印象でした。
… gave … impression. クレーム 190
…され，…な思いをしました。
we were made to …, which I thought was …. クレーム 190
…とまどうことが時々あります。
… was a bit confusing at times. クレーム 191
…かもしれません。
I think I may …. 通知 202
…ていいのかどうか迷っています。
I'm not sure whether it's okay to …. 通知 203
…ことを楽しみにしております。
We are looking forward to …. 通知 221

…とても楽しく過ごせました。
… had a wonderful time …. あいさつ 226
…いただき大変勉強になりました。
… , I learned a lot from …. あいさつ 226
…は大切に使わせていただきます。
I will cherish …. あいさつ 227
…たらいいなと思っています。
It would be great to be able to …. あいさつ 229
…のに残念でなりません。
I felt …; it is extremely unfortunate. あいさつ 232
まさかこんなことになろうとは思ってもいませんでした。
…I never imagined anything like this would happen. あいさつ 233
…ので，疲れが出たのかもしれませんね。
I imagine you are fatigued after …. あいさつ 234
…きっと…の場は今よりずっと広がることでしょう。
… will give you more opportunities to …. あいさつ 238
…，存じませんでしたので大変驚いています。
I was taken by surprise as I didn't know …. あいさつ 238
…も楽しみですね。
You must be looking forward to …. あいさつ 238
…ので，…と思っていました。
As …, I thought …. あいさつ 238
…チャンスがやってきたのですね。
This is a chance for you to …, isn't it? あいさつ 239
…を振り返ると感慨深いものがあります。
Looking back on … I am filled with deep emotion. あいさつ 240
…られましたことをうれしく思っております。
I am delighted we have been able to …. あいさつ 240
…弊社にとっても大きな励みとなっております。
… is a great encouragement for our company as well. あいさつ 240
…ことを大変喜ばしく思います。
We are extremely pleased that …. あいさつ 241

…にさらなるやる気と希望をもたらしてくれました。
… has given further motivation and hope to …. あいさつ 241

うれしくてすぐに…くらいです。
I am so glad that I feel like …. あいさつ 242

…と伺いとてもうれしく思っています。
I am very glad to hear that …. あいさつ 242

…が目に浮かぶようです。
I can picture …. あいさつ 242

…一層張り合いが出てくることでしょう。
… must give … greater motivation to …. あいさつ 242

…について大変興味があります。
We are very much interested in …. その他 252

…と大変うれしいです。
We would be very grateful if …. その他 255

…のことは今でもよく覚えております。
I still remember … very well. その他 256

…だったと記憶しております。
I remember … was …. その他 256

…どちらに…か迷っています。
… I am not sure which one to …. その他 262

…にお願いしたいのですが、…が思い当たりません。
I would like to ask …, but I can't think of …. その他 262

頑張ってくれてありがとう。
I appreciate your hard work. その他 264

…が役に立てばうれしいのですが。
I hope … is of some use. その他 265

…のか案じております。
We are anxious as to whether …. その他 266

…かと心配しています。
I am worried that …. その他 266

● 知らせる（行動）

…についてお伺いします。
I have an inquiry regarding …. 問い合わせ 30

…は…より伺いました。
I was given … by …. 問い合わせ 30

…について知りました。
we learned of …. 問い合わせ 30

…を定期購読しています。
We read … regularly. 問い合わせ 30

…について…から…伺っております。
We have … heard about … from …. 問い合わせ 31

…に添うようできる限りの努力をいたしました。
We have done all we can to comply with …. 見積もり 41

諸事情を考慮した結果，…。
We have reviewed the circumstances and …. 見積もり 46

…注文いたします。
I wish to place an order …. 注文 54

…を注文したいと思います。
We are pleased to make an order for …. 注文 54

…すでに手続きに入っております。
we have already begun processing …. 注文 56

近々…休止する予定です。
… is scheduled to be suspended shortly. 注文 58

…の手続きに入るのが…後になってしまいます。
it will be … before we can begin the process of…. 注文 58

…は…よりご注文をお受けする予定です。
We plan to accept orders for … from …. 注文 58

…ことをご連絡いたします。
I am contacting you to inform you that …. 注文 62

さっそく…を確認しました…。
Immediately upon receipt, … were checked,…. 注文 64

…より…と連絡がありました。
We received word from … that …. 注文 64

…ことを確認しました。
We have confirmed that …. 注文 64

…に十分応えられそうです。
… appear to amply meet …. 注文 65

…の代金を…ご請求申し上げます。
We would like to request payment of the amount …for …. 支払い 70

…について，…で支払いを済ませました。
As regards …, payment was made by …. 支払い 72

# 目的別表現索引

下記の内容にて…に対し送金申し込みをいたしました。
we have asked ... to make a remittance as follows. 　支払い 73

…に…から…の入金があったことを確認いたしました。
We have confirmed ... that ... have deposited ... in .... 　支払い 74

…に…から…お支払いいただいたことを確認しました。
We have confirmed the payment of ... made by ... on .... 　支払い 74

…より、…旨連絡がありましたのでお知らせいたします。
I wish to inform you that we have been notified .... 　支払い 74

…の…期限が過ぎておりますことをご連絡します。
I am contacting you because the deadline for ... has passed. 　支払い 76

…についてご連絡を差し上げました。
I have contacted you previously with regard to .... 　支払い 76

…について弊社でもさっそく…の照合をいたしました。
With regard to ..., we immediately verified ... against .... 　支払い 78

弊社は…提携先を探しています。
We are searching for a partner company ... with which to form a ... alliance. 　契約 88

…について契約書の草案を作成しました。
We have drawn up a draft contract concerning .... 　契約 94

…に誤記を見つけました。
We have found some clerical errors in .... 　契約 100

…ように言われました。
... told me that .... 　依頼 106

…はとてもスムーズに運びました。
... went very smoothly. 　依頼 112

…を申し込みます。
I wish to apply to .... 　依頼 114

…を上回る募金を集めることができました。
we were able to collect more money than .... 　依頼 120

…として使わせていただいております。
... has been used as .... 　依頼 121

…の…より…まで…で会議を行ないます。
We will hold a meeting in ... from ... to ... on .... 　会議 126

…が参加して行ないます。
... will be attended by .... 　会議 126

…について話し合われる予定です。
we plan ... to discuss .... 　会議 126

…があれば後で連絡しますね。
I will let you know if there is anything .... 　会議 128

その時にまたお電話いたします。
I will give you a call then. 　会議 129

…から…まで…で開催されます。
... will be held from ... to ... at .... 　イベント 136

…は…に行われます。
... will be holding ... on .... 　イベント 136

…に…が行われます。
... will be held on .... 　イベント 136

…が講演を行ないます。
... will give a lecture. 　イベント 137

…の一部は…へ寄贈されます。
Part of ... will be donated to .... 　イベント 137

…ならどなたでもご入場いただけます。
All ... are welcomed to attend. 　イベント 137

…より3名が参加させていただく予定です。
Three people from ... will attend .... 　イベント 138

私の代理として…が参加させていただきます。
... will attend in my stead. 　イベント 141

…のため…に出張することになりました。
I am going to visit ... for .... 　アポイント 148

…は外出します。
I will be out of the office during .... 　アポイント 152

…には…を休止する予定になっています。
... will be suspended on .... 　アポイント 153

当日は…に…にお伺いする予定です。
... plan to visit ... at ... on that day. 　アポイント 154

…に…に到着し，…に宿泊します。
I will arrive in ... on ... and will be staying ... at .... 　アポイント 154

…もう一人…という者が同席させていただきます。
a person by the name of ... will also attend .... 　アポイント 157

295

…に…に寄ろうと計画しています。
I am planning to visit … at …. 出張 164
…から…間の予定で…に出張することになりました。
I will be visiting … for … from …. 出張 164
…から…と…に行きます。
I'm going to … with … from …. 出張 164
…で行われる…に出席します。
I will be attending … at …. 出張 164
頼まれていたホテルの予約がとれました。
I've made the reservation you asked for.
出張 166
…の手配が済みました。
I have arranged to have …. 出張 166
ご希望通り，…を予約しました。
As you requested, I have reserved …. 出張 166
…から…の予定で…を…予約しました。
I have made a reservation for … for … from …. 出張 166
残念ながら…てしまいました。
I am afraid …. 出張 170
お言葉に甘えて，…に着いたら連絡します。
Thanks for your offer. I will call you when I arrive at …. 出張 172
念のため…をお知らせしておきます。
I'm letting you know … just in case. 出張 172
…に基づいて…計画を立てていたのです。
We established a … plan based on …. クレーム 178
…のミスで納期を間違えておりました。
… made a mistake in the estimated delivery date. クレーム 180
…へお伺いさせるようにします。
I will … send … to …. クレーム 185
…によれば…に全額を払い込んでいます。
according to …, payment was made in full on …. クレーム 186
弊社のミスで，…を計算しておりました。
We mistakenly calculated …. クレーム 189
…に電話をしました。
I ….had cause to telephone … to inquire about …. クレーム 190
…を利用して…に泊まりました。
During …, I stayed at …. クレーム 190

…と話をし厳重に注意をいたしました。
We have talked to … and issued a strict warning. クレーム 192
…の企画案を今年も募集します。
…this year we are again calling for promotion ideas for …. 通知 198
…の受講申し込みを受け付けています。
We are accepting applications for participation in …. 通知 198
…を皆様から募集しています。
We would like everyone to send in …. 通知 198
…を募集します。
We are looking for …. 通知 198
…定員になり次第締め切ります。
We will … cease accepting applications once the limit is reached. 通知 199
…より…の一部改編を実施することになりました。
partial reorganization of … will be implemented from …. 通知 200
…を実施することを発表します。
I wish to announce the implementation of …. 通知 200
…との合併についてお知らせいたします。
I would like to inform you that a merger with …. 通知 200
当社はこの度やむを得ず…に踏み切ることにいたしました。
We have decided that there is no choice but to take steps to …. 通知 200
改編に伴い，…で…を削減することになります。
The reorganization includes a reduction of … in…. 通知 200
…を…当社が買収することに決定いたしました。
We have decided to buy …. 通知 201
…を探しています。
I am searching for …. 通知 202
…の行方を探しています。
I am looking for …. 通知 202
…付近で…を拾いました。
I picked up … near …. 通知 202
…の…から…までの予定で…が行なわれます。
… is scheduled for …, from … to …. 通知 204
…に，…実施されます。
On …, … will be carried out. 通知 204

すでにお伝えしてありますが，…。
I have already notified all of you about this,
but ....                                    通知 204
…に実施されます。
... will be conducted on ....                通知 204
…から…搬送が行なわれます。
... will be being transported ... from ....
                                             通知 204
…中，…各フロアの…を点検して回ります。
... will be inspecting ... on all floors during ....
                                             通知 204
…に移転する予定です。
... is scheduled to relocate on ....         通知 206
…と共に会社を設立いたしました。
I have set up a new company in partnership
with ....                                    通知 206
…に支店を開設いたしました。
We have opened a branch in ....              通知 206
…は今まで通り…に残ります。
... will remain at ....                      通知 206
…のでご留意ください。
Please note that ....                        通知 209
弊社は…に伴い，この間を休業とさせていただきます。
We will suspend operations during ....
                                             通知 210
当社は…より…まで…としてお休みをいただきます。
We will halt operations from ... to ... for ....
                                             通知 210
…は…のため営業を休ませていただく予定です。
We plan to suspend business on ... for the
purpose of ....                              通知 210
…ため，…は全日休業となります。
We will stop operations for one day on ... due
to ....                                      通知 210
…のため，…から…までの間…が閉鎖されます。
... will be closed from ... to ... for ....  通知 210
…こちらからご連絡を差し上げることにいたします。
We will contact you ....                     通知 211
…中は…交代で出社し…。
... will be taking turns to man the office during
....                                         通知 211
…から…までは…のため会社におりません。
I won't be in the office from ... to ... as ....
                                             通知 212

…から…休暇をとります。
I will take a ... vacation from ....         通知 212
…に入りましたら…休暇をとる予定でいます。
I am planning to take a ... vacation in ....
                                             通知 212
…から…間会社を留守にし，…から出社します。
I will be absent from the office for ... from ...,
and I will be back in the office from ....
                                             通知 212
…中は，同僚の…の担当をいたします。
While ...., my colleague ... will be in charge of
liaison with ....                            通知 212
この度，弊社では…ためにウェブサイトを開設いたしましたのでお知らせいたします。
I would like to inform you that we have
launched a website in order to ....          通知 214
…のご紹介をいたします。
Allow me to introduce to you ....            通知 214
…では…を改善し，…やすくしました。
We have improved ... in ...., and it is now easier
for you to ....                              通知 214
…までのアクセス方法をご案内いたします。
I would like to give you directions on how to
get to ....                                  通知 216
…が決定いたしました。
we have decided to ....                      通知 218
…を検討した結果，…としての採用が決定いたしました。
On the basis of ...., we have decided to offer you
the
position of ....                             通知 220
…の結果，…が選ばれました。
Following ...., ... has been selected for ....
                                             通知 221
…については追ってお知らせいたします。
We will let you know ... later.              通知 221
…ないとの申し出がありました。
... asked for no ....                        あいさつ 230
…だけで執り行なわれるそうです。
It seems ... will take place with just ....
                                             あいさつ 230
…の詳細はまだ決まっておりませんので，追ってお知らせいたします。
As the details of ... have yet to be decided, I
will contact you regarding these later.
                                             あいさつ 230

297

…を代表して…に出席される予定です。
It is planned for ... to represent ... at .... 　あいさつ 230

…により固辞されるとのことです。
In accordance with ...is being firmly declined. 　あいさつ 231

…は添付の案内の通り執り行われます。
... will be held as shown on the attached notice. 　あいさつ 231

…よく…のことを話していました。
... often spoke to ... about .... 　あいさつ 233

…から，…と伺いました。
I heard from ... that .... 　あいさつ 234

…とテレビのニュースで報じていました。
I found out on the TV news that .... 　あいさつ 234

風の便りに，…と知りました。
I heard on the grapevine that .... 　あいさつ 234

…付で，…から…へ転勤することになりました。
On ..., I will transfer from ... to .... 　あいさつ 236

この度，…付にて…を退職いたします。
As of ..., I will be resigning from .... 　あいさつ 236

…から…に転職します。
from ... I will be moving to .... 　あいさつ 236

…付で…勤務を終え，…に戻ることになりました。
On ... I will be concluding my duties at ... and returning to .... 　あいさつ 236

…へ異動になりました。
I was transferred to .... 　あいさつ 236

この度，…の後任として…となりましたのでごあいさつ申し上げます。
I would like to offer you my regards as I have recently taken over from ...as ... . 　あいさつ 236

…では，…に携わります。
At ... I will be working on .... 　あいさつ 237

…を…いち早くご提供しています。
... provides you instantaneously with .... 　その他 250

当社では…まで…を展開中です。
We are holding ... until .... 　その他 250

…に一通り目を通しました。
I have looked through .... 　その他 252

…照会先として…を伺いました。
... has given us ... as a reference . 　その他 254

…照会先として…のお名前を挙げています。
... has named ... as a reference. 　その他 254

…に…の間勤務しておりました。
... worked in ... for .... 　その他 256

詳しくは…でお知らせします。
I will notify you of the details in .... 　その他 260

…についての中間報告書をお送りします。
I am sending you a progress report on .... 　その他 260

…の経過報告をいたします。
I would like to report on the progress of .... 　その他 260

…についてざっと説明します。
I will briefly explain .... 　その他 260

遅くとも…までには…を提出するようにいたします。
I will submit ... by ... at the very latest. 　その他 261

…については後日報告します。
I will report to you later regarding .... 　その他 261

…の会場を決めなければなりません。
We have to decide the venue for .... 　その他 262

…を開きたいと思います。
we are going to hold .... 　その他 262

…時，よく一緒に…たものです。
When ..., we often ... together. 　その他 265

…親切にも…と言ってくれました。
... kindly said that .... 　その他 265

● 知らせる（状況）

…の在庫がございます。
We ... have ... in stock. 　問い合わせ 33

…との互換性がありません。
... is not compatible with .... 　問い合わせ 34

…以下の通りです。
... is as follows: 　見積もり 40

…は…まで有効です。
... will be valid until .... 　見積もり 40

消費税込みの価格／消費税別の価格
Price including consumption tax ／ Price not including consumption tax 　見積もり 40

こちらの価格には…は含まれておりません。
These prices do not include .... 　見積もり 40

こちらが弊社での…となります。
This is ... we are able to offer you. 　見積もり 41

# 目的別表現索引

…現在…を見合わせております。
… we are currently suspending ….　見積もり 42
ご存じのとおり，…。
As you are no doubt aware, ….　見積もり 42
…が他社から出ています。
Other companies are releasing ….　見積もり 44
…の在庫は十分あります…。
… we have a plentiful stock of … .　注文 56
…現在予約でいっぱいです。
… is presently fully booked.　注文 58
…を間違えました。
I made a mistake in ….　注文 60
…状態もよく…。
… is in good condition ….　注文 65
ご請求金額は…と同じです。
The billed amount is the same as ….　支払い 70
…すでに処理は進行しております。
Your payment has already been processed, ….　支払い 71
支払い金額は…，送金番号は…です。
The payment amount is … and the remittance number is ….　支払い 72
…にて…止まっておりました。
We have … found that … had been sidetracked in ….　支払い 79
私ども…状況は十分理解しております。
We fully understand the situation ….　支払い 80
…ではすでに…が弊社商品の販売店となっております。
We already have a distributor in ….　契約 93
ご参考までに，…条件は下記の通りです。
For your reference, the conditions … are as follows.　契約 94
私も…とは面識がある…。
I am acquainted with ….　依頼 108
…しようと思っていたところでした。
I was going to ….　依頼 108
…予定通り…ことになりました。
… should be able to … as planned.　依頼 112
…にくれぐれもよろしくとのことでした。
They said to pass on their regards to ….　依頼 112
…ことになりました。
we decided to ….　依頼 113

…から次々に反応が寄せられています。
We are receiving more and more feedback from ….　依頼 120
…へのアクセス数は増加しています。
… is gaining more hits.　依頼 120
主な議題は…です。
The meeting agenda includes ….　会議 126
…は…ためのものです。
The purpose of … is to ….　会議 127
…できそうです。
I think I will be able to ….　会議 128
…の前に予定が入っている…。
I already have an appointment before ….　会議 129
…可能性があります。
I might have to ….　会議 129
…には約束があり，外出する予定です。
I have an appointment and will be out of the office ….　会議 130
…の要約です。
Here is the summary of ….　会議 134
…から常に高く支持されてまいりました。
… has been very popular among ….　イベント 136
期間中は…を予定しております。
… are scheduled to take place during the period ….　イベント 136
…に…から…泊です。
It's for … nights from …, at….　出張 166
チェックインは…以降，チェックアウトは…までとなります。
Check-in is from … and check-out is by ….　出張 166
予約番号は…です。
The reservation number is ….　出張 166
宿泊代は税込みで1人1泊…です。
The hotel charge for one night including tax is … per person.　出張 166
…予約することは可能ですが，…かなり高めになります。
It is possible to reserve …; however, … is quite a bit more.　出張 168
…はすべて予約済みです。
… are fully booked.　出張 168
…すでに売り切れです。
… are already sold out.　出張 169

299

…には十分間に合うと思います。
I will be in plenty of time to …. 　出張 172
…は予想以上に注文が殺到した…。
We have received far more orders for …, than we expected to …. 　クレーム 180
…納品予定日にすでに…に到着している模様です。
it appears that … was delivered to … on the scheduled delivery date. 　クレーム 180
予想より品質が…と感じています。
The quality is … than I thought. 　クレーム 182
確認したところ，…ことがわかりました。
We have looked into the matter and discovered that …. 　クレーム 184
…請求書には計上されています。
… the invoice includes … . 　クレーム 187
…間違っておりました。
… was incorrect. 　クレーム 188
…に問い合わせたところ，…ことがわかりました。
I have checked with … and have discovered that …. 　クレーム 188
おっしゃる通り…適用されなければなりませんでした。
… should have been applied as you indicated. 　クレーム 188
締め切りは…です。
The deadline is …. 　通知 198
…の募集人数は…名です。
We are looking for … members. 　通知 199
…に分かれ…。
… will be divided into …. 　通知 200
…を目指し，弊社は…と…合併の合意に至りました。
With the aim of …, we have … agreed to the merger with …. 　通知 200
…どこにも見当たらないのです。
I cannot find … anywhere. 　通知 202
…が…から…に置かれたままになっています。
There are … that have been left on … since …. 　通知 202
…に問い合わせたところ，…ということでした。
When I inquired at …, they said …. 　通知 202
…中は…が使用できなくなります。
… will not be available while …. 　通知 204
…が予想されます。
it is likely that …. 　通知 205

できるだけ…予定ですが，…こともあります。
… will … as far as possible; however, … will also…. 　通知 205
…は次の通りです。
… are as follows. 　通知 206
新住所は…です。
The new address is …. 　通知 207
…の名称は…で…。
The name of … is …. 　通知 207
新しい…は…です。
The new … is …. 　通知 208
…の後任は…という者です。
The name of the person who will take over from … is …. 　通知 209
…から…までは…休業となります。
… will be closed from … to …. 　通知 210
…は…のため，…は休業となります。
… will be closed on …as …. 　通知 210
…では…について詳しく掲載しております。
On … we have posted details about …. 　通知 214
…さらにご利用いただきやすくなりました！
… it is now much easier to use! 　通知 214
…の紹介など，…をより深く知っていただく上で欠かせないものとなっております。
It includes information such as … that is essential for those who wish to know more about …. 　通知 215
…を出て，…の交差点を横断すると目の前にあります。
Come out of …, cross the intersection at …, and you will see … in front of you. 　通知 216
弊社は，…から…のところにあります。
We are located … from …. 　通知 216
…からは，…の場合は…まで…です。
From …, it takes …by … to …. 　通知 216
…の前に…という…があります。
There is … called … in front of …. 　通知 217
…ざるを得なくなった次第です。
we have had no choice but to …. 　通知 218
経営努力を重ねてまいりましたが，…結果となってしまいました。
Our management has made every effort, but …we have decided we must …. 　通知 219
…により，…のが難しくなったのです。
Because of …, it has become difficult for us to …. 　通知 219

初めての…ですね。
This is the first time you will …, right?
　　　　　　　　　　　　　　あいさつ 238

気づいたら…ていました。
I have only just noticed that ….
　　　　　　　　　　　　　　あいさつ 244

…がやってきます。
… will be here.
　　　　　　　　　　　　　　あいさつ 245

当社には…てきた…年以上にわたる実績があります。
We have a track record of over … years ….
　　　　　　　　　　　　　　その他 250

…以来，…をいただいております。
We have … received … since ….
　　　　　　　　　　　　　　その他 250

…について…に問い合わせることを希望しています。
… expressed the wish that we contact … for reference regarding ….
　　　　　　　　　　　　　　その他 254

…な性格で…。
… has a … in nature ….
　　　　　　　　　　　　　　その他 256

…仕事ぶりは…で，勤務態度は…でした。
… engaged in … work … and … work attitude was ….
　　　　　　　　　　　　　　その他 256

…からは休みがちでした。
after …, … became prone to take time off.
　　　　　　　　　　　　　　その他 257

…については…な点もあります…。
There are some points with respect to … that … .
　　　　　　　　　　　　　　その他 260

…現在かなりの遅れが出ています。
… is quite a bit behind the schedule at present.
　　　　　　　　　　　　　　その他 262

…をする店を探しているのですが，…なかなか空いていません。
I'm searching for a place to hold …, but … nowhere seems to be available.
　　　　　　　　　　　　　　その他 262

…がうまくいっていないのかもしれません。
Perhaps we are having some trouble ….
　　　　　　　　　　　　　　その他 267

● 提案する

…により適切にお答えできるかと存じます。
we would be able to respond more appropriately to ….
　　　　　　　　　　　　　　問い合わせ 33

お手元に届くまで…かかります。
it should reach you in ….
　　　　　　　　　　　　　　問い合わせ 34

…の価格として下記の通りご案内させていただきます。
The prices of … are as follows.
　　　　　　　　　　　　　　見積もり 40

…よりお値引きいたします。
A discount is available on ….
　　　　　　　　　　　　　　見積もり 40

…を弊社負担とさせていただきます。
we will bear ….
　　　　　　　　　　　　　　見積もり 46

…に関してはできるだけご相談に応じます。
We will try our best to accommodate your request regarding ….
　　　　　　　　　　　　　　見積もり 46

…値引きは…までしかご提案できません。
… is the largest discount we are able to offer.
　　　　　　　　　　　　　　見積もり 48

他の…で…があれば喜んでご案内させていただきます。
If there are any other …, we would be happy to guide you through our services.
　　　　　　　　　　　　　　注文 59

代替品として…のご提供は可能です…。
We are able to provide … as a substitute ….
　　　　　　　　　　　　　　注文 59

…いただけないかと思っております。
we are wondering whether it would be possible to ….
　　　　　　　　　　　　　　注文 78

…前に…する必要があります。
Prior to …, we need to ….
　　　　　　　　　　　　　　契約 94

…について…に取材をさせていただけないかと考えております。
We are wondering if we could interview … regarding ….
　　　　　　　　　　　　　　依頼 106

今週だと…に時間がとれそうです。
… look good this week.
　　　　　　　　　　　　　　依頼 109

…でしたら出席できると思うのですが。
I should be available in ….
　　　　　　　　　　　　　　会議 131

…を囲んで…を行いたいと思います。
We would like to hold … with ….
　　　　　　　　　　　　　　イベント 136

皆様からいただいた貴重なご意見は，…とさせていただきます。
The valuable feedback we received from you will be incorporated into ….
　　　　　　　　　　　　　　イベント 143

…させていただけないかと考えております。
I was wondering it would be possible for us to ….
　　　　　　　　　　　　　　アポイント 148

…よりも…ほうがよいのではないでしょうか。
Wouldn't it be better to … rather than …?
　　　　　　　　　　　　　　アポイント 148

…てはどうかと思います。
What do you think of …?
　　　　　　　　　　　　　　アポイント 149

301

…でしたら空いています。
I will be free on …. 　　　　　アポイント 150

…ても構いません。
It would be no problem for me to …. 　アポイント 150

その日は…でしたら予定が空いています。
I will be free for … on that day. 　アポイント 150

…だと…から…までが空いています。
My schedule is open from … to … on …. 　アポイント 150

…に延期していただけたらと思っております。
Would it be possible to move … to …? 　アポイント 156

後日改めて…できればと思います。
I hope we will be able to … at a later date. 　アポイント 157

…から…までを利用するのが大変便利だと思います。
There is … from … to …, which I think is quite convenient. 　出張 167

他に…できることがあればおっしゃってください。
If there is anything else I can …, please don't hesitate to ask. 　出張 167

…でもよければ，他を当たってみます。
If you don't mind …, I can have a look at some other …. 　出張 168

もしよろしければ…をお送りさせていただきます…。
We can send you … if you wish. …. 　クレーム 181

送料は弊社で負担いたします。
We will cover the cost of postage. 　クレーム 184

…無償で…ていただきます。
… we will … free of charge. 　クレーム 184

…いただけるのであれば，…ご案内させていただきます。
If you wish to …, we can suggest …. 　クレーム 185

…ことで対応していきたいと考えています。
We will respond to this situation by …. 　クレーム 192

…の気持ちとして…をお送りします。… お収めください。
As a token of …, we are sending you …; we hope that you will accept …. 　クレーム 193

次回…の際には…を参考にしていただきますようお願いいたします。
Please refer to … the next time you wish to …. 　通知 215

ぜひ…をご覧になり，ご利用ください。
We hope that you will drop by and use …. 　通知 215

…をお気軽にお試しください！
Please feel free to visit …! 　通知 215

…念のため…ておこうと思います。
… I would like to …, just to make sure. 　通知 216

…をご利用いただくのが一番便利かと思います。
I think … is the most convenient. 　通知 217

…から…までは…あれば十分お越しになれると思います。
… should be plenty of time to get from … to …. 　通知 217

…からお電話をいただければ，こちらからお迎えに伺います。
If you call me from …, I will come to meet you. 　通知 217

…から…まで，…を…間無料でお試しいただけます。
From … up to …, you can try out … for … free of charge. 　その他 251

…にてご覧いただけます。
… can be viewed at …. 　その他 251

…についてですが，…すべきだと思います。
On the subject of …, I think we should …. 　その他 264

…てみるといいと思います。
I think it would be good to …. 　その他 264

…として…はどうでしょうか。
How about … as …? 　その他 264

● 添付する

…を添付いたします。
Attached is …. 　問い合わせ 32

…を添付いたします。
I have attached …. 　注文 54

…を添付してお送りいたします。
I am sending … as an attached document. 　支払い 70

…を添付いたしました。
… I have attached …. 　契約 94

# 目的別表現索引

…を添付しましたのでご確認ください。
I am attaching ... for your confirmation.
契約 96

…添付の資料の通りです。
... are listed in the attached document.
会議 126

…添付してお送りします。
I have attached ... to this e-mail.
会議 134

…を添付します。
I am attaching ....
会議 134

…を添付しますので確認をお願いいたします。
I have attached ... for your confirmation.
クレーム 187

…添付の資料の通りです。
... are given in the attached document.
通知 204

…に出席される方は，添付の案内を参考にしてください。
Those wishing to attend ... should refer to the attached notice.
あいさつ 231

…は添付の案内の通り執り行われます。
... will be held as shown on the attached notice.
あいさつ 231

…についての資料を添付しておりますのでご覧ください。
Please see the attached materials, which include ....
その他 251

…をまとめたものを添付します。
I have attached material summarizing ....
その他 260

● 初めのあいさつ

…の紹介でこのメールを書いています。
I was referred to ... by ....
問い合わせ 30

メールを拝見いたしました。
I have received and read your e-mail.
問い合わせ 32

…に添付された…を拝見しました。
I have read through ... attached to ....
問い合わせ 36

…を受け取り，拝見しました。
We have received and looked through ....
見積もり 38

お送りいただいた…の見積もりを拝見しました。
I have looked over the estimate you sent for ....
見積もり 44

…についての…メールを拝読いたしました。
I have read your e-mail ... regarding ....
見積もり 48

…付のお見積もりを拝見しました。
We have looked over your quotation dated ....
注文 54

…を拝見し…。
We looked at ....
注文 54

…のメールを拝見いたしました。
We have received your e-mail regarding ....
注文 58

…のお支払いについてご連絡いたします。
I am contacting you regarding payment for ....
支払い 70

…の件でご連絡を差し上げています。
I am contacting you in regard to ....
支払い 72

…の代金お振り込みの件でお知らせいたします。
I am notifying you concerning the remittance of payment for ....
支払い 74

…をご連絡いただいた…付のメールを拝見しました。
We read your e-mail of ... informing us of ....
支払い 74

これは…ことをお知らせするメールです。
This is to inform you that ....
支払い 76

…した結果についてご連絡します。
I am contacting you regarding the result of ....
支払い 82

…から…と伺いメールを差し上げました。
I am writing to you as I heard from ... that ....
契約 88

…というメールを興味深く拝見しました。
We read your e-mail regarding ... with great interest.
契約 90

…をありがたく拝見いたしました。
We have read ... with much appreciation.
契約 92

…の件でご連絡を差し上げます。
I am writing to you regarding the matter of ....
契約 94

…結果をご連絡いたします。
I am contacting you concerning the outcome of ....
契約 96

…のでご連絡いたします。
I am contacting you to let you know that ....
契約 100

303

ちょっとお願いがあってメールを送りました。
I am e-mailing you as I have a small favor to ask. 　　　　　　　　　　　　　依頼 106

…をお願いできないかと思いこのメールを書いています。
I am writing this e-mail to you … to ask if …. 　　　　　　　　　　　　　　依頼 106

…付のメールを拝見しました。
I received your e-mail dated …. 　依頼 108

メールを読みました。
I read your e-mail. 　　　　　　　依頼 110

…とのメールを拝見しました。
I have read your e-mail regarding …. 依頼 110

…したいとのメールをありがとうございました。
Thank you for your e-mail expressing your desire to … . 　　　　　　　　　依頼 118

…を許可するとのメールをいただき、本当にどうもありがとうございます。
Thank you very much indeed for your e-mail in which you grant us permission to …. 　　　　　　　　　　　　　　依頼 120

…のでお知らせします。
Please be informed that …. 　　　会議 126

…についてご案内いたします。
This is to notify you of …. 　　　会議 126

…の件でメールを差し上げています。
I am writing this to you regarding …. 　　　　　　　　　　　　　　アポイント 148

いただいたメールにお返事申し上げます。
This is in reply to your e-mail. 　アポイント 150

…とのメールをありがとうございました。
Thank you for your e-mail concerning …. 　　　　　　　　　　　　アポイント 152

これは…に関する確認のメールです。
This is to confirm that …. 　　アポイント 154

…の手配が完了しましたのでお知らせいたします。
This is to let you know that … arrangements have been made. 　　出張 166

…の状況についてお知らせします。
This is to keep you up to date regarding …. 　　　　　　　　　　　　　　出張 168

…の件でご連絡いたします。
I am contacting you about …. 　出張 168

…ので, 取り急ぎお知らせいたします。
This is a quick note to let you know that …. 　　　　　　　　　　　　　クレーム 178

…の内容についてお伺いします。
I have an inquiry concerning the contents of …. 　　　　　　　　　　　　クレーム 182

…というメールを頂戴いたしました。
We have received your e-mail regarding …. 　　　　　　　　　　　　クレーム 184

…にご満足いただけなかった旨のメールを受け取りました。
We have received your e-mail expressing your dissatisfaction with …. 　クレーム 184

…の内容についてご連絡します。
I am contacting you about the contents of …. 　　　　　　　　　　　　クレーム 186

…についてメールを差し上げます。
I am writing you this e-mail in regard to …. 　　　　　　　　　　　　クレーム 190

…のでごあいさつを申し上げます。
We would like to extend our warmest greetings to you following …. 通知 206

…の統合についてご案内申し上げます。
I would like to inform you of the consolidation of …. 　　　　　　　　　　　通知 206

…をご紹介いたします。
I would like to introduce you to …. 通知 208

…ができ上がりましたのでお知らせいたします。
we are pleased to announce the release of …. 　　　　　　　　　　　　　通知 214

…より…価格を…値上げさせていただきたくお知らせいたします。
I wish to inform you that as of … the prices of … will increase …. 　　　通知 218

…のでご連絡いたします。
I am contacting you to inform you that …. 　　　　　　　　　　　　　　通知 218

…結果についてお知らせいたします。
This is to inform you of the result of …. 　　　　　　　　　　　　　　　通知 220

…とのお知らせを拝見しました。
I read your e-mail announcing …. 　　　　　　　　　　　　　　あいさつ 238

…のご紹介のためにメールを差し上げております。
I am writing to you to introduce …. 　　　　　　　　　　　　　　その他 250

…を大変興味深く拝見いたしました。
I read through … with great interest. 　　　　　　　　　　　　　その他 252

## ● 変更する／取り消す

…の結果についてお知らせします。
I wish to inform you of the results of …. 　　その他 260

…を変更したいと思います。
I would like to change …. 　　注文 60

…をキャンセルして，代わりに…を注文します。
I want to cancel the order for …, and instead order …. 　　注文 60

…を取り消してください。
Please cancel …. 　　注文 60

…変更は可能でしょうか。
would it be possible to change …? 　　注文 60

…を…から…に変更願います。
I wish to change … from … to …. 　　注文 60

…キャンセルせざるを得なくなりました。
we have unfortunately been forced to cancel …. 　　注文 60

…を取り消します。
we would like to cancel …. 　　注文 61

…について一部変更していただけないでしょうか。
Would it be possible to make a minor change to …? 　　契約 96

…を…に変更しても差し支えないでしょうか。
Would you mind if we changed … to match …? 　　契約 97

急に予定が入ってしまいました。
Something urgent has come up. 　　会議 130

…をキャンセルさせてください。
I'm afraid that I have to cancel …. 　　会議 130

…の時間が変更になりました。
The time of … has been changed. 　　会議 132

…の予定でしたが，…となりました。
We have rescheduled … for … instead of …. 　　会議 132

…に変更があります。
There has been a change regarding …. 　　会議 132

…がキャンセルとなりましたので取り急ぎお知らせいたします。
This is a quick note to tell you that … has been canceled. 　　会議 132

…ではなく，…で行います。
… will be held in …, not …. 　　会議 132

…に変更となりました。
… has been rescheduled to …. 　　会議 132

…にお越しいただけなくなったため，今回の会議は中止とします。
Now that … will be unavailable, … has been canceled. 　　会議 132

…に変更されることになりました。
… will be rescheduled for …. 　　会議 133

…の一部が変更になりました。
Part of … has been altered. 　　会議 133

…については変更ありません。
There are no alterations to …. 　　会議 133

…あいにく…なければならず…なくなりました。
… unfortunately I have to … and I am no longer able to …. 　　イベント 140

今のところ…に変更は生じておりません。
There are no changes to … at this point in time. 　　アポイント 154

…お約束になっておりましたが，当方の予定に変更が生じました。
We arranged that …; however, there has been a change of plan on my side. 　　アポイント 156

…を…に変更していただけないでしょうか。
Would you mind if we moved … to …? 　　アポイント 156

…を変更させていただきたいのです。
I would like to alter …. 　　アポイント 156

…を変更させていただいてもよろしいでしょうか。
Would it be possible to make an alteration to …? 　　アポイント 156

急で申し訳ありませんが，…をキャンセルさせてください。
I apologize for the short notice, but would you mind if we canceled …? 　　アポイント 156

残念ながら…ことができなくなりました。
unfortunately I will no longer be able to …. 　　アポイント 156

ぜひ別の日程で…を再調整させてください。
Please allow me to rearrange … for another day. 　　アポイント 157

…を予定より…早く発たなければならなくなりました。
I'll have to leave … one day earlier than I planned. 　　出張 170

…の…をキャンセルしていただきたいのですが。
Would you mind canceling ... for ...?　`出張` 170
…に一部変更が生じましたのでお伝えいたします。
I am writing to tell you that there has been a slight change in ....　`出張` 170
大変残念なのですが，…ことが叶わなくなってしまいました。
Unfortunately, I am no longer able to ....
　`出張` 170
…に変えていただけるとありがたいです。
I would be grateful if you could change ... to ....　`出張` 170
…をキャンセルしていただけますか。
Could you please cancel ...?　`出張` 170
…ではなく…で移動することにしようと思います。
I am thinking of traveling around by ...rather than by....　`出張` 170
…に変更可能か…に問い合わせていただけますか。
Would you mind asking ... if it is possible to change to ...?　`出張` 171
…の変更で…に到着するのが…になります。
Due to ... change, I will arrive ....　`出張` 171
…の予約をキャンセルしてもらえますか。
Can you cancel the reservation for ...?
　`出張` 171
…は今のところ変更ありません。
As it stands there are no changes to ....
　`出張` 172
…場合は，…をキャンセルせざるを得ません。
If ..., we will have no choice but to cancel ....
　`クレーム` 179
…は今までと変わりません。
... have not changed.　`通知` 207
…が変更になりました。
... has changed.　`通知` 208
これからは…を使ってください。
Please use ... from here on.　`通知` 208
…より…が変更になりますのでお知らせいたします。
This is to notify you that ... will change on ....
　`通知` 208
…の変更についてご案内申し上げます。
I wish to inform you of a change in ....
　`通知` 208

…の名称が…に変更となります。
the name of ... will change to ....　`通知` 208
…以降は…に…をお送りいただくことができなくなります。
It will no longer be possible to send ... to ... from ....　`通知` 208
現在は…ですが，…より…となります。
Present ... are ...; from ... will change to ....
　`通知` 209
…の変更についてご案内申し上げます。
I wish to tell you about the changes we are making to ....　`通知` 218

● 結びのあいさつ

ご注文を心よりお待ちしております。
We look forward to receiving your order.
　`問い合わせ` 33
よろしくお願いいたします。
I appreciate your help with this.　`問い合わせ` 36
よろしくご検討のほどお願い申し上げます。
We appreciate your kind consideration.
　`見積もり` 41
…たら改めてご連絡いたします。
I will contact you again when ....　`見積もり` 43
またの機会にお役に立てることを楽しみにしております。
We look forward to being able to serve you again in the future.　`見積もり` 43
今後ともよろしくお引立てのほどお願い申し上げます。
We hope that we may have dealings with you in the future.　`見積もり` 43
…いただきますよう心よりお願い申し上げます。
We look forward very much to ....　`見積もり` 47
またのご用命をお待ちしております。
We look forward to serving you again in the future.　`注文` 59
…できることを期待しております。
We look forward to being able to ....　`注文` 61
今後ともよろしくお願いいたします。
We welcome the opportunity to serve you again in the future.　`支払い` 70
今後とも引き続きよろしくお願い申し上げます。
We ... hope that it will continue well into the future.　`支払い` 71

…ようお待ちしております。
We look forward to .... 　　　　　　支払い 75
…をご理解いただき，…ますようお願いいたします。
We ask for your understanding regarding ... and hope that you will agree to ....
　　　　　　　　　　　　　　　　支払い 78
御社からのご返信をお待ちしております。
We await your reply. 　　　　　　支払い 83
今後またご一緒する機会ができましたらぜひ…をお願いいたします。
we would very much appreciate ... should the opportunity for us to work together arise in the future. 　　　　　　　　　　契約 92
今後とも末永いお付き合いが続きますよう願っております。
It is our hope that we may continue to do business together for many years to come.
　　　　　　　　　　　　　　　　契約 98
今後ともよろしくお付き合いのほどお願い申し上げます。
We greatly look forward to collaborating together from now on. 　　　　契約 100
…時にまたご連絡します。
I will contact you again when .... 　契約 101
これをご縁として末永いお付き合いとなりますよう願っています。
We sincerely hope that this will be the start of a long-lasting business relationship. 　契約 101
詳しいことはまた後で連絡します。
I will let you know the details later. 　依頼 106
返信をお待ちしています。
I'll be waiting for your reply. 　　依頼 109
これに懲りずに何かありましたらまたご連絡ください。
regardless of this, please contact us should anything come up in the future. 　依頼 111
また何かあればよろしくお願いします。
I hope you don't mind if I ask for your help again in the future. 　　　　　依頼 112
これからもお付き合いのほどよろしくお願い申し上げます。
We hope that we may do business with you again in the future. 　　　　依頼 113
…を拝見するのを楽しみにしております。
I look forward to seeing .... 　　依頼 116

何卒ご理解賜りますようよろしくお願い申し上げます。
I would like to ask for your understanding regarding this matter. 　　依頼 118
他の形でお手伝いできるならぜひ協力させてください。
If we are able to assist in other ways, we would be happy to cooperate. 　依頼 119
今後ともご協力をよろしくお願いします。
We hope we will continue to receive your kind cooperation in the future. 　依頼 121
…にご招待申し上げます。当日のご来場を心よりお待ち申し上げます。
We would like to invite you to ..., and we dearly hope to see you on the day.
　　　　　　　　　　　　　　　イベント 136
…は必ず成功するものと確信しております。
I am certain that ... will be a success.
　　　　　　　　　　　　　　　イベント 139
当日…でお目にかかりましょう。
I look forward to seeing you at ... on the day.
　　　　　　　　　　　　　　　イベント 139
…を心からお祈り申し上げます。
We have our sincerest wished for ....
　　　　　　　　　　　　　　　イベント 140
どうかご理解くださいますようお願いいたします。
I hope you will understand. 　イベント 141
またの機会がありましたら，ぜひお声をかけてください。
Should another opportunity arise, please invite me again. 　　　　　　　イベント 141
取り急ぎお礼まで。
Please accept this brief note to express our appreciation. 　　　　　　　イベント 142
当日お目にかかるのを楽しみにしています。
I am looking forward to seeing you then.
　　　　　　　　　　　　　　　アポイント 155
今後ともどうぞよろしくお願いいたします。
We hope that we can continue to work together in the future. 　アポイント 159
…にもよろしくお伝えください。
Please pass on my regards to ....
　　　　　　　　　　　　　　　アポイント 159
お会いするのを楽しみにしています。
I'm looking forward to meeting you.
　　　　　　　　　　　　　　　出張 173

…何卒ご理解をいただきますようお願いいたします。
We would like to ask for your kind understanding ....　　　　　　　　　クレーム 185
今後とも変わらぬお付き合いをお願い申し上げます。
We hope that this will not affect our business relationship from here on.　　クレーム 189
こちらにおいての際にはぜひお立ち寄りください。
If you have the opportunity to visit the area, we hope you will stop by ....　　通知 206
…でお目にかかることを楽しみにしております。
I look forward to seeing you in ....　通知 207
よろしくお願いします。
Thank you.　　　　　　　　　　　通知 208
ご理解のほどよろしくお願いいたします。
I ask for your understanding.　　　通知 209
今後ともよろしくお付き合いくださいますようお願いいたします。
I hope that we may continue to do business together into the future.　通知 209
ご不便をおかけしますが、どうぞよろしくお願いいたします。
We are sorry foe inconvenience. Thank you for your cooperation.　　　通知 210
ご理解、ご協力のほどお願い申し上げます。
We would like to ask for your understanding and cooperation.　　　　通知 211
当日お目にかかるのを楽しみにしております。
I look forward to seeing you on the day.
　　　　　　　　　　　　　　　　通知 216
これまで同様、…をご愛顧くださいますよう願っております。
We hope that you will continue to choose ....
　　　　　　　　　　　　　　　　通知 219
…を一同楽しみにしております。
Everyone is looking forward to ....　通知 221
今後のご活躍をお祈りしております。
We wish you all the best.　　　　　通知 221
…にもよろしくお伝えください。
Please give my regards to ....　　　あいさつ 226
…また一緒にお仕事ができる日を楽しみにしています。
I look forward to the day we can work together again ....　　　　　あいさつ 234

今後ともどうぞよろしくお願い申し上げます。
I would like to ask for your continued cooperation in the future.　　あいさつ 237
皆様のお幸せと、ますますのご発展をお祈りしております。
I pray for your happiness and continued success.　　　　　　　　　あいさつ 237
…でのご活躍をお祈りしております。
I wish you success at ....　　　　　あいさつ 238
これからも変わらずお付き合いくださいますようお願いいたします。
I would appreciate it if we could continue to be friends in the years to come.　あいさつ 239
…を弊社社員一同からお祈りしております。
All our employees are wishing for ....
　　　　　　　　　　　　　　　　あいさつ 240
さらなるご活躍を期待しております。
Best wishes for your further success.
　　　　　　　　　　　　　　　　あいさつ 241
…今後…となりますよう願っております。
We trust … will grow … in the future.
　　　　　　　　　　　　　　　　あいさつ 241
ご連絡をお待ちしております。
We look forward to hearing from you.
　　　　　　　　　　　　　　　　その他 250
折り返しご連絡をお願いいたします。
I look forward to your reply.　　その他 252
…またの機会を期待しております。
… we look forward to … in the future.
　　　　　　　　　　　　　　　　その他 253
ご協力をよろしくお願いします。
I would like to ask for your cooperation.
　　　　　　　　　　　　　　　　その他 259

● 文句を言う

…と一致しないところがあります。
… do not completely conform with ....　注文 64
…が見つかりません。
We could not find ....　　　　　　注文 64
…現在、…金額の入金が確認できておりません。
As of ... we have not been able to confirmed payment of the amount ....　支払い 76
…に…までにご送金いただくことになっていました。
remittance to ... was to have been made by ....
　　　　　　　　　　　　　　　　支払い 76

…にはまだご入金いただいていないようです。
no deposit has yet been made to …. 支払い 76
…のご入金が２週間以上遅れています。
Payment for … is more than two weeks late. 支払い 76
…ので大変困っています。
This poses a serious problem as …. クレーム 178
…届く予定だったのですが，まだ受け取っていません。
… was supposed to arrive …, but I have not yet received …. クレーム 178
…納品予定日から大幅に遅れて…やっと届きました。
… finally arrived …, way past the scheduled date. クレーム 178
…すでに納品予定日を…過ぎているのに届きません。
It is already … passed the scheduled delivery date, yet … has not yet arrived. クレーム 178
…対応に追われています。
We are busy answering …. クレーム 178
…ので困惑しています。
We are a bit puzzled as …. クレーム 178
…場合は，…をキャンセルせざるを得ません。
If …, we will have no choice but to cancel …. クレーム 179
…と…ので大変困ります。
If …, we will be placed in a difficult situation as …. クレーム 179
どんなに遅くても…までに…ようにしてください。
Please be sure to … by … at the latest. クレーム 179
できるだけ早い…をお願いいたします。
we hope you will … as quickly as possible. クレーム 179
…を調査し，その結果を… お伝えください。
We ask that you to investigate … and inform us of the result…. クレーム 179
…とは異なる…のものが…混ざっていました。
… are of a different … to …. クレーム 182
至急…と交換してくださいますようお願いいたします。
We would like you to exchange … for … as soon as possible. クレーム 182
…を…注文したのですが，届いたのは…でした。
I ordered …, but I received …. クレーム 182

…とは…がかなり違っているように思います。
… appears to be quite different from …. クレーム 182
…とは異なる…が送られてきました。
… I have received has a different … to …. クレーム 182
…が正しく作動しません。
… doesn't work properly. クレーム 183
…分の価格が見積もり価格と異なっているようです。
…the price for … appears to be different from the price quoted. クレーム 186
…適用されることになっていたはずです。
… should have been applied …. クレーム 186
請求書では…となっていますが，正しくは…だと思います。
The invoice gives …as … , but I believe that the correct unit price is …. クレーム 186
請求書に書かれた…と…が合いません。
… given on the invoice does not tally with …. クレーム 187
何かの間違いだと思います…。
We think that some kind of error has occurred …. クレーム 187
なかなか…ませんでした。
it took a very long time for … to …. クレーム 191
…に…どのように対応なさるべきとお考えなのかお伺いします。
I would like to know how you … think you should handle …. クレーム 191
…付のメールで…いただくようお願いしたのですが，まだ届いていません。
I sent you an e-mail on … asking you to …; however, I haven't received … yet. その他 266
…のお返事をいただいておりません。
We have received no reply regarding …. その他 266
…と何度も試みているのですが，まだ…ずにいます。
I have tried many times to …, but I haven't managed to … yet. その他 266
御社に…を求めましたが，回答に時間がかかりすぎています。
We requested you to …, but your response has been too slow. その他 266

● 要望する／希望する

…についてもっとよく知りたいと思います…。
We would like to know more about …
　　　　　　　　　　　　　　　問い合わせ 30

…ことができないことをどうかご了承ください。
Please accept our deep regrets in not being able to ….　　　　　　　　問い合わせ 35

…についてより詳しく知りたいと思っています。
… are interested in knowing more about ….
　　　　　　　　　　　　　　　問い合わせ 36

…を比較したいと思います。
I would like to compare ….　　　見積もり 38

…にご満足いただけますことを願っております。
We hope that you find … to be satisfactory.
　　　　　　　　　　　　　　　　見積もり 40

御社のお役に立つことができますよう願っております。
We hope that we may be of service to you in the future.　　　　　　　見積もり 41

…お手伝いさせていただきたく存じます。
… we look forward to being of assistance.
　　　　　　　　　　　　　　　　見積もり 43

…ると非常にありがたいのですが。
We would be extremely grateful if ….
　　　　　　　　　　　　　　　　見積もり 45

…御社からのご用命をいただけますよう願っております。
we hope that we may be of service to you in the near future.　　　　　見積もり 46

…を承諾していただけることを願っております。
we hope you will agree to ….　　見積もり 49

次の通り…たいと思います。
I would like to … as follows.　　　注文 54

…よう期待しております。
We are hopeful that ….　　　　　　注文 57

…にご満足いただけることを願っております。
We sincerely hope that you will be satisfied with ….　　　　　　　　　　注文 57

…ると大変ありがたいです。
I would be extremely grateful if ….　注文 60

…納品日を早めていただけたらと思います。
We would like an earlier delivery date….
　　　　　　　　　　　　　　　　　注文 60

…が無事に到着した旨のご連絡をお待ちしております。
We look forward to hearing that … have arrived safely.　　　　　　　　注文 63

…いただけますよう願っております。
We hope that we may be able to ….
　　　　　　　　　　　　　　　　支払い 75

…までに必ずお支払いいただきたく存じます。
We trust that you will carry out the payment by ….　　　　　　　　　支払い 81

これ以上…が遅れないものと信じております。
We are confident that you will not be late in … from here on.　　　　　支払い 81

…内に清算をしていただきますようお願いします。
We trust that you will settle the account before ….　　　　　　　　　支払い 81

…に向けて，ご協力いただきますことを強く望みます。
We strongly desire your cooperation in ….
　　　　　　　　　　　　　　　　支払い 83

…としてぜひお役に立ちたいと考えております。
we would very much like to be of service to you as ….　　　　　　　　契約 88

…と…の契約を結びたいと考えています。
We wish to enter into a contract with … for ….
　　　　　　　　　　　　　　　　　契約 89

…からよいお返事がいただけることを期待しております。
We look forward to receiving a positive reply from ….　　　　　　　　契約 89

ぜひ…に向けて話し合いを進めたいと考えております。
we would like to proceed with talks aimed at ….　　　　　　　　　　　契約 90

…な関係となれますよう願っております。
We hope … will develop into a … relationship for ….　　　　　　　　契約 90

近いうちに…ことができればと思っております。
We hope we will be able to … in the near future.　　　　　　　　　　契約 91

…とのご縁を大切にしていけるよう願っております。
we hope that we will be able to develop a valuable relationship between ….　契約 93

…関係になりたいと切に希望しております。
It is our earnest desire to form a relationship in which …. 契約 101

…際の感想を書いてほしいのです。
I would like you to write a report on your …. 依頼 107

…をご理解いただきますよう願っております。
We hope that you understand …. 依頼 107

…許可をいただけないでしょうか。
I would like to ask for your permission to …. 依頼 114

…へのリンクを張ることを許可いただきたく存じます。
We would like your permission to post a link to … on …. 依頼 114

…の趣旨をご理解いただきご協力いただきますよう願っております。
We ask for your understanding and your cooperation concerning …. 依頼 115

…について…かどうか再検討することを求めます。
In relation to …, we ask that you reconsider whether …. 依頼 119

…ようなよい出会いがあるよう期待しております。
We expect it will be a good opportunity to …. イベント 138

…ぜひ出席したいと考えています。
We would certainly like to attend …. イベント 138

ぜひ…ていただきたいと思っております。
I would definitely like to …. イベント 141

…について直接お話を伺いたいと思っています。
I would like to meet and talk to you regarding …. アポイント 148

…についての意見交換ができたらと思っていました。
I was thinking that we should exchange opinions … concerning …. アポイント 149

どちらかと言えば…の方が都合がいいです。
… would be more convenient for me. アポイント 150

そのうちお会いできることを願っております。
I hope we can meet up at some point in the future. アポイント 152

またの機会にぜひお目にかかれますよう願っております。
I hope that we may have another opportunity to meet at a later date. アポイント 153

どうかご理解いただきたく存じます。
I hope that you will understand. アポイント 153

説明を通じ，…にご納得いただけますことを願っております。
We hope that our explanation of …will convince you of … . アポイント 154

…について確認させていただきたいと思います。
I wish to confirm …. アポイント 154

…からの2泊でお願いします。
I'd like to stay for two nights from …. 出張 164

…の手配を頼みます。
I'd like you to arrange for …. 出張 165

…とありがたいです。
I'd be grateful if …. 出張 165

…にもう1泊できるよう手配していただけますか。
I would appreciate it if I could arrange for me to stay at … for another night. 出張 171

すべて返品したいと思います。
We wish to send everything back. クレーム 183

…でご満足いただけますよう願っております。
We trust that you will be satisfied with …. クレーム 189

…を適切に…してほしいと思います。
I think you should … properly …. クレーム 190

…ことを切に望みます。
I sincerely hope that …. クレーム 191

今後とも…をご利用いただければ幸いです。
We would be most grateful if you would continue using …. クレーム 193

…の企画案を期待しています。
we look forward to ideas that …. 通知 198

…について皆様からのご提案をお願いいたします。
We welcome your suggestions for …. 通知 198

皆さんの…に期待したいと思います。
We are counting on you to …. 通知 199

…への皆様の…ご参加をお待ちしております。
We look forward to your … participation in …. 通知 199

…について皆様の周知徹底をお願いいたします。
We ask you to ensure that everyone is informed of …. 通知 200

皆様のご理解をお願いいたします。
we ask for everybody's understanding. 通知 201

代わりに…に連絡していただけるとありがたいです。
I would be grateful if you could contact … instead. 通知 213

なるべくご迷惑のかからない形にしたいと考えています。
I hope to cause you as little inconvenience as possible. 通知 213

…を末永くご活用いただければ幸いです。
We hope that you will make active use of … in the years ahead. 通知 214

…ことを願っています。
I hope that …. あいさつ 235

…でも大いにご活躍されることを願っております。
I hope you … will be blessed with prosperity in …. あいさつ 239

…の機会をいただけないかと考えております。
I would like to ask for an opportunity to …. その他 250

…ため，途中経過を確認させてください。
I would like to confirm progress midway in order to …. その他 258

なるべく早く…てほしいのです。
I want you to … as soon as possible. その他 259

…は…までに仕上げてほしいのです。
I would like you to finish up … by …. その他 259

首尾よくいくことを願っています。
I hope that everything goes well. その他 265

できるだけ早く…たいと思います。
I would like you to … as soon as possible. その他 266

…は…までに必要なのです。
I need … by …. その他 267

# キーワード索引

日本語から該当する意味の単語を検索することができます。ここにない単語・表現を探したい場合は，特設サイトにて公開されている英文を検索すると便利です。特設サイトについては11ページを参照してください。

## ●あ

| アイディア | idea 128, 198, 199 |
| --- | --- |
| 案内 | 案内する guide 59 / show ~ around ... 158, 226 / （知らせる）inform 206, 208 |
| 意見 | （利用者などからの）feedback 143 / opinion 97, 127, 134, 149, 215, 255, 263 |
| 一括払い | one lump sum 48 |
| 移転 | relocation 207<br>移転する relocate 206 |
| 移転先 | new address 206 |
| 打ち合わせ | meeting 110, 128, 130, 149, 152, 156, 158, 226 |
| 売り上げ | sales 89, 106, 128, 198, 229 / the proceeds 137 |
| 応募 | 応募する apply 220, 254 |

## ●か

| 会議 | conference 228 / meeting 126, 127, 128, 129, 130, 131, 132, 134, 135, 140, 148, 157, 164, 170, 172, 202, 258, 265, 266 |
| --- | --- |
| 会議室 | conference room 116, 126 ,172 / meeting room 126, 154, 202 |
| 価格 | price 40, 42, 44, 48, 49, 78, 186, 218, 252, 264 |
| 価格表 | price list 31, 218, 251, 253 |
| 下記 | 下記の below 54 / following 38<br>下記の通り as follows 40, 94 |

| カタログ | catalog 32, 34, 36, 38, 39, 60, 182, 202, 203, 214, 215, 253 |
| --- | --- |
| 期間 | period 136, 211 / time 140, 152 |
| 議事録 | minutes 108, 130, 134, 135 |
| 議題 | agenda 126, 127, 128, 133 / subject 127 / topic 126 |
| キャンセル | キャンセルする cancel 60, 61, 130, 156, 170, 171, 179 |
| 休暇 | （短い）break 210 / vacation 210, 212 / holiday 245 |
| 休業 | 休業する suspend operation 210 |
| 協力 | collaboration 121 / cooperation 83, 92, 112, 113, 115, 120, 121, 142, 211, 259<br>協力する collaborate 101 / cooperate 119 |
| 許可 | permission 114, 115, 116<br>許可する give ~ permission 116 / grant ~ permission 116, 120 / grant permission 118, 119 / permit 120 |
| 計画 | plan 178<br>計画する plan 164 |
| 携帯電話 | cell phone 114, 172, 212, 218 |
| 契約 | contract 82, 83, 89, 90, 94, 95, 99<br>契約書 contract 94, 95, 96, 97, 98, 99, 100, 101 |
| 契約書草案 | draft contract 91, 94, 95, 96, 97, 98 |
| 欠席 | 欠席する be absent 130 |
| ご愛顧 | patronage 47, 71, 214, 244 |
| 合意 | agreement 119<br>合意する agree 94 |
| 航空便 | 航空便で by air 62 / by airmail 32, 36, 54, 100<br>航空便で送る airmail 70 |

313

| 口座 | account 72, 74, 76, 190／銀行口座 bank account 70, 72, 76 |
|---|---|

## ●さ

| 在庫 | stock 56, 58, 60<br>在庫がある have 〜 in stock 31, 33, 34, 58<br>在庫が切れている be out of stock 58 |
|---|---|
| 参加 | participation 120, 199<br>参加する（出席する） attend 126, 138, 141／participate 140, 142 |
| 参加者 | participant 142 |
| 参考 | reference 115, 255<br>参考にする refer 155, 231<br>参考までに for your reference 88, 94 |
| 至急 | as soon as possible 65, 182／immediately 73, 178 |
| 市場 | market 44, 49, 89, 90, 91, 200 |
| 市場性 | marketability 88 |
| 次第 | （〜次第） as soon as 35, 55, 56, 72, 133, 184, 213／on 62 |
| 辞退 | 辞退する decline 92, 140, 153, 230 |
| 実績 | achievement 31／track record 250 |
| 質問 | question 32, 62, 158, 190 |
| 品物 | item 58, 64, 119, 178, 179, 184 |
| 支払い | payment 48, 55, 70, 71, 72, 73, 74, 76, 77, 78, 80, 81, 82, 83<br>支払う make (a) payment 62, 76, 77, 78, 81, 82, 83／pay 70, 76, 80 |
| 支払い期限 | （支払い期日）payment deadline 80, 83 |
| 支払い条件 | payment condition 70, 76, 96 |
| 住所 | address 206, 207 |

| 修正 | amendment 95, 96, 97 |
|---|---|
| 修正版 | revised edition 135 |
| 出荷 | 出荷する ship 219 |
| 出席 | 出席する attend 114, 127, 128, 130, 133, 134, 138, 139, 141, 164, 231 |
| 出張 | business trip 107, 111, 129, 140, 152, 156, 164, 170, 213, 226<br>出張する go on a business trip 132 |
| 受領 | receipt 62, 72, 73, 98<br>受領する receive 46, 64, 70, 74, 99, 100 |
| 紹介 | 紹介する introduce 112, 208, 214, 250 |
| 照会先 | reference 254 |
| 状況 | conditions 49／situation 80, 83, 191, 258／status 178 |
| 条件 | condition 44, 70, 76, 94, 96, 111, 115, 116, 220 |
| 詳細 | detail 63, 91, 199, 217, 221, 230, 251 |
| 消費税 | consumption tax 40 |
| 署名 | signature 98<br>署名する sign 96, 98 |
| 資料 | （書類）document 117, 126, 204／information 30, 31, 32, 37／material 33, 34, 36, 38, 106, 108, 112, 114, 115, 129, 133, 202, 251, 252, 267 |
| 申請 | application 116, 119, 120 |
| スケジュール | schedule 109, 111, 140, 154, 156, 158, 170, 172, 258, 261 |
| 請求 | 請求する request 34, 70 |
| 請求金額 | billed amount 70 |
| 請求書 | invoice 55, 62, 64, 70, 71, 72, 74, 76, 79, 186, 187, 188, 189 |
| 製造 | production 42, 43, 58, 218 |

# キーワード索引

| | | | |
|---|---|---|---|
| | 製造する manufacture 34 | 納品 | delivery 48, 178, 179, 180, 181, 183 |
| 製品 | goods 88, 94, 184 ／ product 30, 31, 32, 33, 36, 38, 39, 40, 41, 42, 44, 57, 82, 88, 114, 184, 198, 202, 214, 218, 219, 228, 251, 260 | | 納品する deliver 64, 178 |

### ●は

| | |
|---|---|
| 発送 | 発送する deliver 59, 77 ／ send 32, 101 ／ ship 54, 56, 62 |
| 送金 | remittance 72, 73, 74 ,76, 79 |
| | 送金する make a remittance 72 ／ remit 72 ／ payment 72 |
| 販売 | sale 88, 94, 126, 132, 134, 149, 178 |
| | 販売する sell 82, 88, 90, 118 |
| 送料 | delivery cost 40 ／ shipping cost 46 ／ cost of delivery 38 ／ cost of postage 184, 187 |
| 販売会議 | sales meeting 134 |
| 販売網 | sales network 200 |
| パンフレット | brochure 117 |

### ●た

| | |
|---|---|
| 品質 | quality 49, 180, 182, 184 |
| 退職 | resignation 254 |
| 不都合 | inconvenience 209 |
| | 退職する resign 206, 236 ／ retire 238 |
| 船便 | 船便で by sea mail 62 |
| 不便 | inconvenience 210 |
| 代替品 | substitute 59 ／ replacement product 181 ／ replacement item 185 |
| | 不便な inconvenient 165 |
| 振り込み | （送金） remittance 74 |
| 販売店 | （特約販売店） distributor 58, 88, 89, 90, 92, 94, 100 |
| | 振り込む（送金する） remit 70 |
| 分割払い | （1回分） installment 44, 48, 55, 76 |
| 販売店契約 | distributor contract 90, 94 |
| 別途 | separately 32, 62, 99 |
| 担当 | 担当している be in charge 114, 212 |
| 返信 | reply 46, 83, 109, 148 |
| | 返信する reply 213, 267 |
| 担当者 | person in charge 73, 190, 252 |
| 返送 | 返送する return 101 ／ send back 98, 100, 101, 184 |
| 注文 | order 33, 40, 44, 48, 56, 57, 58, 60, 61, 75, 178, 179, 180, 184, 185, 213 |
| 返品 | return 184 |
| | 注文する order 42, 54, 60, 64, 70, 178, 180, 182, 184, 202 ／ place an order 54, 56 | 報告 | report 258, 259 |
| | | | 報告する report 259, 260, 261 |
| 注文書 | order form 54, 55, 58 | 報告書 | report 127, 259, 260, 261 |

### ●な

### ●ま

| | | | |
|---|---|---|---|
| 値引き | discount 40, 44, 45, 46, 47, 48 ／ price discount 39 | ミーティング | meeting 128, 129, 130, 132, 133, 135, 258 |
| 値引き価格 | discounted price 82 | 見積もり | estimate 39, 41, 42, 44, 262 ／ quotation 38, 40, 42, 44, 45, 46, 54 |
| 納期 | delivery date 39, 46, 48, 60, 61, 178, 180 | | |

315

| | | |
|---|---|---|
| | 見積もる | provide an estimate　38 |
| 見積価格 | the price quoted　186 | |
| 未払い勘定 | outstanding account　80 | |
| 迷惑 | inconvenience　61, 79, 156, 184, 188, 212, 213／trouble　184 | |
| メール | e-mail　32, 34, 36, 42, 46, 48, 58, 60, 72, 74, 76, 78, 80, 82, 90, 92, 94, 98, 100, 106, 108, 110, 116, 118, 120, 130, 148, 150, 152, 178, 180, 184, 190, 204, 208, 212, 266, 267 | |
| | メールを送る　e-mail　63, 106 | |
| | メールで　by e-mail　94, 213 | |
| メールアドレス | e-mail address　30, 208 | |
| 面接 | interview　220 | |
| メンテナンス | maintenance　36, 42, 185, 204, 210 | |
| 面倒 | trouble　170／inconvenience　209 | |
| 申し込み | application　198, 199 | |
| | 申し込む　apply　114 | |
| 申し出 | offer　93 | |
| | （提案）proposal　80／（提案）proposition　90, 92, 93, 118, 121, 153 | |

● や

| | |
|---|---|
| 休み | holiday　244 |
| | 夏休み　summer vacation　169, 190 |
| 有効 | 有効な　valid　40 |

● ら

| | |
|---|---|
| 理解 | understanding　34, 48, 49, 78, 114, 115, 118, 142, 185, 193, 201, 209, 211, 213, 218, 219, 257 |
| | 理解する　understand　80, 107, 141, 153, 205, 250 |

● わ

| | |
|---|---|
| 割引 | discount　46, 56, 186, 188, 189 |

MEMO

# MEMO

MEMO

【執筆・校閲協力】
(解説執筆) 日和加代子, Patrick Horckmans
(校閲)     豊田佐恵子

書籍のアンケートにご協力ください

抽選で図書カードを
プレゼント！

Z会の「個人情報の取り扱いについて」はZ会
Webサイト (https://www.zkai.co.jp/poli/)
に掲載しておりますのでご覧ください。

## 英文ビジネスＥメール 実例・表現1200 ［改訂版］

| | |
|---|---|
| 初版第1刷発行 | 2009年1月20日 |
| 改訂版第1刷発行 | 2015年3月10日 |
| 改訂版第9刷発行 | 2019年6月10日 |
| 編者 | Ｚ会編集部 |
| 発行人 | 藤井孝昭 |
| 発行 | Ｚ会 |
| | 〒411-0033　静岡県三島市文教町 1-9-11 |
| | TEL 055-976-9095 |
| | https://www.zkai.co.jp/books/ |
| 装丁 | 萩原弦一郎、橋本雪（デジカル） |
| DTP | 株式会社 デジタルプレス |
| 印刷・製本 | 日経印刷株式会社 |

© Ｚ会CA 2015　★無断で複写・複製することを禁じます
定価はカバーに表示してあります
乱丁・落丁はお取替えいたします
ISBN978-4-86290-160-6　C0082